伴着新闻话天下

茸城微录集

何锋 著

上海文艺出版社

序

王　勉

印象中，何锋总是扛着台摄像机四处奔跑，很职业地搜寻着他的新闻。十几年来，何锋作为一名基层新闻工作者，运用他敏锐的目光，捕捉着这块土地上所发生的变化，通过他不倦的镜头，把人们所关注的信息，在荧屏上奉献给我们。后来，由于他的努力和出色，担任了电视台台长，也就是说，成了一位新闻工作的管理者。一般意义上说，到了这个层次，他只需动动嘴，发发调，评评稿，听听汇报，无须事必躬亲了。可何锋不是一般的新闻人，套用时下流行语来说，他是“有想法的人”。何锋骨子里对新闻的热爱和激情没有半点退却，他依然会满头大汗扛着摄像机东奔西跑，依然会专注地写着新闻稿，依然和同志们不断地推敲着行文和画面。

只是，他的起点更高了，他的视野更开阔了，他的思想更有深度了。他除了高效地做好他的本职工作外，他又充分发挥专业所长，面对社会热点和新闻事件，把人生感悟融合于一篇篇网络评论中，把舆论引导融合于日常网络舆情的疏导中，其日积月累的耕耘，竟成就了眼前这本《伴着新闻话天下——茸城微录集》文集。

这本书凝聚了何锋三年来的所思所感，所写的 186 篇文

章基于新闻事实，源于生活，贴近社会热点，用朴实无华的网络语言表达了一名新闻工作者评判是非、引领舆论的心声。其中多篇文章发布于《天天快报》《一点资讯》《今日头条》等新闻APP的《莘城微录》中，点击量高达上百万次，产生了广泛影响，引发了网友热议。从某种角度看，此时的何锋，已然是处于新闻风口浪尖的舆论引领者。如《央视欠张国立一个道歉》一经发布，单篇阅读量就达21万次。此文紧扣要点，开门见山，笔锋犀利，语言到位，把一个网友关注的事情，通过他独到的思考与剖析，提出了一个看似大胆却又人心所向的问题，引发了网友潮水般的议论，也凸显了何锋作为一个有担当的新闻工作者的胆识。又如《"发个奖杯安慰一下"，劳模也能靠钱买》，直面社会热点，以社会主义核心价值观评判是非，直抒胸臆，世界观、人生观、价值观鲜明服人，被多家网络媒体转载，对明辨是非起到了激浊扬清、以正视听的作用。

纵观何锋这本集子里行走于网络的评论文字，大多取材于新闻事件和社会热点，一事一议，边剖边议，文风朴实，语言诙谐，时时闪烁着幽默的机智。因是网络语言，所有文字给人白话腔调，但大白话中品味人生甘苦，于无华里感受世态炎凉。更为可贵的是，何锋的文字不停留在就事论事的表层，而是每一篇都立足寻找新闻背后的新闻，揭示事件背后的因由，探求解决问题的途径。其行文既富于时代特色和网络特点，又符合大众思维，易于接受。他把许多人生哲理贯穿于评论中，表达于文字间，读着亲切，悟着有理。《伴着新闻话天下，你看新闻图个啥》《直播寻死诋毁生命，也在浪费他人的关心》等评论，以一个专业新闻人的视角，引导着大众看新闻怎样不是"看热闹"而是"看门道"的正确途径；以一个专业新闻人的良知，循循善诱告知着人们新闻事件的价值所在。由此，何锋的许多网络评论，被誉为网络舆情的一股清泉，无声浸润着网友

的心田。

读着何锋的文字，我有个鲜明的感觉：身处信息爆炸时代，信息如柳絮乱飞，大雪漫天，良莠不齐，真伪难辨，模糊着人们的视线，蒙蔽着大众心灵。而何锋，如一名在信息荆棘丛中的斗士，在铺天盖地的网络杂音里挺身而出，不懈斗争，而且有胆有识，有理有节，有言有据，在专业领域保持着清醒意识，在业余时间里关注着社会舆情，有所为有所不为，充分体现了一个真正新闻人的追求和品质，实在是难能可贵。网络舆论需要正确导向，这是时代对新闻人的新要求，何锋作为一个求知者、思考者，以一己之力，孜孜以求地在网络努力探索着新途径。何锋从捕捉新闻到评判新闻、剖解新闻，从新闻里提炼新闻应有的价值，在热点中挖掘热点存在的意义，这不仅考验着何锋作为新闻人的专业性，更体现了他作为正直媒体人的责任感。相信，不久的将来，“何锋们”会以更为理直气壮的正能量喷薄而出。

或许，这正是《伴着新闻话天下——莆城微录集》的力量和价值所在。

目　　录

传媒类

娱乐类

社会类

传媒类

为之，张国立如此表态顺理成章，不会有错。二是认为张国立既然也说了“今后要和电视剧一样审查”，那再增加点技术术语也无妨，于是便有了“网络剧采用自编自审模式，他强烈呼吁加强网络剧全流程管理，网络剧应与电视剧、电影一样立项、报批、制作、审看，拒绝低俗恶俗，不能随便拍什么就放到网上去”等措辞。反正加强监审大势所趋，如此报道观众能接受。但央视这位记者真没想到，张国立是个特别认真的主儿，自己没说的话一定会找机会澄清，不是自己说的，坚决不承认！

如此看来，央视的沉默不语就不应该了。也许当事记者没有弄清张国立模样，在写文稿时张冠李戴，也许后期文字编辑为了文稿结构完整，把文稿精华一股脑儿“浓缩”到张国立口中，也许还有更多的也许，但事实只有一个：张国立真没说。央视应该纠正错误，回应观众关切。

别以为这是一条报道中的小事故、小差错，如果张国立因此而与央视打官司，以张国立的人气，观众同情指数爆棚的可能是存在的。

再说，人非圣贤，孰能无过。知错就改是咱中国人的优秀品质，作为权威媒体，央视在此事上更应在众人面前放下架子，主动认错，承担责任，挽回影响，才符合大台风范。

成龙的“无话可说”给媒体一个善意提醒

duang，成龙大哥又要火。

成龙大哥在2015年全国两会媒体开放活动日期间，面对现场的800多个话筒，说了点发自内心的“狠话”，他说“不放记者进来，我们可以讲一些真的是真心话，如果现在这样子讲，我会面对他们（记者）讲很多假话”。

一方面成龙大哥表达了讲真心话的意愿，另一方面他也表达了对媒体话语乱象的担忧。人大、政协开会，讨论国是，委员代表各抒己见，难免有些“出格”的真心话，在会场里讲，是责任所系，属真性情流露，但一经媒体放大纰漏，各种议论纷至沓来。在口水横飞中，难辨真假。消息“无差别”传播使明星无所遁形，公众人物会承受沉重的精神压力，就如他所说：“讲一句真心话，完了，不只是我，我一家人都受累，都不敢讲话。”

如果笑对媒体，打个圆场，说声“记者们，你们辛苦了”。那些duang感十足的话本可以不讲，但敢做敢当的成龙大哥却当着众多媒体说出来了。既不能说真话，更不能说假话，大家只有保持沉默的份儿。如此媒体见面会显得另类，在冷场中明星们不满，不想讲，不敢讲。记者们不满，为报道内容发

愁。这两头不讨好的事值得大家关注，记者应有理性判断。

沟通无极限是人们交流的最高境界。每个人都在社会中承担着不同角色，出门工作是职员，回家是父母、子女，不同的社会定位心理变化不同，对不同的人说不同的话是心智成熟的标志。在采访中，记者总希望采访对象说真心话，这需要两个前提：一是采访对象愿意把你当朋友，愿意同你讲真话。二是采访场合适合讲真话。成龙大哥的表白说明在见面会上既没有朋友，又没有气氛，即使要说话，也是假话，还不如不说，确有其道理。

相互尊重是有效沟通的基础。采访对象尊重记者，是敬畏民意，有钱不能任性，名气大就更不能任性。每名记者身后都是观众、听众和读者，每名记者都可以成为“传声筒”“连心桥”“回音壁”。“酒香不怕巷子深”的时代已一去不返。现实是大众媒体、新媒体大行其道，善待媒体“扬长避短”是公众人物必修课。当然，记者也不能太任性，不能总想着收视率、点击率，不能不加选择地传播信息，不能不把采访对象当回事儿。

话又说回来，记者创作空间是有限的，报道内容受制于媒体责任、定位、程序等。再说，任何事物都有两面性，记者得善于观察、发现、选择和取舍。更重要的是，记者要有一颗友善的心，要学会善待每位被采访者。他们和你坦诚交流，在享受聚焦放大“光芒”的背后也要承受相应“损失”。保护好采访对象的隐私，维护好公众人物形象，培养媒体和公众人物之间的信任关系，也是社会道义的需求。

无话可说的冷场后果很严重，抱着娱乐心态做新闻百害而无一利。成龙大哥的“无话可说”给媒体一个善意提醒，要真到了采访对象和媒体反目摊牌的那一天，记者职业离消亡之时也不会太远了。

伴着新闻话天下，你看新闻图个啥

看新闻而知天下。如今，不看新闻的人少，但会看新闻的人又有多少？

新闻是信息在大众的传播，源于社会互助、社交需要。从报纸、广播，到电视、互联网，新闻时时发生，处处展现，伴着新闻话天下，不为过。

然而也有例外。这几天，上海交警严查高架道路违章，竟有一位违章司机一问三不知，分辩说“新闻从来不看”。不管看与不看，警察仍然按章处罚，毫无商量余地，不看新闻真误事。

从实用性来分，人们看新闻也分不同境界。图热闹、看门道、讲道理，三种境界交织在一起，从一条新闻事实读出人生百态，每个人都有各自感受。

第一种境界：图热闹，追逐消费热点。

喜欢热闹是人的天性，没有人喜欢独处。即使独处荒原，《荒野猎人》中莱昂纳多演绎的主人公备受孤独、寂寞和无助，支撑其生存的精神力量依然是社会交往中的美妙瞬间，还是亲情、爱情。

新闻也一样，有人看新闻只求大概，关注更多的是图片加标题，快速浏览只求知道发生什么事，关心自己感兴趣的事儿，或赞同，或鄙视，一带而过的多。风行的新闻 APP，

如《一点资讯》《今日头条》《天天快报》等新媒体顺应个人阅读习惯，应和、搜寻个人兴趣点，以满足个性化的浏览需求为卖点。

于是，社会出现了一批图热闹的浏览者，只求看得满足，知晓天下奇事，满足于地铁鸡爪女，上海女逃离江西乡村、霍金开微博、科比退役等奇闻，饭后有谈资，娱乐自己，娱乐大众。如一日三餐般地消费新闻，日常生活还真缺不了。

第二种境界：看门道，发挥“喷子”专长。

人们往往追求“是什么，为什么”，看新闻，讲的是事实，道的却是新闻背后的故事。这些人喜欢深究，善于表达，积极参与新闻热点讨论。在意见表达中，他们思想独立，不易被新闻表象迷惑，认同现实又不满足于现状，如同冷静的旁观者，热衷评新闻是他们的特征。

作为一名有身份的评价者，拥有多个微博、微信帐号，注册多个 APP 帐号是必需的，用挑剔的眼光浏览新闻，透过新闻洞察人间冷暖。在浏览中思考，在思考中行动，到网站“灌水”，发布个人观感、议论是他们的生活。

闻信息而动，与信息共舞，成为信息舆论的参与者，一时成为看新闻的时尚。如果哪天不发表点评论，就无法感觉自己的存在。于是网络出现了“网军”“水军”，在看不见的空间，隔空喊话，表达对各热点的关切、诉求。

他们离不开网络，把网络世界作为生活的一部分，分不清网络和现实的界限，说不清自己的网络身份和现实身份的区别。甚至有人因此产生人格分裂，在现实中沉静理智，在网络上则张扬霸道。不管遇到什么事，张口就喷，仿佛会因此获得真性情，赢得真尊重。

第三种境界：讲道理，主持公平、正义。

知其然，知其所以然。看新闻，“问渠哪得清如水，为有

源头活水来”。新闻事件的发生有偶然因素，却蕴含必然道理。能够时刻从一滴水的折射中感受到太阳的光芒，从细微处见真情，体味人生，感知世界，这才是新闻真正的力量。

如今网络涌现的共鸣者、共舞者屡见不鲜。利用网络的开放性、共享性、互动性，他们从看新闻开始，挖掘新闻背后的故事，思考新闻的意义。他们讲道理，谈趋势，每日孜孜不倦，奋笔疾书，发布观点，引导大众，坚持传播给大众带来力量、带来思考的信息。

他们在网络世界的存在和作为，使无序、纷乱的信息世界充满了人类文明、进步的力量，展现的是人们追求美好生活的正能量。他们是社会舆论的观察者，是社情民意的分析者，是新闻导向的驾驭者，是社会舆论的掌舵人。

无论是图热闹、看门道，还是讲道理，三种看新闻的不同境界都是大家对外界感知的渠道。

跳出新闻看新闻，新闻背后才有无限好风光。近日，习总书记提出的各级领导干部要经常上网看看，再次提醒大家网络有民意，网络是群众工作的重要场所。小习惯体现大格局，明晰、保持自己在看新闻时所处的境界，尤为重要。

数字。

“一心二用”只能分流传统的电视观众。此时，央视春晚节目已被各种抢红包夺去风头。更可笑的是，每到整点播报时，春晚上那个虚拟的小羊便出来提醒大家，抢红包时刻到了，于是乎众人齐摇手机，争抢“不义之财”，抢到的，乐在其中；没抢到的，沉迷其中，直到胳膊酸痛，手机摇到脱手。好端端的一个大年夜，一场晚会是看不完整了。

网络大佬们乐得笑不动了，观众手摇酸了、傻眼了，节目创作者欲哭无泪，最终得红利的还是那些发放红包的大佬们。一边是银屏上的莺歌燕舞，一边是手机上网络的抢红包。在本来可以观看节目、共享天伦亲情的时段，观众却被各种红包引诱而不断点击手机屏。

抢红包不仅“绑架”了春晚，连电视机前的观众也一同“绑架”了，难怪网络上出现各种嘲讽华人抢红包的段子，老外奇怪中国出现了摇手“新病症”，大家活生生一夜之间演变成“手摇病”患者，傻傻地在虚拟空间争抢土豪们的一夜小施舍。

可悲！春晚如果走到尽头，不是输在内容上，一定是输在运营理念上。摇手机抢红包毋容置疑地成为 2015 年春晚的不朽记忆。在银屏前，今天的观众已经被剥夺了整段感受生活、欣赏佳作的机会和时间。

谁之过？宣传大佬们又作何感想？！

“西点军校学雷锋”的段子该歇歇了

2015年1月5日，松江大雾，雾里看花，眼前仅剩一片江南写意山水。

有媒体报道，“西点军校学雷锋”竟然是假新闻！原新华社记者、退休老人李竹润先生郑重发文道歉，表明美国“西点军校学雷锋”一事子虚乌有，承认自己就是这个假新闻的“二传手”。

一时间，顿感一场大雾弥漫眼前35年。相信出生在20世纪六七十年代的人们有一种豪迈情结，在《再过二十年我们来相会》的歌声中，对经济危机时“资本家往大海倾倒牛奶”等资本主义的腐朽而亢奋过。1981年，“西点军校学雷锋”的消息出现并广为流传。那时电视还是奢侈品，远未普及，广播报纸是舆论主阵地，消息通过主流媒体传播，当然被认为是爱国主义教育的好题材，真实性毋容置疑，对雷锋受到美国军人推崇一事国人自然深信不疑。

一时间，“雷锋走进西点军校”如同当年太平天国打败华尔洋枪队的故事一样，充满正义和阳光，让当时的青年人热血沸腾。改革开放后，富裕起来的部分国人到大洋彼岸旅游时，去西点军校必寻雷锋塑像，必讲雷锋故事，害得西点军校为此辟谣多年，弄出了世界级的乌龙。

一条本是西方愚人节的搞笑信息，传回国内却成为一篇

美国式学雷锋的假新闻，雷锋被神化成美国军人学习的楷模。一方面源于当事记者及媒体误导，另一方面也要反思我们接受信息的思维习惯。中国文化崇尚内敛含蓄，倡导谦虚使人进步，对于表扬自己总是羞于开口，最佳认同是来自外界的点赞。别人送的锦旗、表扬信，国人乐于接受。究其原因，还是国人面子心理重，历史上被他国欺负怕了，有心理阴影。正如《诺贝尔与孔夫子》一文中所言："一百多年来中国人好像到现在还没有摆脱一种心理，一个人、一件事情或者一样商品好像只要得到洋人的夸奖或者起一个洋式的名字就觉得脸上特别有光。"这是奴态、媚态心理在作怪。

假的真不了，谣言止于事实。35年后的今天，李竹润先生在网络公开更正曾经所犯错误，对于他个人来说，放下了沉重的历史包袱，表现了新闻人敢说真话、写真事，敢于坚持真理的风骨，对新闻职业的敬重。此时，我们应反思曾经热衷于接受、乐意传播此类信息的言行。因谎言而臆造出的亢奋如同田间浓雾，弥漫山野，初看势不可当，一旦待到阳光喷薄而出，雾气尽消时，山还是那座山，水还是那片水。

新闻的生命源于真实。"铁肩担道义，妙手著文章"，这是大众对新闻人的重托，新闻人万不可沉醉于一时"雾气"中，在迷茫中醉了自己，误了他人。应时刻保持一份警觉、执着，在笔下、在镜头中杜绝虚假，表现真实，传扬真善美。唯有如此，才能服务他人，实现职业理想和人生追求。

艾弗森来了，最抢眼的却是她们

4月23日，前NBA传奇球星艾弗森在上海开启2016年中国行，其和众多影视明星参与的慈善赛受到关注。在现场，除了各路媒体记者外，手执自拍杆的直播网红格外抢眼，成为新亮点。

在艾弗森见面会上，没有大个头的摄像和忙碌的编辑的配合，只一人、一杆、一手机，衣着靓丽的网红们直播追星现场，与粉丝们共享现场氛围。这一场景让手持“长枪短炮”拍摄，想着尽快传送信号，一心想着尽早播出节目的电视记者、编辑们羡慕。

时代变了，技术变了，平台也变了。由网红现场点评，网络平台现场直播，成为当下网络流行的信息传播方式。只要有网红直播，艾弗森见面会便呈现在众粉丝眼前，没有时间延迟，一点一滴都得到展现，甚至众明星初上台时，略显羞涩的表情，也被网红们纳入视野，原生态、零距离的展示使人身临其境，倍感真实。

网红直播让粉丝们体验到别样感受，粉丝们大呼过瘾。这归功于网络直播平台的开放、共享，归功于拼颜值、拼速度、拼热度的网红们，一个个弱女子，全身心投入，倾情付出，才使粉丝们分享到个性化订制带来的新奇。

展示精彩瞬间，不错过任何细节，不仅是对技术的高要

求，也是对人的意志的磨砺和考验。别的不说，就是长时间保持手举拍摄杆的简单动作，对汉子们来说都不易，更何况是弱女子。虽说这并不意味着看到整个世界，但网红们至少传播了真实世界的一部分。网红直播给粉丝们现场某个视角的展示，满足了众粉丝的感官需求，对传播艾弗森参与中国慈善事业无疑起到宣传助推作用。

在网红直播单刀直入式的传播态势中，应需反思当下传统媒体人的生存处境，网红直播犹如一条鲶鱼，“破坏”了信息传播的游戏规则，把“高大上”的电视直播简化为个人的个性化操作。

尽管少了团队，少了镜头稳定性，少了多景别切换，少了细节放大展示，但现场一个弱女子把呈现气氛的电视技术活全包了，这是否意味着传统媒体人的集体下课?

打开脑洞再想想，如果几名网红组成联盟，视频经平台整合后再直播，那又会是什么场景?

传统媒体再不积极作为，继续躺在功劳簿上睡大觉，抛弃广播电视的不是因网红们的无序竞争，而是公众对信息的选择习惯。

时势造英雄，当习惯变了，世界就变了。

当骗局被拆穿时，网上却炸开锅

2016 年 7 月初，一组行乞被拆穿骗局的图片在网络传播，新疆阿勒泰市一名路人当场拆穿一个靠爬行乞讨的假残疾人的骗术，使其假乞讨、真欺骗的面目大白于天下。路人见义勇为的义举竟然在网络引爆假乞丐的骗局该不该拆穿的讨论。

一种观点认为，不该拆穿。说生活无常，此人肯定遇到无法解决的困难，无奈才不顾脸面出此下策，可恨之人必有可怜之处，能原谅则原谅，大事化小，小事化了，别太当真。另一种观点则针锋相对，支持拆穿骗局，不让虚假充斥街头，让骗局肆意横行。还事件本来面目是维持社会公平正义的起码准则。

一时间网络硝烟弥漫，旗帜鲜明的有，态度暧昧的也不少，是是非非的社会评价让人纠结。如今，这名路人是正义的使者还是好事之人倒也成为难解话题。如此缺乏正义感的围观舆论生态让人揪心。

在这一事件中，假装残疾人行乞的骗子制造假象，欺骗他人同情心，“多行不义必自毙”，是其咎由自取的结果，应该千夫所指才对。拆穿街头骗术从而中止骗局，有利于他人不再受骗，有利于那些真正需要帮助的行乞者。邪恶者受到鞭挞，善良者得到保护，拆穿骗局的这名路人理应受到社会舆论的褒扬才是。

“明察秋毫”，只有他们“无私无畏”，只有他们是“救世主”。

然而，当暴雨如注时，他们人呢？当洪水中有人振臂一呼时，他们在哪？当他人需要帮助、温暖时，他们在哪？

生活从来就不会一帆风顺，网上传播的更多是感动人间的暖意温情。在洪水中，中南财大的一位老师，开着皮划艇给困在宿舍的同学送午餐；在洪水中，中南民大的一位同学，蹚水去为同学送饭；在洪水中，武汉工商学院的一位辅导员给同学们买了一箱泡面，又蹚水送进去。

说多了满满的都是泪，他们忙碌得没时间秀自己，心系他人的不易和困难。

对，“术业有专攻”，专业的人做专业的事，事半功倍，不能给抗洪工作添乱；是，相信专业队伍，相信抢险人员，相信党和政府能够抵御风险，保障一方平安。

还是习总那句话：“实干兴邦，空谈误国。”如果有空，动动你的手指，为那些还在洪水中拼搏的官兵点赞，他们也许看不到，也许听不见，但至少表明咱们是官兵的后援团。

少女直播罪恶，冷漠加坦然是娱乐的筹码

仅仅围观，做一名冷静的观察者，成为一些人明哲保身的行为准则。于是生活中便出现有人拍摄，却无人制止暴行的丑闻。

近日，网络上流传着一段视频，广东一位居民被突发大火逼到防盗窗台上，在42秒的画面记录中，居民被烧死的惨状让人震惊。人们质疑，拍摄者近在咫尺不施救，却坚持拍摄，漠视惨剧的发生。是什么造就了旁观者如此坦然？

无独有偶，2016年4月19日美国《纽约时报》报道，当俄亥俄州一位18岁少女目睹朋友被强奸时，不仅没帮助受害人，还举起手机拍摄实况，把视频上传到直播应用Periscope上，与众人分享其“奇遇”，这又是游戏谁的智商？

当朋友落难，自己怎能袖手旁观？怎能坦然拍下全程？又怎能欣然发到网上？这一幕与法理不容，与友情相违。检察官罗恩·奥布莱恩评论道：“我从未遇到过这样的案件，一个人竟然真的会对性侵进行现场直播。”

是什么让少女失去行为准则、助纣为虐？是心智不成熟导致把丑陋当娱乐吗？显然，在这一案件中，拍摄少女并没把强奸当成犯罪行为，而是娱乐他人的痛苦，并传播娱乐行为。

当邪恶也被视为生活的一部分时，旁观者坦然的心态令人心碎，让人恐惧。无知加无畏，冷漠加坦然让罪恶成为娱乐的筹码！

当游戏人生变成一种生活态度，当众多的冷漠和围观组成人间生活百态时，人们更需反思，舆论评价体系有何作为？

在暴力肆虐时，对于无法制止的犯罪，人们选择沉默，无奈接受，忍受内心的痛苦挣扎。即便如此，人们也难忘拯救人类苦难的义举。在二战时，奥斯卡·辛德勒拯救了1200名犹太人的故事被后人称颂。

在和平年代，国家依靠法治制约公众行为，维护社会秩序，制止罪恶发生。不仅表现在执法部门的快速反应、制止惩处上，也表现在公民举报监督、采取相应措施制止犯罪上。

有法理支持，有执法部门的保护，按理说人们更有底气维护自身和他人的权益，维护社会公平、正义。怕就怕当罪恶发生时，有人看到、听到，有人围观不为或围观乱为。旁观者的冷漠不仅寒了受害者的心，涨了犯罪者的气焰，还让更多的旁观者丧失道德底线。

丑闻无底线，舆论有导向。弘扬什么，批评什么，包含着社会的价值评判，也包含着人们对未来社会的预期。

此时，急需媒体扬眉剑出鞘，汇聚公众心声，发出社会呼唤，展现社会公德与美德，为社会公平、正义站台。

唯如此，舆论才会更有价值，生活才会更有意义。

一位公益大使的清新形象呼之欲出

美国成功小子萨姆·格里纳的照片在互联网上传播很广。他紧握拳头、紧闭双唇、坚毅目光，一副胸有成竹的形象一度让网友当作励志的象征、正能量的典范。

近日，有媒体曝出成功小子照片诞生的背后故事，其母亲莱尼说，萨姆·格里纳 11 个月大时，第一次见到海滩，对沙子充满好奇，就抓一把塞进嘴里，其父亲拍下这一幕。上传到网络后，没想到他对沙子味道的疑惑表情被网友解读为励志正能量，一夜走红。

是继续确信成功小子的表情是对成功的渴望，还是相信其对沙子滋味疑惑的真实故事？事实上，成功小子在网络还在走红并激发出新的能量。

当萨姆·格里纳 8 岁时，父亲得了严重的肾病，他对父亲病情感到忧虑，表态说如果父亲需要自己的肾源将毫不犹豫地捐出来。成功小子的真情表白得到网友共鸣。据英国《每日邮报》4 月 14 日报道称，成功小子仅用 6 天时间，在网络募集到 7.78 万美元的捐款，用于父亲的肾移植手术费用。

有图有真相，仅仅强调图片接近事实真相的一面，受众对于真相的解读则体现出多样性。由于受到对传播信息选择性思维的限制，受众对同一事物的解读，不同的人、不同的文化背景、不同的认知角度、不同的传播环境将产生不同的甚至截

然不同的解读效果。

面对同一张照片，萨姆·格里纳的父母读出了儿子对沙子味道的困惑，而众网友则读出了对成功的渴望和坚持，结果南辕北辙，大相径庭。

对传播者来说，尊重拍摄者的拍摄初衷和成品是忠于事实的态度和表现。法国摄影大师布列松坚持“摄影就是绘画的速写，凭直觉完成，不容修改”，他反对剪裁新闻图片，反对任何形式的后期再加工，把保持照片的完整性当成一生的职业追求。事实上，人们也许能够采取一系列措施控制采访者对事实的真实表现，却无法主导受众对事实千差万别的感受。“连续的、客观的对事实的记录”可能是最接近事实的手段之一，对事实无限接近是信息传播者始终要追求的目标。

在成功小子的塑造和传播中，人们更乐于接受萨姆·格里纳面对挑战时表现出成功自信的一面，成功小子的定位已经深深地镌刻在网友记忆中。

成功小子所以能够风靡网络，根本原因是人们对美好事物的渴望，社会对正能量的渴求。因为一张照片意外走红，因为一次成功的募捐行动再次强化了网友对成功小子的印象，一个公益大使的清新形象呼之欲出，相信成功小子萨姆·格里纳将会更多地出现在公众视野中。

为争十秒钟的风头破了相，还想找婆家吗

俗话说，台上一分钟，台下十年功，不是说着玩的。

近日，网络热传一男神用电钻串着玉米啃的视频，不到十秒，男神啃完玉米的镜头惊煞众人。

人们感叹，那真是传说中的铁嘴钢牙，但男神绝技秀，并不是常人能效仿的。

可天下真有不信邪的人。2016 年 4 月 8 日，有位漂亮美眉巾帼不让须眉，非要来个全景复制，没承想电钻缠到一头飘逸的长发，竟悲剧了。

从镜头中看，美眉头顶立现一片“地中海”，这玉米没啃成，反倒赔上一头秀发，偷鸡不着蚀把米，这剧情只能哈哈了。

其实，赔上点秀发还是小问题，时间久了还可以长出来（听医生说要三年）。用电钻串着玉米啃，最让人担心的倒是牙齿的承受力，如果脆弱点，飞迸出几颗牙齿来，那就惨了。为争着十秒钟的风头，美眉破了相，还想找婆家吗？！

如今，网络自媒体众多，新、奇、特的故事连篇，各种奇葩场景不断涌现，很多特定条件下的奇人、奇事被人用来消遣娱乐，其中的危险却往往被人忽视。

不同于冰桶挑战，还有个为慈善事业的公益目的；秀一

字马，比拼 A4 纸腰，至少还有个健身的噱头。电钻串着玉米啃，看起来容易，似乎只需试一试的勇气，其实需要牙齿有超强的咬合力。要知道，大力士咬着钢索拉着汽车走，那是上吉尼斯纪录的节目，绝不是常人能为。

如果为了消遣，为了娱乐，为了博眼球，非得一试高下，那么模仿者可得多个心眼，先测试下自己的咬合力，是否强大到能够经得起这般折腾。

经“度娘”搜索得知，人的口腔咬合力因人而异。常人咬合力范围为 25 ~ 127 千克。北美的因纽特人因经常进食坚硬的冷冻食物，他们的嘴嚼肌特别发达，其咬合力可达 158 千克。杂技团男演员经过训练，也能用牙齿咬住一女郎，做空中飞人表演。最近美国佛罗里达大学口腔学院研制了一台咬合力测定仪，用来测定人的嘴嚼肌的咬合力，已测得的咬合力最高者能咬 443 千克。

没有那金刚钻，就别揽那瓷器活。绝不能为了娱乐而娱乐，害了自己娱乐了他人。

另外，投放此类视频的媒体应尽到提醒义务，对于高难度、危险性的动作，须要打上“动作危险，请勿模仿，后果自负”等字幕。因为模仿不慎而导致他人危险，媒体也有连带的法律责任。

直播寻死诋毁生命，也在浪费他人的关心

如今，有关部门继续加大规范网络主播行为的力度，主播随性直播受到约束，通过奇葩点子混江湖的老办法行不通了。

面对人气就是商机、就是生存的现状，有些主播还是想方设法打擦边球。近日，一位网络女主播玩起寻死直播，让网友惊呼无底线。

LOL 游戏女主播在直播平台上不知是何原因情绪崩溃，在直播中吞服几十粒安眠药，被送到医院，进行洗胃治疗时，这位寻死者还不忘与粉丝分享治疗现场，如此“敬业”让人怀疑其作秀动机。有网友批评到“这根本就是在博眼球吸粉嘛，想死还要直播？”

无论是造势还是博眼球，人命关天，如此场景沉重、另类，在网络传播时，又能有益于谁的心智？

对信息传播来说，各国都有底线，就是号称“自由、民主”的西方世界，也有民意不能触及的敏感话题、灰色领域。自由永远是相对的，对于新闻如此，对于主播直播的内容也如此。

传统媒体在直播时依靠团队的分工协作，各工种按照业内规则运作新闻信息。对于主播来说，穿什么衣服，梳什么发

型，说什么话，用什么语速都有严格要求。

而生活中的网络主播往往都是“单干户”。说什么、做什么全凭个人性子来，为积攒点人气，获得更多商机，尽可能吸引粉丝关注，打扮着装鲜艳点，做点迎合粉丝的举动，开心自己、娱乐他人，只要不触及法律，看似没什么不妥。但如果一味地、执着地把主播行为当成个人私生活的一部分，就易犯认知错位、行为出格的错误。

其实，生活中的自己和网络主播有明显区别。首先在称谓上不同，很少见网络主播用自己的真名，网络艺名的火爆并不等同个人知名度的提升。其次，主播行为是扮演秀，其网络传播的信息属于塑造另一个自我的过程。

如果主播在直播中未清醒地认识到差别，控制不当就易形成人格分裂。登峰造极时，就会失去理智，出现直播飙车、直播造人、直播脱衣、直播寻死等各类无底线行为。

可见，主播既然表现另一个自我，应严格自律，明确自己的行为空间，做到“下有底线，上有红线”，才能在直播中做到游刃有余。万不可一时随性，传播不负责的言论和行为，做诋毁自己、浪费他人关心的傻事、丑事。

原生态＋互联网的视频传播展现新魅力

2015 年 6 月 18 日，两个镜头，一条 49 秒的原生态视频自发布后在网络上快速传播。

这条名为《习近平高速路旁看超市　关注食品保值期》的视频之所以令人关注，一是因为总书记顺路考察民情，二是因为路边超市食品安全属重要民生，三是因为视频原生态的展现，令人清风扑面，耳目一新。

此视频最先发布于央视视频网站的 V 观上，经 @ 新浪视频等转发后引发热议。此视频一改传统媒体“高大上”的传播定势，让一个亲民爱民的总书记形象跃然纸上。网民评论中说“萌”的有，说“小姑娘说话生硬”的有，说“食品保值期问题”的也有，迅速形成一个新的网络议题。

这条视频以重大报道主题＋原生态解读方式＋互联网传播＝内容有效传播的模式传播主流意识，以民生视角解读国事，是一次新模式追求新感觉、新感觉创造新视野的有益尝试。原生态＋互联网新模式再次激发出新的视频传播魅力。

一、新思维带来新模式。从专业角度评判，这条视频在技术上并不规范，镜头缺乏稳定感，音频又不太清晰，是原生态、生活态的语境反映，最多只能充当新闻素材，离新闻播出

要求差距很远。据了解，这条视频于当天深夜 1 点发布，远早于央视各传统新闻栏目。可见央视已运行新的信息发布平台，已把互联网先发效应纳入到传统新闻传播领域，使这一条未及时加工完善的视频原汁原味地展现在受众面前。先发优势显著，为后续总书记在贵州视察的其他新闻进行舆论铺垫。

二、新模式带来新感觉。从观众心理出发，能够不被他人意见左右，在事实面前冷静思考分析，得出客观评价，这是客观立场体现，也是以人为本的体现。这条视频极少有加工痕迹，只是把一个镜头拆分成两部分（不清楚为何如此处理），基本是一个机位原生态的事实呈现，镜头处理感觉有点唐突，应为记者抓拍。但此视频信息量丰富，包括总书记在现场谦和等待，小姑娘急迫寻找保质期的焦急表情一览无余。视频细节生动、镜头语言丰富，如因技术等原因未能播出均属遗憾。新媒体为传统媒体转变思维定势找到了钥匙，打开了窗口，只要本着有利于传播正确导向、有利于解决问题、有利于人民根本利益的出发点，均应鼓励不拘一格，创新传播理念、模式、技术，使传统媒体成为创新的基础和动力。

三、新模式带来新视野。从传播效果评价，媒体希望信息传播范围广，收看人数多。如今，在电视机前看电视新闻的人少了，用手机等多媒体平台看视频的人多了，受众收视习惯在快速改变，这就要求媒体传播理念、习惯也要改变，努力在改变中引导观众树立正确的收视理念。信息在传统媒体平台发布前，以互联网优势进行前期信息发布，发挥预热铺垫作用，有利于后续形成良好的互动声场。在这一领域，央视 V 观、上海看看新闻 APP 等已走在前列，采用中央厨房式的信息处理中心模式，使在传统覆盖领域外的受众得到良好的视频信息服务，也使主流媒体在主流舆论营造中抢得先机。

营销无节操，“斯巴达”勇士北京遇阻

本该在电影中欣赏的影像，在北京却演绎成了一场街头秀。

据凤凰网报道，2015年7月22日，北京朝阳警方行动，对参与一家甜品店商业秀的几十名装扮成斯巴达勇士的外国人采取强制措施，这场因对“周边秩序造成影响”的眼球造势闹剧被依法取缔。

为了博眼球、造影响，商家可谓是八仙过海，各显神通。在朋友圈中秀商品“高颜质”的有之，开个贴满各类打折、降价、甩卖信息的小车满街跑的有之，店门前放着小喇叭高声叫卖者有之。笔者在街头曾经看到一家企业周年庆，竟“创意”出让四个员工身着统一服装，以叠罗汉姿势同骑一辆插满彩旗的电瓶车，在人流中穿行。且不说此举宣传效果如何，那骑车人的安危倒着实让人捏一把汗。这还是因营销而违规骑行，影响还限制在一定范围内。

北京这事就离谱了，让几十名外国人在地铁、天桥、商业区等公共场合聚众展示肌肉，声势浩大堪比真人秀，影响交通不说，在商业聚集区一旦形成人员踩踏，发生意外，瞬间会酿成人间悲剧。好在警方快速处理，让这场闹剧早早收场，否则真不知后果如何。

商家逐利，营销手法花样百出也属正常，但凡事总有底线，不能因为博眼球而忘记应承担的社会责任。商家可以在店

里搞营销，模特既秀了肌肉，照片又可在网上发布，同样会大赚人气，更不会出现警察上门的场景。在公共场合，因为商业活动而影响他人出行，影响他人安危，就有了扰乱公共秩序之嫌，会被有关部门取缔。这回商家想要的轰动效应倒是赚到了，不是因为营销的商品，而是商家不顾及公共利益，仅为一己之私的行为而一夜成名，臭名远扬，只会让公众增添反感。

无疑，这是一次失败的营销。商品、商家和那些异国模特们只会成为人们茶余饭后的谈资，商家赔了夫人又折兵，亏大了。如果触犯法律，商家会被追究法律责任不说，这些出了大价钱请来助阵的“斯巴达”勇士说不定还会因违犯中国的法律而被驱逐出境。

可怜这些金发碧眼的小伙子们，不仅没搭上中国淘金梦的快车，还可能被贴上中国不欢迎的标签，真够冤枉的。

天地良心，我在拍总理讲话

2016 年全国两会期间，全国人大代表、金山软件董事长、小米科技董事长雷军的一张电视截屏照在网上热传，在报道全国两会电视画面的一个镜头中，雷军在用手机抓拍，在其他与会者严肃认真的姿态相衬下，雷军显然不在状态。对其出挑的动作，众网友纷纷解读为雷军又在玩自拍。

雷军喜欢玩自拍那是有名的。在自拍杆刚出江湖时，在 2015 年全国两会会场外，雷军就显摆自拍新神器，“灿烂的笑容、神奇的剪刀手、笔挺的西装”，一时成为众人关注的焦点。

其后，每当小米新款推出时，他便一马当先，披挂上阵，在众米粉儿面前大秀小米的高像素、高画质，为产品高性价比打头阵。看来，雷军不仅深谙市场营销规律，而且还亲力亲为，为让产品热销，适当有些“出格”举动卖卖萌，众人可理解。此次小米手机两会秀却让人意外，在总理政府工作报告期间玩自拍，难道不想“参政议政”了？！

面对网友质疑，雷军竟也慌了神。在 3 月 7 日召开的媒体沟通会上，虽说他的两会提案聚焦《公司法》的修订与现代农村，关系民生福祉，但仍有记者问及两会开幕会场的自拍秀，雷军表示：“天地良心，总理做报告，我就想拍张照片做纪念，不知道怎么出来以后变成了我在自拍，大家可以检查一下我的手机。拍了这样一张照片，大家就说我自拍。”甚至有媒体报道称，雷军不仅出示了现场拍摄的照片，还表示坐在其后面的马化腾可做证。

有了人证、物证，相信雷军讲的是实情，当时直播的电视画面“误导”众人认知。但大庭广众之下，拍会场也罢，自拍也罢，均属与会议不相干的花絮。疯传虽然一度推高了自拍哥的人气，但好事不出门，坏事传千里。无论什么动机、意图，在两会现场如此高调搏出位，显然与其代表身份不符。

当然，不能一股脑儿把怨气撒到摄像大哥身上。在直播中，电视导演、摄像无法预测画面中人物将出现的动作，即使发现不妥之处也只能切换到其他场景。如何在现场杜绝不妥画面，一靠记者高超的选择技术和预知能力；二靠与会者高度的自律。

千万别以为电视镜头没对着你，你就可以轻松来点小动作，在高清技术条件下，即使在全景画面中，别人也可轻松放大、抓取任意不妥画面。

要使人不知，除非己莫为。代表委员们在会场还是聚精会神听报告，专心履职是王道。至于拍照，那是记者的事，在其位不谋其政，处处以留影为乐，不分心才是怪事。

大妈二度闹场搏出位

2015年海峡两岸华人喜事多。特别是11月7日“习马会”让人扬眉吐气，毕竟是自家兄弟，打断骨头连着筋，两岸领导人66年来首次实现会面，从对抗到对话体现了中华民族的智慧，也体现了两岸民众对和平的期盼，世人瞩目。

作为一名记者，能够置身其中，见证这一重大历史事件，无疑是幸运的，也是荣耀的！但借风炒作就选错地方，站错队。在内地举办的新闻发布会上，发生了一位记者闹场的小插曲。一位名为周玉蔻的大妈不顾斯文，仅因为没有轮到提问就现场发飙，连连发出尖叫搏出位，令人惊诧。

惊诧一：这位大妈太任性。新闻发布会有严格的流程，先发言人发布信息，再接受记者提问。面对现场600多位媒体记者，新闻发言人只能有选择性地回答个别问题。虽然规则允许人人可提问，但能够得到现场提问机会的记者毕竟凤毛麟角，记者多以发言人提供的信息来组稿。在当天新闻发布会上，国台办新闻发言人张志军回答了内地、香港、台湾三家媒体记者的提问。仅因为自己没有获得现场提问的机会，便觉“受忽视”，为体现“存在”，这位大妈乱喊乱叫表示抗议，扰乱会场秩序，其出格举动惹人厌。

惊诧二：这位大妈太无畏。新闻发布会有基本要求，采访者进入直播现场前应自觉关闭手机，以不打扰、干扰现场为

基本前提进行播报，这是业界默认、记者自觉遵守的采访道德和执业准则。媒体代表民意，是民众发声的平台，但记者不能挟民意而无视会场规则。这位大妈自视另类，不顾个人形象、媒体影响，赤膊上阵闹场，其举止张扬过度，突破道德底线令人不耻。

惊诧三：会议主办方太宽容。新加坡是此次“习马会”举办地，这位大妈借民族盛事博他人侧目，无理取闹不仅使个人声名狼藉，还有损主办方形象，让众人质疑当地安保水平。试想一下，能够允许如此思维奇特、行为张狂的人“混入”新闻发布现场，一旦其行为失控，有人身攻击之类的过激举动，会直接影响新闻发布会进程。果不其然，在紧随其后的台湾领导人马英九记者会上，这位大妈二度发飙，高喊“我要问问题”阻碍其他媒体发问，最终因为破坏现场秩序被主持人制止。

讲秩序、讲效能才能保证民主。新闻发布会应加强审核，杜绝有过不文明行为的媒体和记者进场。体育运动还有禁赛处罚的规则，主办方不能因为所谓“民意”诉求便退避三舍，一忍再忍，让社会主流民意让位于部分意见的鼓噪、杂音。无论是何意识形态，相信民主不是喊出来的、闹出来的。民主是在一定框架和秩序下，通过多数人共同努力实现的。

媒体是社会道德的风向标，记者应本着公平正义守规矩，应本着民族大义谈担当。这位大妈以一吼、一闹搏出位，只会毁了自己形象，令其婆家媒体背骂名。

如果不分美丑、不分善恶，没有这记者也好，这媒体不办也罢。

从本山大叔被逼翻护栏说起

2015 年全国两会，万众瞩目，参加两会的明星更受关注。一天笔者在凤凰网上看到一篇奇文，说委员赵本山、宋丹丹为躲记者围堵，竟翻过栏杆迅速上车。

有图有真相！倒真为两位老艺人捏把汗，这身板、这造型，和大叔那回眸一瞥的眼神。得，今日不上头条都难。

人被逼无奈，才会出奇招。两位明星被记者围堵，真是有说不出的苦恼。有些话题，说也不是，不说也不是，两难之下，只好翻栏杆去也，虽任性，但无奈。而记者又穷追不舍，特别是将两人现场不雅之举公布于众，让人感觉怎么也不是个味儿。

一不妥：形象还是要维护的。两位曾经是舞台上带给大家太多欢笑、在大家心目中的大明星。艺术界追求德艺双馨，咱总不能让他们台上靓丽、台下失德吧。让人费解的是，这高难度的跨栏动作除了在田径场上，还真想不出在哪儿是被允许的。

二不妥：得饶人处且饶人吧。两位都这把年纪了，都已经翻栏杆了，自然有太多苦衷不愿与人诉说。明星也是人，何必穷追猛打，围追堵截，放人一条生路吧。

三不妥：媒体发稿要有点分寸。老报人史量才说过，人有人格，报有报格，国有国格。媒体不能仅盯着眼球经济不

放，也应有尺度。像今天这事，人家纵然在公共场合，在众人面前表演了高难度动作，写不写可是记者的事，发不发可还是媒体的态度。

如果不是本着弘扬正能量的初衷，媒体不发也罢。这样做也许会少了点收视率、点击率，但无损报格，还是令人欣慰的。

为自拍杆、广告衫
在全国两会的失宠点赞

如今，记者为了拍摄画面更全面、更丰富，十八般武艺全用上，除“长枪短炮”外，拍摄神器自拍杆也成了记者新宠，到哪采访都带上，自拍杆林立成为一些会场的新景观。

2016 年全国两会对自拍杆亮起红灯。政协新闻组发布短信通知：“为确保会议采访次序，遏止携带自拍杆进入人民大会堂。”曾在两会上大出风头的自拍神器，这次遭到全面封杀。全国政协办公厅新闻局局长张敬安在与记者交流时说明，不仅要求记者不能带，连代表委员也不能带。他说“代表委员来这里最大的任务是履职”，拿着自拍杆东拍西拍，形象不好，分散注意力，不利于聚焦国是。

此外，在两会新闻发布会期间，有工作人员提醒记者不能穿广告衫进场，甚至对印有媒体标志的马甲也不放过。一方面，这条纪律强调了会场庄重感，毕竟画面对外传播代表着国家形象，过于花哨、出挑的服饰不符合国家重要活动礼仪。另一方面，有些记者穿着如人民网等字样的马甲，有意彰显媒体影响，为自己争取话语权之嫌。

要知道，对一家媒体的特别关照往往是对其他媒体采访权的忽视，有失公允。这马甲一脱，争取提问的机会均等对自

己公平，对他人公正。当大会工作人员坚持要求记者脱去马甲时，除当事记者略显尴尬外，其他记者报以掌声回应。

被拒在会场外的自拍杆，被脱在场外的广告衫，使会场采访秩序更加庄重、严肃。如此细致、周到，甚至被有些记者解读为“不近人情”的规定无非是确保两会顺利进行。从中传递的也正是人大、政协希望开出高质量会议的决心，是代表委员“履职大于天”的共识。

没有规矩哪成方圆，缺了自拍杆，少了广告衫，动了记者奶酪，让部分记者少了优越感，多了纪律约束，倒有利于公众聚焦两会精神。

不知不是犯罪的遮羞布

2016年1月，快播案通过庭审直播引人关注。公众关注点集中在前CEO王欣的态度，王欣在法庭上始终坚持技术无罪，否认公诉方对其个人及快播公司传播淫秽视频的指控。

技术不带感情色彩，人们利用技术推动生产力满足人类社会的需要。蒸汽机带来工业文明，提高了生产力，提高了人们改造社会的能力，但也带来了枪炮、坦克、飞机、核武器，以更高效能消灭生命。那么是不是怪罪武器生产者？这可能就是“王欣们”的逻辑，只要不主动利用技术触犯法律，就该无罪，就该受到法律保护。

然而事实是无情的。“王欣们”忽略了一个事实，快播是视频播放器，播放内容与播放器技术标准有关联，技术标准与大众传播价值观关联，凡是触及道德及法律底线的风险行为在设计之初就应以技术屏蔽，以技术升级等保障推动技术更好地服务于社会大众。看来快播软件的设计之初就存在漏洞，王欣在法庭上辩称“个别用户会点击淫秽视频，快播无法辨别用户是在线播放还是本地播放”，称自己“也觉得很奇怪为什么会有这么多淫秽色情文件”。

连王欣都惊讶为什么快播在北京被查获的4台服务器中，属于淫秽视频的文件比例竟高达71%，多达21251个，这只是其全国上千台服务器的一个缩影。情况严重到如此程度，对

于专注于“讲产品、讲用户”的王欣来说，是真没听说，还是假装不知?

对于查询、鉴别、屏蔽等技术方案，相信“王欣们”都是网络技术专家，是网络技术控。对于技术有评估，对技术使用中存在的诸多问题都进行过充分研究和应对，就比如其辩护律师所说“曾经成功对4000多个问题网站实施屏蔽”。相信“王欣们”对淫秽视频在快播的存在、传播也是心知肚明。

“王欣们”至少在认识上存在误区。当全世界的视频播放软件都无法分辨内容时，快播凭什么要洁身自好?！在这一逻辑下，即使在技术上能够有所作为时，主观上也存在着放任和纵容，也不排除为了点击率，为竞争优势有意无意地减少对淫秽视频的技术屏蔽，缺乏足够的社会责任和道德，又缺乏足够的市场监督和规范，法不责众的心理让快播最终沦落为罪恶的帮凶和推手，触犯法律的“王欣们”应对传播淫秽视频承担责任。

技术控坚持认为技术无罪，但当技术被不法行为裹挟、绑架，传播内容对社会的破坏已阻碍文明进程时，“技术控们”需要反思，技术根本的出发点和归宿点在哪里?

归根结底，技术还须为内容服务，如果某一技术并不能给人们带来美好和谐的生活品质时，这技术还有存在和发展的必要吗?！

别什么坏事都扯上中国

受强烈风暴“朱诺”袭扰，2015年冬季美国部分地区风雪大，冰冻严重，多地迎来厚达60cm的降雪。3月8日，美国国家公共电台以“中国污染可能导致美国寒冷多雪冬季”为题报道，称全球气候变化可能是导致今年波士顿“末日暴雪”和纽约、华盛顿极寒天气的原因之一。

美国航空航天局还煞有其事地进行一番研究，在电视上用动画演示亚洲发展的30年给美国气候造成的影响，甚至推论出“因为亚洲空间粉尘增加及飘移，云层加厚，导致了今年美国东海岸的温度降低”。报道称粉尘自东向西大迁移，逻辑关系直接明确，是蝴蝶效应的生动演示，报道有图像，有数字，有推理，科学意境浓厚，充满煽情意味。

这又是美国好莱坞思维方式的一次展示。如同一部影片不扯上各种肤色的人种，就不能体现世界人民大团结。美国下暴雪，中国能脱干系吗？！怎么也要扯上你，哪怕是无中生有，以便更加顺应“民意”，消息更有噱头。如同眼球经济依靠营销，中国就是个时尚标签，不贴上中国元素还好意思出来混吗？！

中国躺着也中枪！中国成了美国环境恶化的“凶手”，这罪名背的比窦娥都冤。据目前人类的认知水平，在没了解大气环流规律及其影响前，过滤掉“美国人均16吨的碳排放量”等

诸多可能影响气候变化的原因，把如此耸人听闻的清晰结论呈现于世人面前。让中国充当环境恶化的替罪羊，这公平吗？还有公理吗？

美国人不厚道，美国媒体更不厚道。虽然这篇报道用了“可能”，但谁都知道中国和印度是近年来发展最快的亚洲国家，成千上万的中国、印度服装加工厂日夜在为美国人的穿着赶工。在过去的20多年里，中国的GDP年增长率都在9%以上，对外贸易已成为中国经济增长的重要动力，从1995年起加工贸易就占中国国际贸易的半壁江山。从这点来讲，中国的碳排放及其对大气的污染有一半以上是为其他国家承担的。

再说，中国是后发展地区，工业发展污染基本消耗在国内。发达国家可以把各种工业垃圾（如用过的废旧电器）送到中国分解，而中国每年都在透支资源和环境，支撑起世界的高速发展。

事实上，中国一方面为别国供应大量廉价的服装及日用品，另一方面却不能从《京都议定书》等规则中争取到更多的碳排放配额。要让马儿跑，却又不让马儿吃草，不亚于黄世仁对杨白劳的剥削程度。

再说，中国已经意识到高速发展带来的环境污染问题，在发展模式上积极寻求转变，高耗能、低产出的产业纷纷转型，面对家门口的污染中国人只能自己想办法解决问题。人常道，来而不往非礼也。如果按照这家美国媒体的逻辑，按照《全球炭预算》所述，2012年化石燃料人均排放最多的国家为美国、欧盟。冤有头，债有主，在支撑世界发展，却落得破坏世界生态环境、影响民生骂名时，中国是否也可以对那些不断消费中国制造的国家要求生态索赔呢？！

近年来，中国坚持走自己的路，创新发展了大飞机、高铁技术，积极参与世界市场的竞争，不甘寂寞的发达国家以所

谓“规则”频频从中作梗，使中国高铁项目夭折于墨西哥等多国海外高铁市场。各种反华势力的交织及抹黑中国均起源于一个古老命题：中国威胁论。不遗余力地运用技术封锁和市场垄断阻止中国崛起，梦想始终让中国为世界打工。

过去30年，中国已经为市场经济付出了高额学费，立志成为主宰自己命运的主人。面对大洋彼岸的各种猜疑和指责，中国人更需要保持定力，排除干扰，专心致志走自己的路。

还是那句老话，走自己的路，让别人说去吧。

更多的“新闻工人”还在那儿

近日，央视主持人白岩松新著《白说》出版。他在接受《新闻晨报》记者采访时，感慨道：“我总是预感不会在央视退休，但什么时候离开，我也不清楚。我现在还在做，把眼前的事情做好就 OK 了。”

此语道出了媒体人坚守新闻职业、新闻理想时的困惑和危机感。在信息高速发展的今天，传统媒体一家独大的格局已被微博、微信等代表的新媒体的“高颜值”、时尚感所打破，从中央到地方，各级媒体在积极探索媒体融合之路，一方面要保持内容优势不丢失，另一方面又要创新发布内容的新平台，虽然困难重重，但同时也机遇多多。

从业人员思想被激活，想法多多，办法多多，媒体格局的重新洗牌引发一批在公众眼中有影响力的主持人相继跳槽，像央视李泳、哈文、郎永淳、张灵泉等。出走有不同形式，想法无外乎是换种方式，寻求另一种更好实现自我价值的活法。

诚然，在新闻行业待得久了，会在机制约束下产生困顿感，各种规则妨碍了个性张扬，趁着还有一点激情，凭着过去积累的经验和人脉，在新媒体行业打拼一番，重新上路，彰显了逆流而上的积极进取的心态，是对新闻人力资源的重新配置，有利于打破垄断，形成新的发展动力。对于那些“激流勇退”的人来说，选择一个让自己更加自信、幸福的人生，让位

于其他有新闻梦想的新人，推陈出新，符合潮流。

面对众多主持人的离开，白岩松选择了留守。作为一名资深的新闻评论员，他自嘲自己为一名“新闻工人”，要求自己“当一天和尚撞一天钟”。在生产系统中，工人是生产环节的主力军，工人因劳动获得报酬，不因日积月累、默默无闻的劳作而哀怨社会分工的不平。但主持人以形象语言为电视符号，个性突出，主持风格、个人形象等不可复制，无替代性，是媒体和栏目不可缺失的形象代言，与记者、编辑等同岗位的“新闻工人”区别巨大。

那些曾经在社会上有一定影响力，观众认可的主持人身后是一个由编导、摄像、编辑、技术人员、化妆、灯光、音响等组成的庞大工作团队，主持人在银屏前的精彩瞬间也是全体“新闻工人”共同打造的结果。这个道理业内人士心知肚明，缺乏一个团队的默默支持，一名“新闻工人”很难在公众面前光彩夺目。

当好一名“新闻工人”不易，没有默默奉献精神难于坚守。单从新闻创作流程看，从选题、采访报道，到制作播出必须遵循各种政治规则、技术要求，个人利益服从公共利益，“新闻工人”个人价值往往埋没于系统及节目内容中，隐含于社会共同价值中。

新闻工作既是职业，也是理想，做一个尽责的社会公平正义的守望者，是“新闻工人”的责任，更是坚韧自信的表现。守土有责，白岩松的“用新闻的力量让世界变得更好”的理想同样是坚守的广大新闻工作者的追求。

黄山躺枪，为门票价格鸣不平

2015年10月30日，《人民日报》发表了署名为北岸的一篇评论《谁把旅客推向了海外》，直指国内各景区高昂票价是推动国人海外游大热的推手。文章以黄山风景区为例，指出游客进山综合花费达到每人550元。“用这笔钱，把法国罗浮宫、美国黄石公园、印度泰姬陵、日本富士山的门票全买一遍都用不完。”

作为世界文化与自然遗产景区、国家5A级景区，黄山游倍受游客青睐，仅2014年黄山接待中外游客就达4165万人次，比2013年多出近500万人次。面对每年激增的游客数量，不说黄山如何投入硬件设施，改善旅游环境，却独独拿门票来说事，不免让人心生委屈。

黄山风景区管理委员会当天便通过新浪黄山官方微博发布四项情况说明，回应《人民日报》对黄山高票价的质疑。指出评论引用数据三处错误：一是黄山必须支付票价为268元，其他费用游客可选择；二是文章列举的世界各地著名景区的总门票价格超过550元，高于黄山门票价格；三是现今门票价格是2009年制定，多年未涨价。

这隔空喊话式的回应一经发布便引发公众热议。诚然，在市场经济条件下，价格依然是市场调节资源的最有效工具。不收费、低门槛往往是造成无序、混乱的原因之一，在法定节

假日，高速公路对小汽车的免费开放措施让高速公路变成停车场的奇观就是例证。各景区通过收费限制人流过快增长依然有效，尽管各景区在长假期间还是人头攒动，人满为患，但票价杠杆作用还是可以有效分流人流，不可或缺。再说，景区要保持安全、有序、整洁，管理行为必不可少，其人员经费、设备投入将是长期需要，以部分票价收入弥补支出，是保持景区长期发展的市场行为，无可厚非。

另外，国内景区高票价把游客推向海外的说法过于牵强。谁都知道，如果国人要去欧洲、美洲旅行，来回一趟的机票动辄上万元，这是旅客国外旅行支付的最贵成本，景点门票费用占比很小，可忽略不计。因为中西文化差异，国外往往对教堂、博物馆、图书馆等公共设施、景观不收费，即使收费景点也基于本国经济收入、国民支出为依据。再说，国外景点接待人流远远未达到国内爆棚的程度，进行的日常维护涉及的人力、物力也远远小于国内的消耗水平，其价格同国内价格缺乏可比性。

其实，国人海外游需求和国外相对低廉的景点门票价格并无直接联系。笔者认为造成国人选择海外游的原因是：一方面因为一部分国人富裕了，能够支付来回昂贵的机票、住宿等费用；另一方面国外良好的生态环境、人文资源是吸引国人走出国门、开阔眼界的重要原因。

这场因票价高低而在网上兴起的口水战如何收场，还要看《人民日报》是否乐于接招。景区票价贵不贵，是否真的令国人无法承受，大家心里有杆秤。建议黄山风景区管理委员会对此事大度些、超脱些，可以在微博发布一项民意调查，以平和心态求计于民。到底黄山门票贵不贵，相信到访过黄山，领略过黄山奇松、怪石、云海的游客最有发言权。

对路人设局，游戏人生还是戏弄他人

2016年1月，成都街头出现一个团队，以“丢”钱包测试过往路人拾钱包之后的反应，据说钱包“丢”了27次，只有6人没还。

从测试结果看，大多数路人在金钱面前都保持了应有的品行。拾金不昧、物归原主是利他行为，是优良品德，是社会新风。

曾经有首耳熟能详的儿歌叫《我在马路边捡到一分钱》，连马路边捡到一分钱都要交给警察叔叔，更何况对一个钱包的抉择。要知道现在人们钱包里并不只有钱，有身份证、驾照、信用卡等，也许是一个路人的全部家当，身份、名誉、信用比金钱更重要。

据DV团队负责人韩旭介绍，此次采用国外普遍流行的街头测试办法，希望记录人性在金钱诱惑面前的反应。测试也有新发现，“我们一开始认为，流浪汉捡到钱包不还的比例比较高，因为他们更需要这些钱。试验显示，流浪汉还了6次，不还两次。”

笔者无法评价在街头采用钓鱼试验的数据能否代表一个地区的文明水平，只是质疑如此设局让他人拾钱包的行为是否妥当。

在整个测试中，“丢”钱包行为是虚构的、不真实的，是提

前人为设计的，目的不纯、手段错误的街头试验得出的结果让人怀疑，甚至可能被认为是打着试验幌子的现实猎奇行为。

再说，并不是所有问题都适合做街头试验。事实上，众多极端行为无法用街头试验行为测试。比如黑车执法难问题，上海曾经有执法人员采用钓鱼执法，获取黑车违法运营证据，虽然效果好，但执法人员以违法方式执法受到舆论批评，钓鱼执法被全国叫停。再比如，为了查证吸毒行为专门设置贩卖毒品场景，为了打击卖淫嫖娼专门设置卖淫女站街场景，说得好这叫测试，说得不好这叫诱导和教唆犯罪。被设计的行为场景在被测试者眼中是真实场景，一旦过程失控，产生对社会危害的行为，在法律面前设局者同样会受到制裁。如此踏着法律边缘起舞难免失当，如此戏弄路人的智商和人品也为社会道德和法律所不容。

如此说来，生活中还是少些钓鱼试验，多些实事求是的科学态度，毕竟公开、透明、真实是获得令人信服的试验数据的前提。

小宣，大叔想对你说

“一想到自己惹上了‘煽动民族情绪’的严重问题，顿时感觉自己快要丢掉工作了。”“好害怕……想征集网友的支持！请给我这条微博下面留言4个字：支持小宣！跪求（泪水）。”这是2015年4月29日早8点，在上海滩颇有影响的记者宣克炅在新浪微博发出的求赞信息，请网友主持公道，求救意味浓厚。

原来是一条新闻报道惹的祸。年初，一名骑车人被穿行于马路上的行人撞倒，40多天后，骑车人撒手人寰，而行人避而不见，双方引发争端。小宣采访了死者家属，电话采访了造成事故的行人，以“谁是弱者”为题对这一事件进行了报道。没想到报道引发行人方不满，不仅给市长写举报信，还约小宣法庭上见。

作为新闻记者，“铁肩担道义”，没错。小宣对投诉颇感意外，体味到躺枪的滋味，才有了求赞微博。作为一名大叔级别的小宣粉丝，笔者想替小宣说几句公道话。

首先，小宣履行报道职责没错。媒体监督职能体现在对各方有争议事件的报道中，能够引起多方关注，引发社会思考，弘扬社会正能量。小宣为民解忧，履行职责，应赞！

其次，小宣新闻报道内容没错。在此事件报道中，小宣采访了各方，调用了现场监控录像，报道了事件的客观情况

及各方观点，立场公正，用词客观，引发公众培养遵守交通法规意识的思考，有积极的社会意义，应赞！

小宣躺枪的直接原因为对方揪住死者家属面对镜头的几句话，大做“地域歧视”的文章，甚至上升到“煽动民族情绪”的层面，对小宣及娘家媒体产生“强烈不满”，有小题大做之嫌。再说主持公道、追求平等靠法治力量。谁觉得不公，走司法途径解决，才是阳光大道。找他人麻烦，找虚构的迫害人，把小宣当成出气筒，顶多也是嘴上功夫，虚张声势。

解决分歧的办法是真诚沟通，回避、威胁、恐吓于事无补。在此事件中，争议双方都是受害者，媒体对解决事件的过程监督初衷是为阻止悲剧重演，小宣本着公众立场进行报道，把怨气泼到当事记者身上，质疑媒体公益性，是找错了对象。公理自在人心，公众的眼睛是雪亮的，求赞贴发出后仅仅五个小时，网友“支持小宣”的回帖已破千条。

对此事，上海电视台 4 月 27 日已有回应，认为小宣“在深入采访各方的基础上，进行了客观、公正的报道，不存在‘煽动民族情绪’的情况”。结论明确，是非分明。自古邪不压正，小宣无须担心丢饭碗。

听大叔说，小宣你年轻，且行且珍重。作为新闻快速反应力量，这几年上海街头哪里有社会突发事件，必有小宣团队身影。在小宣的镜头中，充满了各种人生的意外及悲凉。不断面对灾祸，缺乏一颗强大的心脏和对新闻事业的执着追求是万万不行的。

最近，大叔从微博上发现小宣常常工作到深夜，连习大大都告诫年轻人不要熬夜，你那身板儿怎能经得起长期折腾。大叔希望你调节好工作节奏，做到张弛有度，毕竟事业是一批批人前赴后继的结果。珍重！

应正视来自记者身后的威胁

2015 年 8 月 27 日是世界新闻史上悲惨的一天。美国 WDBJ-TV 电视台两名记者在直播中被枪杀，而凶手曾经也是记者。在直播中突发惨剧，震惊世界，公众舆论纷纷指责凶手令人发指的罪行。

在现实生活中，记者是受人尊重的职业，被冠以“无冕之王”，是社会道德的守护者、社会秩序的监督者。记者秉承最近原则，记者离现场越近，新闻就越能揭示真相，在新闻史上，记者突遭不测往往多发于战火纷飞的战地采访中，记者的自我安全往往无法保障。据统计，2010 年和 2011 年每年因此丧生的记者达百人之多。

和平年代记者因公殉职的毕竟为少数，记者往往忽略风险意识和安全保障。采访中遇到突发事件，面对各种威胁时，记者又往往选择逆向而行，迎难而上，极易成为犯罪分子的攻击目标，成为部分极端仇视社会的个人攻击的弱势群体，成为突发事件的牺牲品。

2013 年 4 月 18 日，乌鲁木齐晚报社的两名记者采访时，意外被工地铲车撞倒，入职仅两天的年轻记者拜路因公殉职。在采访中，记者往往关注眼前的采访对象，电视摄像往往关注的采访画面及技术指标，对周边环境，特别对身后危险的警惕性会降低。

电视直播要求更高，信号不中断的要求让所有操作人员精神高度紧张。从美国直播枪击案来看，直到凶手开枪前，两位采访记者全神贯注于采访对象，根本没有意识到危险的步步临近。如何防范来自于身后的危险，为记者提供安全防护网，是媒体管理者需要直面的问题。

一、采访前须评估安全风险防范等级。在日常采访中，充分评估采访现场安全等级，尽可能发挥好安保作用。在突发性事件中，如火灾、爆炸、洪水等危险场地采访时，记者一定要遵循安全第一原则，听从安全人员指挥，不能我行我素，防止发生次生灾害。

二、采访时需划定安全区域。在采访前记者需确定一个相对安全的场所，并划定一个安全区域，确保不出现影响采访的干扰因素。在公共场合采访时，需专人负责注意周围变化，对可能出现的异常状态提前预警，确保采访者有足够的反应时间避险。

三、采访时需提供安全防范的物质保证。如经常在高速公路采访的记者要穿戴好交通安全防护服，登高拍摄时要系安全绳等，并有他人协助和保护。遇风雨天气时，在未知水域不能贸然涉水采访。连线直播时，要密切关注周边事态变化，随时调整采访方案。

四、采访时需确立专人履行安保职责。电视采访往往是一个团队的共同工作，团队中要有专人担任安全员，同行驾驶员和随行人员对现场的安全防护发挥作用。如身处高危地带，还需寻求当地专业安保力量保证采访安全。

雨中拍不拍，新闻内容说了算

2015 年 3 月 14 日，广西玉林容县一所中学为迎接视察，数百学生冒雨做操，领导则打着伞观看。此事在网上引起热议，校方称打伞有两个原因：一是前来视察的老领导体弱，怕其经受不起风寒；二是为了保护电视台的拍摄设备，怕其受风雨侵蚀。

校方说辞含两层意思：一是老领导身体不好，学生身体棒，同样在雨中，对待需差别化；二是记者要求打伞，不是保护自己，是为摄像机打伞，对待更需差别化。可见服务好视察是此次雨中做操的原因，服务好老领导，服务好记者朋友，是服务好学校形象的大事，自己吃点苦怕啥。在这场差别化对待的雨中秀中，学生成为展示的表演者。

的确，电视摄像设备属精密仪器，怕潮、怕水、怕温度急剧变化，有电子产品保护的特殊要求。电视台记者拍摄画面时注重设备安全，遇到雨天拍摄会提前做好相应准备，摄像机配有防雨保护罩，即使在高湿环境中也可正常使用。如果采访准备不足，可以就地取材，用雨伞等进行防护。

从现场图片来看，地面已经湿透，雨不小，摄像人员要求用伞遮挡设备，有这种可能，属不得已而为之。现场记者有苦衷：一是作为随行记者，领导冒雨视察，你作壁上观不拍，不敢；二是学生都在冒雨做操了，不惧风雨，而你却畏缩不前

不拍，不忍；三是记者报道欲望强，看到生动画面要抢，新闻素养要求使然，不拍，不愧吗？事实也正如此，记者对冒雨做操的学生，不但拍了，而且还要打着伞拍，可见记者不是一时冲动，摆摆样子，而是认认真真拍了很多镜头。不清楚记者所属电视台是否播放了学生雨中做操的画面，如播放，还会招来争议。

记者在雨中是否拍摄？什么情况下拍？怎么拍？拍多少？笔者认为要遵循内容为王原则，拍不拍还是新闻内容说了算。如新闻内容需要，一定要有现场环境，那就提前对设备做好防雨准备，进行雨中拍摄。比如拍摄雨中抢险、雨中执勤交警等场面，尽量在短时间内完成拍摄。如拍摄内容并不需要，那就本着保护设备的角度，尽量减少设备在雨中暴露的时间，拍完后要做好设备保养，防止设备光学部分受潮发霉。

针对容县中学雨中做操这件事，记者本随着上级领导来学校，报道其领导行程为主要任务，鉴于雨中做操场面为偶然遇到，本可以不拍，如果再要求校方安排拍摄则不妥。

再者，镜头要体现以人为本。记者拍摄的图像是否播出还要看舆论导向是否正确。大众媒体传播以政治意识、责任意识为重，媒体把关人对传播的任何细节都不能有模糊认识和丝毫懈怠，一定要把雨中做操、红毯植树等清理出节目，严防此类异动成为常态。

遇到麻烦时，一定要招来“自己人”

“自己人”是战争年代战友之间生死相依的称谓，是和平年代人们之间志同道合的表达，透出的是满满的信赖、温情。

俗话说，物以类聚，人以群分。在生活中，对“自己人”的认同感充满利益、地域、文化等因素的“诱惑”。《京华时报》报道，近日有一家河南媒体接到报料，记者前往鹤壁市一家食品厂调查非法使用添加剂时，记者遭遇围攻。报警后，记者被带至派出所接受五小时的身份调查，在被迫删除现场拍摄影像后才得以脱身。第二天，这家食品厂也人间蒸发。

从事件过程来看，记者在遭遇围攻时，希望通过报警招来“自己人”——警察，以保护记者舆论监督的合法权利。但出警人员非但没有保护好记者的采访权，而且还制止记者现场采访。告诉记者，“我来了以后你们拿手机照什么照？我代表国家，你们这是侵权”。身处险境，大声呼救后却引来帮凶，记者只能自认倒霉。

有人说，有理走遍天下，记者事后可以告发出警人员不作为。可如今你连起码的证据——当时现场视频都删除了，凭什么告？法律重证据。关于这一点，出警人员最清楚，否则要求你删什么？！再说，记者调查对象是非法加工厂，并不是出警人员徇私舞弊。当时，出警人员以查实记者身份为由，只不过给厂方争取点转移时间，这外人一看就明白的伎俩，记者还

看不明白？本想搂草打兔子，结果得罪了老鹰！怪只怪记者没弄清这是谁的地盘，谁在做主。

好在此事清清爽爽，有关部门介入调查。如果出警人员和厂方玩猫鼠一家的游戏，有保护伞嫌疑，相信水落石出后，有关人员也会被依法追责。

现在倒是记者闭门思过时，毕竟鸡飞蛋打、一地鸡毛不是采访目的，无法给公众一个交代才是悔青肠子的事。怪只怪记者经验不足、能力不够，缺乏深思熟虑的功夫。如果先来个暗访，乔装打扮，来个“深入敌后”，落实非法事实后，再向有关执法部门举报。待执法部门上门调查时，再亮明身份采访，以第三方监督执法。如果对方聚众闹事，也应该是由执法者招来“自己人”，也许是警察，也许是当地政府。如果到那时，有人再节外生枝，调查记者，天理不容！相信新闻媒体主管部门不会坐视不管，记者娘家人——记协也会赤膊上阵，维护记者的合法权益。

所以当维权时，一定要招来“自己人”，千万别让“自己人”为他人服务。

台上牵手、台下分手成常态，娱乐谁呢

2016 年 5 月，江苏卫视《缘来非诚勿扰》栏目又曝热点。一位台上成功牵手的男嘉宾周佳庆感觉受愚弄，说和其牵手的女嘉宾吕晓萌一下台便与其分手，还向其索要 2000 元下台费，抱怨说台上牵手就意味着失去再上节目的机会，这损失应由男嘉宾来承担。

此事经微博披露后，众网友顿感语塞。台上牵手、台下分手成为电视栏目常态，台上所流露出的美好情感竟然如此脆弱，经不起现实的推敲，这是娱乐谁的智商？！

谁都知道，相亲节目演绎的是天上人间的美丽传说，却没承想台上真情表白，亲密无间，是秀给他人看的；台下形同陌路，恶语相向，却是留给自己独享的。

台上、台下风格迥异，结局如此奇葩，倒辜负了台下观众对男女嘉宾的牵挂。真人秀节目假到失去真实、诚信的底线，愤怒的不仅是男嘉宾，还应包括收看节目的电视观众。

相信追求真实、守信是节目组一贯的风格。节目初衷也是搭建一个展现人们对美好生活追求的平台，决定男女嘉宾能否牵手倒不能寄希望于剧组的一厢情愿。剧组虽然可操控节目流程，可操控现场组织元素，却无法操控男女嘉宾的真实感情。

台上互动，即使演绎了男女间一见钟情的爱情故事，却谁也无法保证一对男女美好姻缘的开端，更何况是生活中真情故事的延续？有报道说，从 2010 ~ 2013 年，《非诚勿扰》台上牵手成功近 800 对，最终组成家庭的仅有 30 对左右，成功率只有 3.7%。

相信从节目形式、现场互动出发，节目组对嘉宾有诸多条件的要求，但不能因为成功率的低，最终把寻觅真爱初衷当成可有可无的附加条件。

节目总归是节目，是特定场合下特定人群的情感表白。在电视录制环境下，人们内心真实想法无法流露，如同女嘉宾的被牵手，只求一时露脸机会，只求为个人生活增加色彩，并没有选择真爱的初衷。

这位女嘉宾在台下的抱怨、讨钱行为让人惊讶，缺乏台上欺骗他人应有的羞愧和自责。游戏他人，游戏人生，游戏自己，最终失去清白，那也是自己招惹的风波。

果真如此，大家也别跟着起劲、较真。当一个看客足矣，只要舞台上演得卖力，台下看得开心，也就罢了。至于是否“绿茶”，那是他人妄言，也是个人选择，娱乐大众而已，没有跟着热闹的必要。

要知道，电视上秀的是他人的生活，秀的是商人们眼中的商机，那是眼前的一时浮华，和生活的原生态真不是一码事。

这一脚令新闻界蒙羞

记者被誉为“无冕之王”，为民请命，为正义、和平鼓与呼被众多记者视为天职，视为终生追求的理想，然而总有个别人的奇葩举动败坏了记者声誉。

2015 年初秋，叙利亚难民潮问题令人关注。三岁的小难民艾兰·库尔迪在海滩遇难的照片成为难民危机中的最揪心画面，惊醒了欧洲国家人们麻痹的心灵，德国、法国、英国等国政府多方呼吁，接收源源不断涌入的难民。

在匈牙利和塞尔维亚边境，媒体云集，记者的“长枪短炮”对准边境线上的难民。当匈牙利警方追捕越境难民时，一名女摄像师 Petra Lazlo 却秀起脚下功夫，故意伸脚将一名抱着孩子奔跑的难民绊倒，视频显示出难民和孩子重重摔在地的响声。

如果在足球场上，这一脚会赢来无数喝彩，但此时此景让时间为之凝固，大地为之呜咽，世界为之震惊，女记者出人意料的伸腿秀叫人大跌眼镜，令人愤怒！

女记者助纣为虐的举动遭到网民的强烈谴责，外交事务分析师蒂姆·马歇尔表示：“这种行为我不认为对解决难民问题有什么好处，而且针对孩子做这种事是可耻的。”女记者所在媒体 N1TV 迅速做出回应，将其开除以平民愤。但女记者的这一举动破坏了记者在公众心目中的良好形象，令新闻界蒙羞。

笔者深为这名外国同行的举动感到愤怒和羞耻。记者在采访现场的职责是呈现事态进展，保持中立立场，客观报道事实是采访基本要求，决不能因个人好恶干扰事态发展。

作为一名专业摄像，Petra Lazlo 不可能不明白这个道理。在现场，用摄像机拍摄是唯一任务，追捕非法越境者是警察的履职要求。你这一脚，一方面人为破坏事件原生态，让你从旁观者变成了参与者；另一方面也引发出次生灾害，让你从报道者变成了施虐者。你这一脚，加重了对难民的伤害，特别给孩子幼小心灵予以沉重的打击，这与造成难民背井离乡的叙利亚战争祸首有何区别？！

与凶手同伍，甘愿当罪恶帮凶，无道义，无人性，在众同行镜头面前，你这一脚绊倒的何止是一名父亲和孩子为生存而奔跑的希望，你挑衅的可是人类社会的道德底线。你这一脚不仅把自己踢出了新闻界，也把自己送入了罪恶的黑名单。

事后有媒体报道 Petra Lazlo 是一名匈牙利民族主义政党成员，有强烈的排外主义倾向。可见，这名记者的行为符合其党派的立场，对难民持孤立、残忍、暴力的态度，与民主社会所倡导的博爱、仁慈的普世精神背道而驰，是对打着仁义、道德幌子的虚伪社会的辛辣讽刺。

“铁肩担道义”，缺乏道义和人性，哪怕文章多么华丽，拍得画面再唯美，结局也同 Petra Lazlo 一样，虽天生丽质，生得一副好皮囊，却是恶魔的化身，遭人唾弃。

对渣男事件的反思

渣男，是指社会上不成功并自暴自弃的男人，泛指言行举止违背公德，被人瞧不起的男人。

2015 年 10 月 17 日，在上海地铁 8 号线，一渣男在地铁车厢中随地吐痰，被人指责后，此人竟张口狂喷，全然不顾斯文形象，终惹众怒，被一男士狂揙后住口。

此地铁奇葩现象轰动一时，相关视频上传网络后，有称大快人心的，也有一声叹息的。接下来的故事更另类，微信朋友圈中人肉渣男，当传为华东师大学生时，华东师大当夜紧急辟谣，生怕扯上一丝关系，躺着也中枪，让渣男毁了形象。

其实，华东师大不需这么急吼吼。此事在公众眼里早已是非分明，渣男举止猥琐，大义男拔刀相助，劝架者理性客观，辟谣者也一身正气。一个突发事件的应对折射出社会道义的力量。

一、可恨渣男不守公德。随地吐痰是不文明举止，为文明规范所不容，众目睽睽下遭众人唾弃。可喜有人当面指出其行为恶劣，实乃市民文明素质使然，渣男本应虚心接受，及时处理，本为小事，却要闹个天翻地覆。千不该、万不该知错不改，还强词夺理，满嘴雌黄，公开侮辱周边乘客，连老人也不放过，再添民愤，直惹得路人拳脚相加，毁了形象，其个人修养及人品令人失望。

二、可贵维护公权者挺身而出。路见不平一声吼，拔刀相助还公道。惹众怒，就不能再嚣张，君子动口不动手这是对君子而言，而对小人仍是拳脚奏效。这地铁上全武行一幕终叫渣男住口，车厢又恢复平静。义士之举虽然可贵，但不是最佳办法，毕竟以暴制暴，有违观瞻，有违律法，虽有人叫好，但以野蛮对无理，充当正义侠，忽略暴力给他人伤害，把自己同渣男摆在同等位置，不妥！老子训儿子的做法有美化暴力的倾向。

三、可敬劝人者从容理智。骂人不对，打人更不对。在事态升级后，一市民主动上前，化解矛盾，出头甘当和事佬。既制止了打人者手重伤他人的嫌疑，也制止了渣男的荒唐行为。为双方出格的举动提供了公平、公正的平衡力量，更有说服力，处理也彰显理智和法制精神，体现了市民的文明素质，令人刮目相看。

四、可怕人肉会造成新伤害。鞭挞此不文明行为，一事一议，止于事、慎于行即可。如渣男触犯法律，也是执法部门及人员负责追究。新浪上海官方微博发布对于此事的民意调查，在近万人投票中，支持“这种人就应该人肉及曝光当事人就好，不要牵涉其他”的竟有 72.7% 的网民，支持“犯法的，侵犯个人隐私”的仅占 16.1%。公众不依不饶挖掘当事者生活圈，公示其个人隐私，直至侵犯其亲人名誉权，开始又一轮舆论暴力，并不被文明社会所倡导。笔者还是希望得饶人处且饶人，此渣男也不过一时犯昏，已承受被打之辱，承受社会舆论谴责，此教训够其受用一生，舆论没必要把焦点过多集中于这一恶行。

在互联网高速发展的当下，人人是自媒体，人人是社会监督者，慎言、慎为尤为可贵。人们更需要有理性思维的胸怀，明察秋毫，积极弘扬对社会有利、对他人有利的凡人善举，使社会更和谐、更美好，这是舆论的出发点，也是落脚点。

媒体无语一度让流言狂野

2016年1月14日，一名江苏泰兴的36岁女教师倒在监考岗位上，以身殉职。

17日，一篇题为“江苏女教师监考中去世，中学生平静做题——冷血无知的考试机器何以造就”的微信在朋友圈疯传。该文称：“正在考试的初中生在目睹自己老师最后挣扎呻吟时，仍平静地做完题。”苛责学生缺乏关爱情怀，把教师去世归因于“监考制度的缺陷”，归因于“考试规则下学生的自私与冷漠”。

教师监考中去世是一起突发事件，谁也无法预料。斯人已去，一个家庭失去了一名好妻子、好母亲，一所学校失去了一名好员工，一群学生失去了一名好教师。当无力回天、众人痛心时，舆论不去探寻发生问题的主要原因，不去安慰逝者家人，不去追忆逝者的敬业情怀，却专注于寻找花边、乌龙信息消遣，用看似仁慈、实则冰冷的语句及态度对待这一事件，于事无补，于情何堪？

更加离谱的是舆论一度让无辜的学生们躺着中枪，令学生们承受莫名压力。毕竟学生们专注于考试，考场有严格的纪律约束；毕竟他们还只是初二的学生，事事还受教师的指导和帮助；毕竟老师是坐在后排监考，学生们背对教师；毕竟教师的离去可能就是一瞬间……太多的偶然叠加在一起，学生们不

知情，一时慌乱情有可原。

况且事发学校（泰兴济川中学）校长杨军表示，事实与传闻不符，“事实是，学生第一时间发现了老师生病，并通知了隔壁班的老师”，校长也在很短的时间内赶到了教室处置。

殉职教师去年体检时曾检查出早博、心律不齐等病征，自己未重视，缺乏应有的应急救助办法是事发突然的主要原因。在事发后三天中，不知何故，当地电视媒体屏蔽了这一热点话题。在缺乏事实真相的情况下，小道消息成为公众获知信息的有效来源，灯下黑现象再度在当地上演。

当全国关注，《澎湃新闻》等媒体介入报道后，事实真相才得以昭告天下，但此时流言已狂野多日。

当地广播电视等主流媒体守土有责，本应第一时间发布信息，报道学生们积极求助、学校快速反应、殉职教师的善后工作等，积极报道事实，以真相平息流言。更重要的是还要弘扬殉职教师敬业爱岗的精神，凝聚起奋进向上的学风，积极倡导关爱他人、尊师重教的社会风气。

对于学校来说，今后需要加强对教师队伍的体质评估，了解员工的健康状况，合理安排教师的教学工作，保证教师的休息权利。对于教师来说，再忙也得参加体验，重视体检中警示的各项不正常指标，防患于未然。

对于公众而言，不轻信传言，做一名事实的传播者，冷静的观察者、评论者，守护社会一方安宁更重要。

线上任性摊上事儿

当微言微语在网络横飞时，其潜在风险在集聚、放大。

一名教师在微信圈中发了一句“今天下午开会让狗咬了一下”后惹上麻烦，全校教师通过集体投票表决，决定对她“停职停薪”一周令其反省，以示警诫。

这是一个圈内人高度认同的网络版指桑骂槐的故事。这名教师当时因被校长批评，在朋友圈中发出一声叹息，表达情绪。出人意料的是，有人在圈内主动认领，坚持搞明白“狗”为何人？结果这场口水仗从圈里打到圈外，从线上打到线下。校方认为，这名教师的微语不仅侵犯了他人的名誉，而且影响了学校的正常秩序。

看来，这名教师在网上任性惯了，缺乏风险意识，发牢骚用错方式，选错场所。微语“脱手”而出，在圈内炫耀，以私密渠道“公开”发泄情绪，动机不纯，有违教师操守，应该认错。但仅凭一句网络戏言就“停职停薪”，行政处分加经济处罚的双重打击让她丢尽颜面，处罚是否公允？校方处罚依据何来？成为舆论关注的焦点。

一、朋友圈不是工作圈。很多人以微信为生活平台，偶尔发点感慨，采集点奇闻趣事，在朋友圈中与他人分享，算茶余饭后的消遣，信息真假难辨、鱼龙混杂，不足采信。但该校副校长却说，以该学校命名的朋友圈被赋予工作圈职能，在圈

中发布辱骂他人的信息可视作“人身攻击”，出格言论被视为触犯校规。“线上事，线下处理”混淆朋友圈的娱乐属性，校方视线上戏言为事由，有欲加之罪的嫌疑。

二、处理涉嫌滥用公权。首先，校方不能认为微语触犯私利，动用公权力解决问题。如果微语直接点名道姓，侵犯个人名誉，可借助司法途径解决。其次，在没有搞清这“狗”是真有其事（当事人说有狗扯其衣袖），还是另有所指的情况下，校长和教师的私人恩怨应限定在两人之间，不应牵扯到全校教师，“公投”集纳民意，有公报私仇之嫌。再说，老师言行不当，校长有管理和教育责任，当出现问题时，一味咬着他人的错误不放，有推卸责任之嫌。

网络并非法外乐土。当制度缺失时，一方面微语发布者在线上要坚守文明底线，另一方面围观者也要宽以待人，善待微语。这是一件因微语触发的小风波，影响也限定在圈子里，本可小事化了，以教育批评为主，不易过分张扬。毕竟校方权威靠长效机制发挥作用，单靠一两次线下“示众”于事无补。

一匹“野狼”让 BBC 大失水准

在现实生活中，如果一匹狼奔向你，你怎么反应？是恐惧还是无畏？是坐以待毙还是死里逃生？但如果这个场景发生在电影中，你一定会更期待结果。电影、戏剧等艺术作品正是顺应观众期待，用剧情、故事来满足观众的心理需求。

然而，现实毕竟区别于影视作品，无法复制，遵循物竞天择，适者生存的自然规律，不以人的意志而改变。近日，BBC（英国国家广播公司）一档纪录片节目《人类星球》中一匹奔向镜头的“野狼”受到质疑。据英国《泰晤士报》报道，片中出现在沙漠镜头中的一匹“野狼”实际是在驯狼师的指挥下“客串”出场，这一镜头涉嫌造假。

这匹狼既然可以被人诱导和驱使，就失去野狼的原始生活状态。让观众在说谎的镜头语境中感受画面信息，无疑愚弄公众感知，欺骗公众善良。在把真实重现视为生命的纪录片领域，此出格做法受到业界普遍质疑。BBC 表示：“这部系列片没有达到 BBC 编辑制作的高标准要求。”由于人为操纵、摆布镜头前的原生态，《人类星球》也受到牵连，被打上不光彩的印记。

制作者的错误做法是由媒体把关不严造成的。虽然 BBC 在事前也“强化了拍摄原则，并要求所有制片人员接受（保证拍摄真实性的）培训”，但结果依然是制片人图彭斯·斯通在拍摄中采用被半驯化的“野狼”表演。虽然观众一时从观感上无法分辨

出真假，但其拍摄过程违背真实原则，令媒体为之蒙羞，这种把观感真实和事件真实混为一谈的思想和举动尤其要引起新闻工作者的警惕。

对观众来说，纪录片一定是观感真实与事件真实的高度统一。事件真实是不以人的意志为转移的客观事件，是指事实基本要素在传播中的真实展现。纪录片是真实展现生活原生态的忠实执行者，其反映事实主体、事件发生过程、效果等内容均不能违背真实原则，这是纪录片的生命线，也是制作者的操守底线，令观众接受、信服的标准是以真实性来划分纪录片与其他艺术作品之间的显著差别。

对于制作者来说，跟踪并忠实记录展示事件变化过程是纪录片的基本创作手段，但在生活中的事实并不均有利于镜头再现。对于难于重现的事实，纪录片最常用的办法是采访当事人，用当事人的话语展现事实。此外，也常见制作者通过一些技巧实现对事实模拟，如遇到历史题材适当引用影视资料，以情景再现的方式演绎。对于微观世界、宇宙天体等观众难得一见的自然现象，通过实验或者绘画、动画等方式展现。如果追求逼真效果，也可采用如《迁徙的鸟》中那群被摄制组从小养育的大雁在水面起飞的场景，但所有创新技巧的前提为制作者必须以文字或其他方式明确告知观众，哪些场景采用的是模拟，是再现，是影视资料。

在 BBC 大量的纪实作品中，笔者相信这是一起偶发的小概率事件，但一匹略通人性的“野狼”的出现还是让人惋惜 BBC 大失水准。玩火者必自焚，在真实原则面前，谁也不能以侥幸心态打擦边球，谁也不能以追求观感真实为借口而演绎真实。对于新闻工作者来说，更要始终坚持尊重真实、敬重自然的品德，以敬畏之心尊重公众的知情权，才是纪录片维护记录真实的源泉和力量。

是文明测试还是新闻报道

4月1日，南京地铁3号线开通首日,《南京零距离》栏目组在一名孕妇的配合下，对老幼病残孕专座使用情况进行现场调查。乘客@妈打我试看在网络发布了一组记者现场采访的照片，对记者摆拍过程提出质疑，@南京零距离积极回应，引起@学习粉丝团等大V关注，此事在网上不断发酵。在对比@妈打我试看、@南京零距离、@微栏目（制片人张晓明）等人对此事的看法后，事件基本得以还原，但网上舆情应引起新闻媒体的重视。

此事件的争议焦点在于是否可以摆拍的问题。@微栏目说是本着公益心“进行地铁文明乘车测试”。既然是测试，允许使用部分道具，包括那名孕妇，现实毕竟并不存在完成测试的基本条件，可以理解。现场乘客却认为新闻涉嫌造假，@妈打我试看以“据说*者是这样炮制新闻的”标题配图发布至新浪微博，让人对记者的采访生疑。记者的现场测试为何在公众眼里就成为用意险恶的“栽赃陷害”，与采访者的初衷相差甚远，媒体公信力受到质疑。

笔者认为对此事的意见分歧源于拍摄者的新闻采访过程，虽然内容是在熟睡乘客边的摆拍，但依然采用新闻化手段呈现，不妥！如专业的摄像机，带有JSBC的标志，一个人数众多、行动诡秘、令人侧目的团队等，让乘客误认为是新闻报

道，以至于在网络上形成口水战，受损的还是栏目品牌形象和媒体的公信力。

再说，测试应限定在特定场合，对所有测试人员充分告知，并展示测试全过程。此事件测试过程选择在公共场合，记者并没有采取告知的任何步骤，在熟睡乘客不知情的情况下进行测试，不妥！媒体播出后会对事件当事人产生负面影响，这点采访者没有尽到告知义务。

对于媒体从业人员来说，对新闻真实性理解有误区，也是埋下此事争议的祸根。公众强调新闻真实，是不以采访者意志转移的事实的客观反映，记者不能以主观行为改变新闻事实进展，才能体现出媒体客观、公正，社会发展守望者的定位。但在采访过程中，一些记者习惯于结果真实，忽视真实拍摄过程。比如说在此事件中，孕妇乘车如果为其主动行为，记者跟拍，这属新闻采访过程，没人会产生疑问。但孕妇事实上只是一名为完成测试任务的志愿者，是与拍摄者是一伙的。此事采访过程存在虚假行为，是对新闻真实性的否定。

媒体代表公众心声，有了质疑后要勇于回应，@南京零距离在回答@学习粉丝团时说："《零距离》进行地铁文明乘车测试。照片中这位闭着眼的小伙子坐在了'老幼病残孕'专座。""刚开始，旁边的座位上也有人，后来看到'孕妇'和摄像机，旁边的人都让开了。"这才是现场反应。从这句话中不难发现记者存在强势采访过程，让乘客纷纷侧目，如此霸道采访行为难免会惹众怒，上传到网络引起关注也是必然。

自媒体时代是人人都可能成为公民记者的时代，记者在采访他人，他人也在关注记者的言行。此事提醒传媒从业人员，记者言行代表着媒体形象，代表公益精神，行使好权利的同时更要履行好义务。

千里之行，始于足下，新闻真实性入心入脑，表现为专

业素质，还要落实到采访细节中。在采访报道时，一定要把真实性原则放在首位，尊重受采访者的知情权、话语权，不能主观臆测，不能断章取义，更不能重现现场，要运用好音响、文字等元素尽可能地展现出事实的本来面目，这样才能传播先进理念，赢得公众尊重，发挥出新闻传播的喉舌、桥梁、纽带作用，才能走得更稳、更远。

遭恶意围观，新媒体维权还需有身份

无界是一家商业网站，百十来号人，在互联网+的感召下横空出世，放眼世界，立志成为与“一带一路”同行的新媒体，争做为民鼓与呼的急先锋。

卓达公司是石家庄当地一家地产民营企业，推出号称能达到30%收益的理财产品，立志做建筑业的“改革者”，据说成功拓展了俄罗斯、刚果（金）等海外住宅市场，其上百亿理财产品也被40万人争购。

这两家本无交集的公司却因无界一篇《卓达新材百亿融资术》的消息引发口水战。起先两家公司在网上各发表声明，卓达指责无界无新闻资质，多管闲事，扭曲真相。无界则坚守公民正义感，坚持消息真实，不惜叫板法庭见。双方争执不断升级，也引起河北省有关部门的高度关注。

2015年11月10日一早，近60农民工打扮的人围堵无界在北京朝阳区的办公地点，不为讨薪，而是用谩骂、吵闹的方式为卓达公司讨说法，无界公司员工在经历长达12小时恶意围观后，闹事者才在警方警告、监督下集中乘车离去。

俗话说，冤有头，债有主。应该讨说法的不是农民工，应是卓达公司负责人。本可以通过法律途径恢复受损的名誉，要求无界更正信息，赔偿损失，这才是法治社会的阳光大道。可卓达偏选歪门邪道，教唆员工聚众闹事，采取恐吓、威胁手

段逼迫无界低头，如此维权就显得没水平、无厘头。

从道义上讲，以农民工对抗手无缚鸡之力的文弱书生，以无知无畏对抗文明理性，这场有预谋、有组织，影响恶劣的闹剧一登场就让世人侧目。

秀才遇到兵，有理说不清，这一幕让人难堪。可怜无界员工，因为一篇文章引用些真话，道出些真相，却得罪一方权贵。一度被无知群众曲解、嘲讽不说，还要时刻准备着应对搅局者。在满怀敌意的围观下，无界员工仍能够坚守岗位，心无旁骛地继续工作，令人钦佩。

所幸这一事件未升级为暴力事件，闹事者、无界员工、警方都保持了极大的克制。此事虽然提升了无界的影响力、关注度，但确实严重影响到了无界员工的心态。一位署名为廖保平的员工讲述自己亲历时说："这是我十年职业生涯终生难忘的一天，心情沉重到悲哀，虽然我们挺过了最难的时刻，却看到了我们的无奈、时代的艰难。"

人们不禁要问，当有良知的勇士挺身而出，为公众利益发声时，又有谁来保护他们的权益？！是坚守法治思维，借助于法律文明维权，还是坚守安全底线，借助于安保人员的层层防护？

沧海横流方显英雄本色，名正言顺更能有所作为。第十六届中国记者节前夕，首批符合资质的 14 家中央重点新闻网站的 594 名采编人员领到新闻记者证，让更多无身份的新闻坚守者看到了希望。

无私无畏，为公众利益而争，是媒体人的责任和良心，相信无界默默坚守终会赢得业界认可及世人的尊重。

万不可让战争也时尚

境外节目女主播胆子大，出格举动多，见过韩国女主播湿人秀的，也见过阿尔巴尼亚女主播真空秀的，女主播不惜碎了一地节操搏眼球，无非想多争取些收视份额，讨老板开心，女主播也蛮拼的。但有些玩笑不能开，比如沉重的话题——战争。

据乌克兰媒体UKRAINE TODAY报道，俄罗斯Rossiya24国家广播电视台的气象预报节目2015年10月增加了时尚元素。当俄军空袭叙利亚行动公开后，该电视台在气象预报中加入了叙利亚当地天气报道，漂亮女主持人把天气同战争行动扯在一起，在演播现场表情淡定地说："叙利亚当前的天气非常适合开展我们的空袭行动。"有网友评论称"是充满战斗民族气息的天气预报"。

把天气预报包装、演绎成战争大片的节奏，这创意有些刺眼、另类。

首先，太刺眼，张扬血腥、暴力。试想一下，一边是阳光丽日，身着艳丽的女主播；一边是冰冷凶悍的战机，无情的爆炸，如此画面组合岂能营造轻松的好心情！虽然是空袭伊斯兰国极端组织，但天气预报女主播的言行仍为不妥。

稍有常识的人都知道，战争从不以天气好坏为主导，作为昔日军事强国，俄罗斯强悍的空中作战能力已实现全天候打

污渍的亚洲面孔，这则广告难道就可继续播放吗？

其实广告商、生产商都忽略了洗衣溶珠只能用来清洗污渍的事实，对生命体的运用是有条件的，并不能在洗衣机里清洗生命体，只要涉及生命，不管是人也罢，小动物也罢，都涉嫌误导观众，对用户造成潜在危害，应承担相关责任。在生活中，就曾发生因父母看管不善，小孩掉入洗衣机酿成惨剧的事故。

这则广告首先违反了尊重生命的原则，导致创意不当；无视生命尊严，选择演员不慎，导致涉嫌种族歧视，造成虚假宣传。因广告而给他人造成负面影响，产品迅速推广的初衷化为乌有。

反对种族歧视的呼声，叫得最响的是欧美国家，他们在影视作品中尽量避免单一族群出现，几乎每部影视作品都是各色人种的集合。倒并不是他们有多热爱世界人民大团结，因其被严格的审核机制所制约。

如果这则广告在出台前经历过严格审核，注定就不会出现播出三个月后停播的尴尬。一则广告不小心带来负面国际影响，臭名远扬的背后呈现出的监管机制缺失才是问题的根源所在！

真实是保持魅力永存的秘诀

爱美之心人皆有之。生活中、网络上到处充斥着各种俊男靓女，为商家利益站台的美图无数，诱惑多多。

近日，澳洲一位当红网络明星，2015 年 18 岁的埃森娜·欧内尔却反其道而行之，在网络上自曝家丑。这位拥有近 574 万粉丝的大 V 向众人描述了创造美图的荒谬过程，指出在网上混就是自恋过程，“无心”美图实为隐形广告，每张美图后都有无数丑图，决心与造图骗人说再见。她义无反顾注销原有帐号，销毁上千张美图，以无化妆、不修饰的本我姿态，素颜面对世界。

事实上，网络上众多美图大多 PS 过。一幅美图出台过程包括拍照前模特化妆，摄影师选择拍摄角度，选择光线，拍好后还用各种软件进行再加工，取其精华，去其糟粕，使呈现的美图“源于生活，高于生活”。当一个个经过虚化、修饰、打磨过的“惊艳”展现在众人眼前时，观者真是“不识庐山真面目”。

在众人眼中，埃森娜容貌出众，她看似随性的一举一动都让人愉悦，她的一幅照片能为自己带来千元收入。过去两年，埃森娜名利双收，令人羡慕，是众多女孩子期盼和向往的网络红人。在现实生活中，不少女孩被网络美图的五彩光环所吸引，参加各种培训以提高个人颜值，“年薪千万不是

梦”的消息满天飞，网模受到追捧，美图经济让人深陷其中，迷失了自我。

诚然，美图经济是市场行为，有需求就有供给。首先，市场决定游戏规则。眼球经济推动美女经济，众人关注便赢取无限商机。以美女吸睛的商业行为层出不穷，丑闻亦不绝于耳，北京街头接连曝出“斯巴达”勇士、比基尼女模巡游的闹剧便是例证。其次，也需市场认可。如今帅哥美女和豪宅、名车、奢华的生活方式联系在一起，在眼球经济盛宴中分杯羹并不难，令无数才俊竞折腰。

对于埃森娜来说，她这一冒险举动开启了以本我为中心的新生活。作为过来人，埃森娜看到了耀眼光环后不为人知的艰辛和无奈，感到为“美丽”付出的精力、体力消耗了青春和活力，认为应该珍惜自然真实的人生，鼓励“不化妆，不打扮，自然不做作”，在真实生活中寻找本我，展现真善美。为此，她在网上开展了一个名为“让我们为游戏改规则”的新项目，鼓励众多粉丝过没有数码修饰的生活。

一个弱女子，不甘随波逐流，敢于挑战规则，勇于说不，实属难得！埃森娜可贵之处在于率先革自己的命，她放弃虚名，向规则挑战，以真实经历现身说法，让更多追随者了解美图经济的真实面目，勇气可嘉。

真实是保持美丽永恒的秘诀。可以说，埃森娜追求自然、真实的生活理念为当下浮躁、虚无的社会风气注入了一股清新气息。警醒大家无论处于何时，也要保持一颗纯真、淳朴的心灵。

舆论不能想当然

一起普通的交通事故，由于涉及一位老人在日本的传奇经历，舆论一波三折，发人深省。

2015 年 8 月 21 日，一位老人随子女赴日本旅游，在景点被一开车日本女子撞了，当地医院未查出病症，双方私了，肇事女子赔付 10 万日元补偿，老人回国。不料此事却成为当地社区警示居民内容，称有中国老人在日本故意碰瓷，提醒居民遇此事件及时报警等。这则日文通告对外公布后，国内多家网络媒体未经核实转发，引发公众热议。一时间，“老人赴日碰瓷”成为 2015 年 400 万国人赴日游的一个污点，被众人越描越黑，祸及国人自尊，成为评判国民素质的又一反面案例。

从表现看，驾车女子似乎当了冤大头。老人受伤、医院检查无碍、获赔 10 万日元，一道天衣无缝的证据链足以推论出老人是故意碰瓷。在国内舆论一边倒地对老人声讨中，无人怀疑此事存在的疑点。对于此事真假，质疑者寡，附和者众，宁信其有的心态让国人又一次吃了药。

面对各种责难，老人通过媒体还事实真相。老人被国内医院检查出骨裂，至今还在忍受伤痛。面对证据，日本方面称通告未经协会同意发布，对失实道歉，并要求失职人员辞职。由此判断，碰瓷谣言风行先错在日本医生的误诊，后错在日本方面的不实通告。

至于国人被谎言忽悠，不是因为智商不够，而是心态脆弱、惯性思维使然。

一是以成见判是非。一见有人摔倒，立马想到碰瓷成为当今许多人的思维定势，想当然地把老人视作碰瓷者。在众人眼里，如今的老人已成为各类“意外”事件的主角，抢购黄金、广场舞扰民，老人已成为一群捍卫个人私权的强悍“杀手”。以至于行人遇老人摔倒，先拍照、找证人，再伸出援手成为救助的潜规则。

二是以无知求真相。网络流传有国人赴日专程体检，盛赞日本医生的热情服务和精湛医术。以崇敬、羡慕的仰视目光看待外人，以恨铁不成钢的态度俯视看待国人，以此心理揣测老人赴日动机及行为，结果态度跟着谎言走，把日本医院检查结果视为铁证，反而忽视了日本医生的无能与疏忽。

谎言因众人想当然而起。公众持成见的想当然，对社区白纸黑字通告的想当然，对医生检查结果的想当然，把老人推到舆论的风口浪尖。只可怜老人除了要忍受身体的创伤外，还得承受沉重的舆论压力，看到自己人格无端被抹黑，欲哭无泪，冤情堪比古时窦娥。

想当然让受伤老人再受伤，想当然让公众一时失去分辨是非的能力，也让公众一时迷失在谎言编织的舆论旋涡中。决不能让舆论被想当然再忽悠！面对复杂舆情时，公众也要多些理性思维，少些盲从，做一名冷静的观察者，比做一时狂热的推手更重要。

我们需要对微信来点冷思考

微信，从诞生起就是腾讯的一款产品。有消息称微信2014年全年创收近2000亿，一部分为网络流量商的收入，一部分归微信的运营商，创造近200万个相关就业岗位，有经济效益，也有社会需要，实现双赢。

微信的确给生活带来诸多变化，企鹅智酷发布的年度大数据报告显示，人们在生活中越来越离不开微信，过半用户平均每人每天点击10次以上，每人每年消费206元。情感类信息、医药类信息、法制新闻等信息名列点击、转发前三位，公众号点击、转发呈现二八效应，80%的朋友圈信息来自于公众号20%的转发。

可见，微信发展势不可当，在广播、电视、报纸纷纷和微信融合发展的当下，我们需要对微信来点冷思考。

一、微信缺乏原创内容。生活中，能如《澎湃新闻》以原创新闻为主的微信号并不多。微信打的是人民战争，提供平台，以技术为强项，和资深媒体比起来，在内容上底气不足。公众可以把其当成一个信息公共发布平台，内容是否有吸引力、影响力凭版主实力。目前微信信息分成三大类：一部分是版主原创，需要文字功夫，需要文化底蕴；一部分是拿来主义，做一名信息“二传手”；其余就是收集点信息，再“装饰”点信息呈现新形式，算是“剪刀推手”，微信中绝大部分版主当属此类。

二、微信属于冷媒体。虽然有些内容是你需要的，让你热血沸腾，豪情万丈，但你缺乏抒发情怀的空间，互动不及时。信息发布人是什么样？怀着什么目的？你如何回应参与？转发后会有哪些反响？对于这些交流必备的语境，公众无法在第一时间掌握，信息传播存在着停顿感。公众由于时常满足于信息充足感，沉迷于信息快速浏览，甚至会产生不愿和更多人交往的孤独感，更不要说深层次交流，生出思想碰撞的火花。从资源社会化分配看，当一个人看网上信息多了，沉浸在微信的时间就多了，哪还有精力关注生活中的其他方面呢？“迷在当下，误在千秋”不是没道理。

三、微信的碎片化。短而精干、夺眼球、有温情的信息在网上才可能迅速传播。这是新媒体特点，也是其无法克服的通病。信息碎片化往往对幼儿教育有效，个性鲜明、生动有趣的个体呈现才能建立起以联系为基础的逻辑思考。由于受到网络流量限制，受到手机尺寸限制，微信信息的小型化、碎片化过多的传播，让接受者思想局限于细小、微观，不利于形成思考研究的习惯。从世界观形成讲，一个人如果不认真读点书，沉醉于一知半解的、片段化的认识，不利于形成判断是非的能力。

四、微信的移动性。既然平台移动，信息内容也表现出不稳定性，内容会不断发生着变化和迁移。在缺乏稳定场所和气场下，移动设备呈现的信息，即使是全面信息也会给人留下片面的、碎片式的记忆。信息作为大众快餐而普遍存在和被消费，长期缺乏信息的有效积累而产生的集聚效应，从而弱化了信息的引导培育功能，不利于形成鲜明的社会共识。

五、微信的商业化。利字当头一把刀，源于商业运行模式，其追逐利益本性难移。一家企业提供平台，推动信息在社

会有效流动，产生了大量商机，商家所关注的更多是利益，消费者看到的更多的是便捷。最终在各种圈子中形成利益圈新变种。如今，各种微商涌现，各种以微信为平台的营销新方法层出不穷，客观削弱了信息流动的陶冶、教化作用。

镇邪气、树正气是媒体发声的基本功

2016年开局，民间舆论好热闹。一条“上海女逃离江西农村”的虚假信息让无数网民中枪，传统媒体积极渲染，把一个时间、地点、人物、内容、事后反馈等多点存疑的社会新闻炒得热翻天。

待到尘埃落定、水落石出时，大家才发现编造事实之人的可恶，欺骗众人眼球，蒙蔽众人情感，宁信其有的惯性思维让媒体浪费了有限的舆论资源，均源于谎言的编造者、发布者和积极的造势者。

至今媒体也是犹抱琵琶半遮面，只提及此人是上海周边某省的一名有夫之妇，和老公闹别扭，大年三十在家生闷气、泄私愤，扮演了“上海女江西行”的主人公。一个谎话连篇的人，一个缺乏道德规范的人，竟能忽悠着舆论跟着走。一是因为该女扮演角色逼真，话题触及公众情感的痛点。二是因为公众善良之可欺，在万家团圆时，见不得他人伤心事，怜悯之情引发共鸣。

事实毕竟是事实，只可惜如今媒体还在学“上海女”的套路，怀揣着保护隐私的良心，依然给公众灌着迷魂药。公众此时也疑惑，这不知地点、姓氏的有夫之妇是何方神圣，如此大胆，编造出令上海、江西两地民众伤怀的弥天大谎？至于责任追究，恐怕无凭无据。公众只能把此事当成一部超现实主义文

学，留下想象空间，让谎言来无影去无踪，消散在记忆中。

可恶之人造谣，可悲之人信谣。“多行不义必自毙”，如此忽悠他人，自己也不会愉悦。可悲的倒是接受并享受舆论的公众，和一个虚无的“上海女”谈责任，谈地域歧视，谈门当户对，谈正确恋爱观，谈城乡差距，谈农村的美好未来，一个江西女甚至给“上海女”写公开信，不屑“上海女”的逃离，激励江西人奋起直追？！

一切都是捕风捉影，一切都是无稽之谈，当真实变成虚无时，被愚弄的受挫感、无助感、失落感、恐慌感便一同袭上心头。公众彷徨着他人的虚构，迷失着本我的坚持。难道舆论非得逼迫公众造就一个“不信谣，不传谣，百毒不侵”的金刚不坏之身？

在“上海女”事件发酵中，人民网、新华网，地方媒体都发表评论员文章，引导舆论，引发思考，可谓媒体重视，民间热议，众人关注。此时媒体发声要核实事实，理清思路，积极应对。舆论绝不能跟着感觉走，网事、网语虽搏眼球，但违背事实的谎言伤害的是公民的理性思维和媒体的客观公正。

天价鱼、“上海女”、引力波等事件的大逆转，考验着公众明辨是非的能力，呼吁媒体承担更多的社会责任。当众人关注、舆情不明时，媒体要看得远、想得深，要澄清谬误，明辨是非，坚持让事实说话。

“扬眉剑出鞘”，宝塔镇河妖，要镇得住邪气，树得了正气，才是媒体发声的基本功。

冷思考、慢动作方显英雄本色

构建和谐社会不能缺乏公正与善行，但也要警惕一番好意被愚弄的恶作剧。

如今凡有事发生，各种版本的“真相”便满天飞。一惊一乍的舆论生态使人迷茫。当缺乏证据时，自媒体、微信朋友圈中流行的说法大多人云亦云，有些悲情剧甚至被包装成美丽神话，迷惑性、欺骗性强，危害性大。

近日，安徽利辛一女子被狗咬成重伤一事又起波澜，事件评价一夜之间出现逆转，起初媒体报道的“勇救儿童时被咬”变成“替人喂狗时被咬”。被恶狗咬伤本属飞来横祸，如果为他人利益而受伤让人尊重，令人敬仰；如果为个人利益而受伤则令人怜惜，引发同情。一公一私起因不同，公众对事件评价、反应截然不同。

从初闻此事的感动心灵，自发捐助，到了解真相后的面面相觑，一脸茫然，受骗后的无奈、无助的众生相令人唏嘘。从传播效果看，人们更加相信与自己世界观类似的信息。起初女子被狗咬伤一事媒体多采用被咬女子丈夫描述，女子“见义勇为”“舍己救人”的正能量得到共鸣。

从心理上看，人们更愿意接受“人之初，性本善”，更愿意接受女子奋不顾身救助他人的义举。救人者蒙难，各方慰问如期而至，有媒体报道，仅一周时间伤者家属已收到善款超

70 万元。

从行动上看，人们更愿意接受众人拾柴火焰高，一人有难，八方支援，为社会主义核心价值观的展现。但公众还要警惕良好心愿和善举被他人利用，成为不劳而获、谋取私利的人的新活法。

媒体要成为公众明辨是非的火眼金睛，成为公众判断是非的压舱石，成为社会发展的瞭望者，社会舆论的引领者，应发挥出鉴别事实、引导舆论、助推社会风尚等的作用。

一、媒体需要冷思考。媒体应不为流言所惑，坚持问题导向，明确事件本原。记者到现场后要多方了解情况，判断基本事实，要做事实真相的传播者。对于女子被狗咬之事，在没有找到被救小女孩的情况下，记者不能仅采信受害者一方说法，还要收集到养狗人的说法、第三方见证者的说法，需要结合警方处理结果。只有做到事件的多方意见表达，事实才能越来越清楚，才能让公众具有参考价值。

二、公众需要慢动作。公众参照媒体报道时也要理性思维，不轻言评价，表态、行动前也要慎思慢行。首先，公众要理性消费各类媒体报道。在信息快餐式消费时代，争抢头条意识往往被各级媒体视为生存之道，助长部分从业者不严不实之风，为虚假新闻传播大开绿灯。其次，公众不要轻信朋友圈信息，特别警惕以行骗为目的各类求医、求学、求捐助等信息和行为，防止因个人一念之差、一时行善助长部分人的私利，成为被欺骗、愚弄的受害者。

记者要学会看一看想一想，公众也要适应等一等缓一缓。时间是最好的净化器，谎言终会被拆穿。培育公民冷思考、慢动作的行为规范不仅是防止社会不良风气滋生的一剂良药，也是公民社会、法治社会的民意基础和有效保障。

大数据果真能包打天下吗

从现象看本质，数据能帮助人们分析问题的实质，找到解决问题的途径。

近日，上海交通部门就以上海5800万张交通卡刷卡的情况，统计出松江区九亭镇30万人出行规律，在2015年7月，专门增加一条九亭镇到虹桥枢纽公交线，方便市民出行。生活数据化带给人们生活的便利不仅表现在交通领域，而且对金融、传播收视率、经济指标、财金指数、APP等以数据流的方式即时、便捷地提供服务。可以说，一旦缺乏数据就无法对事态精确表述。

大数据可谓功高盖世。一方面，大数据有助于人们提高生活品质。大数据成为人们定性事物、评价成果、评判是非的重要依据，借助于互联网+、云系统和无线终端，人们出行习惯、消费偏好等量化为一组组数据，人们用手机可以轻松实现GPS定位、异地订餐、预约出租、查询车位、商品价格比对等服务，对公众来说，由大数据形成的数据流对生活指导真实可信。

另一方面，大数据有助于政府部门提高效能。对社会服务部门来说，大数据有利于城市管理和市场经营，有助于制定政策、效果反馈、提升服务能力。在九亭镇新增的公交线路运行后，公交运营部门依据大数据反馈的信息评估专线运行效果，为下一步开展的公交运行区间调整提供参考。

可见，大数据的即时性、真实性、科学性成为社会服务部门为民履职的又一依据，使管理更为科学、有序、有效。然而，大数据并不是灵丹妙药，包治百病。在实际工作中，应警惕运用大数据不当造成不良后果。

警惕一：局限性决定了大数据无法包治百病。大数据表达的是一定时段、一定人流、一定范围的人们行为习惯的概括和总结，有其特殊性，运用其数据时，要选择好其适用范围、对象。以九亭镇人口出行习惯为例，30 万人口出行数据及规律是一定时间段产物，人员出行存在着地域性、随机性、不确定性，人员流动存在季节性特点。如今在九亭镇常住人口不到十分之一，大部分出行需求为流动人口出行需求，以外来人口、暂住为特点，每逢重大节日当地人口大量流失，客流锐减，如仍维持高峰时期的公交专线，形成新的浪费，得不偿失。松江大学城交通也存在类似情况，在长假期间，学生及旅客需求发生巨大变化，以不同时段数据进行公交运行调整成为公交运营部门的常规工作。

警惕二：选择性决定了大数据无法包打天下。虽然大数据真实、精确、客观，但也要警惕运用数据时人们的主观意见倾向，万不可主题先行，数据为证，以唯心主义方式考量现实社会。在 2015 年秋季开学季，华中农大采用在校学生就餐大数据作为评定贫困生依据之一，引发公众对“贫困生就不能吃好点”的质疑，其问题实质是忽略了数据形成过程的复杂性、特殊性。

如今从大数据中分析出结论并不难，难就难在如何鉴别、科学合理运用数据，出台措施更好为公众服务。以数据为标准的政绩观存在主观认识误区，也易给弄虚作假、欺上瞒下的不正之风提供滋生的温床，毕竟评价一项工作如何，是否落实到位，最终不是数据说了算，而是以公众评判为标准。

公私分明才能政令畅通

如今出门会友，刚结识的朋友间彼此加个微信不稀奇，如果谁没用过微信易会被看成为老古董、稀罕物。在微信上点赞、晒生活是新新人类合群与否的又一新标志。但如果微信交友不慎，不仅会影响观瞻，还会坏了心情，有人甚至还会因此丢掉饭碗。

2015 年 8 月 19 日，凤凰网报道广州一名 90 后女孩子不加男领导微信被炒鱿鱼一事，让人看不懂，大有公报私仇之嫌。从公众角度看，领导因此开除员工涉嫌公权私用、小题大做。女孩子到公司打工，看重的是公司实力，公司评价员工也应该重业绩。如果其能力不适合公司要求，可以按程序解除劳动合同。可仅因人家不愿意在微信上加你，你强加个“不服从管理”的罪名，显得太不人性，任性过头了。

首先微信是公共软件，人人都有使用的自由，也有不使用的权利。其次，微信是建立在朋友圈中的信息沟通平台，发布个人私事，和工作没太多交集（不包括把微信当成营销帐号的）。转发什么、点评什么全凭个人好恶，只要不违背公德、法律，那是人家的一亩三分地，不希望外人打扰也正常，应受到法律保护。至于人家不把你当朋友，不加你，不愿让你看到个人发布的信息，说明她和你还到不了朋友关系，领导岂能不知情？！

再说，公事怎能用微信、QQ 等社交工具呢？公共服务软件安全吗？有媒体就曾曝出一个犯罪团伙利用 QQ 盗用帐号进行诈骗的事例。公司有管理系统，放着安全、保密、高效的内部运行机制不用，非采用微信等不安全的社交软件构建所谓工作圈开展工作，是强词夺理的"创新"还是对新媒体认识不清？

新媒体是新生事物，有快捷、高效等优点，也伴有危险因素。新媒体缺乏专业采编人员，缺乏专业素质和纪律约束，我行我素得多，鱼目混珠得多，也易被别有用心的人利用。大到国家大事，小到衣食住行，如果缺乏明辨是非的能力，往往会对正常工作造成干扰。

管理中要坚持内外有别，公私分明。公事按原有渠道、规则进行管理，私事按个人喜好来运行，泾渭分明才能长治久安。履行安全、高效的管理要求，于单位有利，于管理者有利，于员工有利。

没有不合格的员工，只有不合理的管理者。至于管理不畅等问题，还需要从管理者角度谋对策。

又遇责任模糊区

记者张先生以一名乘客身份，于2015年11月9日乘坐南航CZ6101航班时突发急性肠梗阻，如何处置，成为考验航空服务质量的试金石。

很显然，南航处置水平令人大跌眼镜。张先生在微博上发布了其15个小时的生死经历。由于有关人员推诿扯皮，让原本并不艰难的空中营救充满波折，张先生因此错过最佳救治时间，不得已被切除了0.8米长的小肠，留下终生遗憾。

张先生以"一个有点理想的记者"为名在微博上发文，质疑南航服务、地面救护及医疗服务等。一是飞机在北京机场着陆50分钟后才开机舱门，而救护车仅咫尺之遥，耽误太长的救治时间。二是空姐和救护车人员扯皮，为谁送病人下飞机再生争执。张先生说："他们对骂差点没打起来，这期间竟然没人理我了！"只好大喊一声："我自己下去！"在众人围观、无助下，呈大猩猩状爬下扶梯。至于后来在北京就医的心酸经历，满是泪点。张先生戏说此次经历颠覆理想，不再信所谓紧急迫降之类的神话。

张先生求医过程的曲折经历在网络快速传播，引起南航重视，南航道歉信中说当班飞机刹车系统出现故障，内部协调程序出现问题，坦承对张先生服务不到位，启动了内部调查程序等。可以说，南航对问题不遮不掩，真诚面对大众关切，态

度值得肯定。但对于一个突发病情的乘客来说，在生死边缘徘徊时，被他人冷落、漠视的痛苦记忆却难以消除。

张先生事后质问南航人员，如果空姐在扶梯处扶他，如果发生摔倒等意外，如果张先生投诉，其损失是由南航负责还是由空姐负责？如果是后者，他不怨空姐不出手。他呼吁"宁愿不接受道歉而跪求南航的制度完善"。但这些假设并不存在，实事上下飞机的一道扶梯成为无人负责的模糊地带。

在责任模糊地带无人敢担当，一方面是因为制度缺失，另一方面也是凡事本着多一事不如少一事的避险意识在作祟。从飞机扶梯下来的那几个台阶，对于张先生是何等无助，何等漫长，而对于现场任何一个看客，尤其对空姐、救护人员来说，其过程同样漫长、煎熬。

从老人街头倒地路人不敢扶，到如今空姐面对重病乘客不愿扶，人间冷暖，可见一斑。对身边弱者、对身边无助现象清醒的认知，一幕幕悲剧的上演不断拷问着公众的良知，是什么让人们如此畏惧、如此冷漠？当人们失去对陌生人的关注、关爱和有力支持时，人间温情、社会暖意又何在？

社会并不缺乏规则，从法律意义讲，南航没有尽到保证张先生安全送达的责任。可规则总有例外，当遇到责任模糊地带时，从道义上讲，社会需要有人跨前一步，主动担当一点，那么此事结局将会是另一番场景。

还记得45年前《中国青年报》的一篇名为《为了六十一个阶级弟兄》的通讯，温暖了几代中国人。其中有这样一段救人场景：北京，繁星满天。一架军用运输机，满载首都人民的深情厚谊，冲向银光闪闪的夜空，向西南方向风驰电掣地飞去……

哎，你还点赞吗

十年前有部电影，王志文出演的叫《求求你，表扬我》，讲的是一位乡下朴实农民执意要求记者在报上表扬自己的经历。当时感觉有点荒诞、有点滑稽，一个表扬就那么重要吗？但那事发生在多年前，当时传播渠道少，好人好事能上报纸可是光宗耀祖的事。

当今信息大爆炸，手机大普及，新媒体如雨后春笋般冒出来，人与人之间联系的方式多了，表达感情的方式多了，生活方式也变了。如果有兴致，手机上一点，赞也罢，转发也罢，评论也罢，抒发情怀，感叹人生，娱乐了自己，也在朋友圈报个到，皆大欢喜，乐此不疲。

说不定还会在朋友圈里找到一位多年未联系的老同学、老朋友，还有点意外之喜呢。世界变得更广阔了，圈子却越来越紧密了。亲友圈、朋友圈、同学圈、同事圈，圈子文化大行其道，渗透在生活的角角落落，甚至影响到对外文化交流，连老外都有同感，不知圈子，不知关系，在中国混，可能吗？！

马斯洛人类需求理论认为人最高需求是获得他人尊重，实现自身价值。中国人讲传统、讲情面，讲究人要留名，雁要留声。如同电影中一味要求表扬的老乡，做了好事重要，让别人知道更重要。

常听有人说某条消息多少人点赞，多少人转发，多少人

评论，成绩斐然，欣欣然。如今在圈子里你点火，我端水，他添柴，看起来一时热闹，感觉也其乐融融，使人深陷其中，迷失了方向。

追求影响力固然是好事，但就怕忘记根本，内容为王，打动人心才最重要。圈子里人分三六九等，与你至亲的人，基本不看内容，只管点赞，赚个人场。多少和你有一点利益关系的，也大多不看内容，只管点赞，赚个钱场。倒是那些和你没太多联系，可能看了内容，有点感悟，产生共鸣，为内容而真的点个赞，只可惜圈子里这样的赞少之又少。

如此说来，在圈子里点赞，点得容易，看得陶醉，仅仅是一个个的数字符号，如此得来的收视率、点击率也仅是统计概念，到底和信息有效传播有多大关联还是一个无解命题，万不可把别人的点赞太当回事。

再说赞点多了，反而给人以另类的感觉，朋友圈里人与人的交往如隔了一层膜，雾里看花，不那么真切。有句话说得好，“世界上最远的距离，就是你我对面，却各自忙着看手机”。不信，你坐趟地铁，人们都是忙着低头看手机，陶醉在各自手机的温情中，往往忽视了与周围人的交往。于是乎，上班路上的故事、放学路上的故事、回家的故事等几乎都演变成为某某和手机的故事。

归根结底，最有效的交流方式还是面对面的交流，文字表达还需要情态、肢体语言、语言氛围等信息补充。在休闲时光，约几位志趣相投的老友，见个面、喝个茶，五湖四海地当面吹吹牛，体味人间真情，远胜过天天拿着手机上网刷屏点赞。

看到这，你还点赞吗？

会议报道要警惕不拘小节现象

对于区县电视台的摄像人员来说，会议报道展现会议参加者，传递会场氛围和声音是常规工作。区县两会多为一年初始，人大代表、政协委员共商大事，决定地区未来发展，能否做足、做深、做强电视报道是区县电视台传播主流舆论职责，也是电视台综合能力的展示。

有些年轻记者善于创新，勇于作为，在会议报道中尝试使用移动镜头，展现的会场气氛大气、庄重，让人眼前一亮。但随之出现一些新问题，当推、拉、摇让位于移镜头，选择性拍摄变成真实现场再现时，明眼人一看就会发现诸多新问题，会场移镜头中的瑕疵再三出现，如何避免？

有记者说，拍了大量镜头没派上用场，编辑人员却抱怨素材虽然多，能使用的却少，两头都在喊冤。分析得知，移动机位主要强调氛围，包含画面要素多，一个移动画面中，长则一两分钟，短则二三十秒，在画面移动过程中，会场前排两三名人物的交替出现，后排依次出现四五位，再后面则是五六位，一个镜头往往展现更多群体形象，只要一个元素在镜头展现不合适，就会影响整组镜头的正常使用。

对于因一个不拘小节的差错无法使用的现象，有些原因归结为摄像记者的观察、选择能力的不足，毕竟现场能够反映的场景有很多。但有些原因摄像记者无法避免，是会场实际情

况，要引起会议主办方、与会者的足够重视。

在会场中，会务人员为方便与会者寻找座位，把与会者的名字往座椅靠背一贴，也算便民办法。讲究一点的用红纸，不讲究的用白纸。开会时，的确方便与会者，但没来的人座位空荡荡，靠背上的名字一目了然。我们暂且不考虑坐在主席台上与会者的观感，视觉心理强调的是对比，在镜头中，少数异样总会引起观众的特别注意，与会者反易成为缺席会议者的陪衬，在镜头中有强化效果，让人浮想联翩。如此镜头不能用，更不能播。

更有甚者，会场中低头看手机忙刷屏的，眯着眼睛打瞌睡的，打哈欠、抠鼻子，起身离座、服务人员倒水等不可避免的会场小节，往往不宜出现在镜头中。

诚然，摄像记者有岗位要求，对欠妥镜头一定要重拍。一旦有人大意，监审人员顾及不全，一经播出便成事故，教训深刻。

细节决定成败。面对会场中存在的各种小节，我们需要继续加强记者报道的能力，努力做到选择拍摄的画面严谨、庄重，但解决小节的关键还靠与会者，要自觉养成良好的会风。

解铃还须系铃人。镜头呈现的永远只是部分、片段，与会者认真、负责的会风才是会议报道最佳视觉呈现的可靠保证。

我们缺乏阿甘般的坚守

2016年，我们心中不缺梦想，缺少的是默默无闻的坚守。

又到岁末年初，又到成功人士的跳槽季。一方面，各大企业此时也使出浑身解数，以待遇、以美妙的前景挖掘、招揽各界能人。另一方面，如今年轻人也习惯于工作岗位的频繁更换，从以往的五年一换到如今的一年一换，适应行业需求。

的确，如今国家面临着产业结构性调整的问题，企业纷纷转型，劳动密集型企业在中国从东往西的大迁移，促进劳动力的流动和聚集。对于员工来说，谁都向往未来的美好生活，谁都希望自己来年收入增长，获取充分施展才能的机会。一旦遇到比原岗位待遇好的工作机会，人往高处走是社会常态，更是人之常情。

然而，随着工作岗位的频繁变换，坚守实现梦想的路径在哪里？虽说三百六十行，行行出状元，但能够成为人中之翘楚，在一行中出人头地最可贵的品质依然是执着的坚守。

坚守可以忽略先天、社会的各种不平等，实现人生超越。喜欢电影的人都知道，《阿甘正传》是一部让人百看不厌的励志影片。由汤姆·汉克斯主演的阿甘始终把母亲说的“生命就像一盒巧克力，结果往往出人意料”当成人生信条，凡事都一门心思的、心无旁骛地坚守，结果成为他人眼中的成功人士，先是小镇中跑得最快的男孩、大学中跑得最快的橄榄球运动员、

战场上跑得最快的士兵，再到打乒乓球打到国际赛场，成为捕虾船船长，成为全美跑得最远的人，从他获得的耀眼光环中，旁观者会发现，坚守让一个先天智力不足的人的人生变得丰富多彩，更何况是正常人呢？

虽然坚守中充满苦涩和不解，甚至是他人的嘲笑和戏弄，在缺乏鼓励、喝彩的环境中，坚守者最终实现的是人生梦，实现为他人更好地服务的梦想。屠呦呦怀着对青蒿素抗疟的理想，这名无博士学历、无海外教育经历、无院士头衔的“三无”研究者称自己是搞研究的，“只想老老实实做学问，把自己的事情做好，把课题做好，没有心思也没有时间想别的”。置个人名利于身外，以数十年默默无闻的坚守，最终成为造福人类的幸福天使。山西省陵川县积善村代课教师宋玉兰也一样，拿着在别人眼中每月 150 元的可怜收入，坚守三尺讲台 40 年，教出千余名小学生，成为小山村两代人心中“不灭的蜡烛”。

正如习总书记在 2016 年新年贺词中所言“前景令人鼓舞，但幸福不会从天降”。脚踏实地的坚守，让人更加接近实现未来的梦想。或许并不是谁都能在坚守到收获成功喜悦时，但每个坚守的人生都是精彩时代脉动的音符，值得倾听，与之共鸣。

一条新闻多次滚播，地方媒体勇作为

2015年7月15日，一条新闻无疑受到众人关注。

事因是一起航空事故。一片类似于波音777飞机起落架上的三角形挡板在飞行中脱落，深夜砸中松江新桥一家企业的车棚，顶棚被砸开一个大口子。

有网友将情况发布到网上，松江电视台记者获知后赶到现场采访，由陈盛、刘青制作的《飞机零件从天降　砸中工厂幸无人伤》新闻被上海电视台《新闻坊》《新闻报道》《新闻夜线》《上海早晨》录用。一条突发新闻被上海电视台各档新闻节目连续录用，实现录用“大满贯”，其播出待遇不亚于重要时政报道。

另外，中央电视台、上海广播电台、东方卫视，看看新闻APP、微信、微博等纷纷抢发、转发这条新闻，可见其在当天新闻节目中的特殊分量。上海电视台《新闻报道》还为此回顾了近年来上海各种飞机意外坠物事件，提醒社会各界关注飞行坠物的损害，引发社会关切。此条新闻引发关注，有以下三个原因：

一是内容具备强新闻性。天上落物势必联系到祸从天降，不可预知，需人人防范，有广泛的社会认知心理，其事件信息具备广泛传播的人际基础和社会价值。

二是各种表现技巧运用到位。采访记者快速到达现场，

在受损厂方不愿接受采访的情况下，采访记者在厂门外现场出镜，讲述事态进展，再加上对相关技术专家的电话采访，有事实，有现场，有物证，令人信服。

三是引发对飞行安全管理的思考。飞机是精密设备的集合体，任何飞机的零部件都有其安全价值，飞机部件的脱落对飞行安全敲响警钟，此信息及时通报相关部门，引发社会关注。另外，天上不明坠物往往伴随着地面人财物的损失，还需要有关法律及措施补偿，为健全相应安全保障体系发挥作用。

此新闻对新闻工作者的意义更多还在于激励作用。说明在互联网条件下，地方台记者和省市台记者已经站在信息发布的同一起跑线上，只要足够勤奋和努力，同样可在信息发布平台上独占鳌头，在舆论主战场上风采无限。

新语境下群众点赞才是真功夫

公开、公平、公正是政府为民施政的目标。市民通过电视问政已成为政府接受社会各界监督的一种常态。在电视直播节目中，干部综合素质一览无余地呈现在公众面前，有些干部感觉不适应，生怕自己讲不好，不敢讲、不敢说，担心群众挑刺，自己无法下台。

对干部来说，埋头做事是工作基础，开口表达是工作能力，特别是文化宣传系统的干部，面对群众讲什么、怎么说、怎么评价是新语境条件下的新要求。

讲什么？讲理论体系、讲制度道路，讲社会主义核心价值观，讲党情、世情、国情是必需的，这是讲政治、高举旗帜的总要求。讲实事也是必需的，一年到头政府重要工作、重要民生工作做得如何，成绩单总是要拿出来晒一晒。习大大在2015年新年贺词中所提的“我们的干部蛮拼的，为人民点赞”，说的正是这个理儿。

怎么说？干部大多习惯开会，总结会、座谈会、表彰会、现场会、征求意见的恳谈会，说到底还是在小范围交流，有一定程序、模式和语境，易形成官话、大话、空话定势。在电视机前、广播直播间中，干部应邀直接回答群众提出的所疑、所需，遇到新问题、遇到新语境，这就需要真功夫。湖北武汉的一位区委书记被要求当众背诵24字社会主义核心价值观，不

仅需要具有深厚理论功底、丰富的知识面，而且还需要有与群众直接打交道的亲和力。面对直播镜头时，干部不仅要敢于想、敢于说，更要敢于创新和实践，平时就要常在微博、微信等新媒体上和群众多交流，学会与群众交流的方式，在语境中去掉官话、套话，把路线、方针、政策转换成群众听得懂、听得进去的语言。这是新常态下的新语境，也是群众的新需求，更是对干部政治生活的新要求。

谁评价？为人民服务是干部研究群众工作新语态的出发点和归宿点，讲群众听得懂的话也是打通官方、民间两个舆论阵地的要求，也是干部对群众路线教育实践活动是否扎实的现实表现。工作好坏的最终评价权在群众，金杯银杯，不如群众的口碑，获得群众的认同，须下一番功夫。

因此，干部要积极研究新常态，融合新平台，拓展新语境，切实做到身体力行，积极转型，力争做一名工作业绩突出，与群众交流通畅，群众频频点赞的好干部。

教育类

真空上阵的毕业照想说明啥

又是一年毕业季，各高校门口多了些穿着学士、硕士服拍照的学子。对于他们来说，学校的青春记忆将成永恒。

每到此时，拘谨多年的学子也变得兴奋张扬，有些举动近乎疯狂。近日，山西农业大学的一群女生以报纸遮羞在黑板前留下青春岁月，中国矿业大学的一群学子在操场上以浴巾裹体拍摄毕业纪念照的事件引发关注。

按常理，拍毕业照时，疯狂的举动无非是把学士帽等抛向天空，表达喜悦心情，可如今个性化毕业照走向了另一个极端，以怪为美，比如前几年华南师大的六道杠毕业照；以脱为美，如报纸照、床单照、浴巾照。以另类曝光展示不一样的青春、无底线的大尺度照片搏人眼球，这也是醉了，让人不禁为这帮胡闹的学子捏把汗。

以怪、以脱、以露为美的毕业照是想表明青春无敌，展现一种无畏的人生态度，还是展现兄弟姐妹们滚床单等亲密无间的感情？是一时的任性放纵还是理性的情怀表达，相信每人都有不同的解读。

如果这些照片不公之于众哗众取宠，仅仅是小姐妹们的私房照，他人无须大惊小怪。一旦进入公众视野，作为公众属性的产品，引发舆论关注，那就得辨明是非曲直，少来误人子弟。

如果没有身后的黑板、操场，这些照片何以表明大学毕业生的身份，何以表明是毕业季学子在拍毕业照?

暂且认同大学毕业生的身份，但这些照片展示的内容和学识无关，和浪漫无关，和清纯无关。这些照片只是展示了与他人毕业照片的不同，不穿任何衣服为搏人眼球，获得一时的关注，与学校严谨的学风大相径庭。与己不利，与社会良俗亦无利。

学子四年苦读，学有所成，进入社会无非想获得自立的资本和他人的尊重。如此展示无敌青春，只能在他人费解的目光中赢取所谓的“亮点”，是一时的疯狂，无益于人生的精彩，是狗尾续貂。

别把学生当学渣，贬人一时当心毁人一生

在当前考试制度下，学生分班时，学校往往以学生成绩的高低划分班级。一所学校中，往往有尖子班，学霸云集，受人关注；也有平行班，成绩平平。更有甚者，一个年级中竟然分出差生班，把全年级“学渣”往一堆凑。

2015 年秋季学期，桂林一所小学便如此对学生分类，在六年级毕业分班时，把差生集中在一个新班。在新班中，最好的学生统考成绩为语文 66.5 分，英语 51 分，数学 58 分，在他人眼里，反正大家都不是块学习的料，学生小毛病不断，在课堂上竟公开炒起菜来，这无视校规、上房揭瓦式的奇葩举动让学生无颜、家长寒心，校方却振振有词，说是“因材施教”。

因材施教的确是解决学生个性化学习的好办法。物以类聚，人以群分，把这群对学习不感兴趣的学生聚在一起，看似学校的明智之举，实则蠢之又蠢，严重地伤害了学生的自尊心，弄不好破罐子破摔，步入社会即成为不稳定分子，贻害无穷。

追求教育平等权，尊重每一名学生的学习权利，是办好教育的基本要求。虽然如此分类可集中优势教育资源，把有塑造可能的学生培育成优秀学生，但集中优势是建立在对另一群

差生学习权利的轻视和剥夺上，何谈公平、公正？！

曾经担任差生班班主任的杨淇，两个月后辞职，他说：“把这些成绩差的孩子分在一个班，对于学校来说方便管理，但对这些孩子来说不公平。”

应当给每一个学生创造学习生活的最佳环境，除非学校准备以特殊学习方式纠正学生的不良学习行为，并通过实践切实改善学生的学习质量，否则就应该一视同仁地对待每一名学生的成长。

虽说学生成才途径千千万，但社会应赋予每个学生同样的成才机会和选择，才是教育公平应有的题中之义。

中式教育在英遭非议，全盘否定无益于交流

当对中国孩子参加各种补课、考级的教育现状见怪不怪时，你可曾想过，当中国教育遇上一群英国孩子时，结果会怎样。

近日，五位中国教师远赴英国汉普郡一所顶级中学教学的故事引发关注。英国 BBC 全程拍摄的纪录片《我们的孩子够强吗？中式教学》于 2015 年 8 月 4 日（英国时间）播出，从纪录片的展示效果看，此次中国教师的英国教学之旅充满悬念，不同文化理念让中式教学在英国充满争议。

“老师把学生训哭，学生也快把老师逼疯”的为期一个月的教学，让英国媒体资深评论家西蒙·詹金斯深为忧虑。8 月 4 日，他在英国《卫报》发表题为“中国学校是考试工厂，为何英国却要效仿”的评论文章，对引进中式教学提出质疑，特别对中国考试制度给予了全盘否定。

在文中，他以犀利的言辞质疑中国的教育模式，称中国学校是“考试工厂”，中国已逐渐意识到“超前教育”（不符合年龄段的教育，为培养智力超群人才而对幼儿进行超前培养）的“愚蠢”之处，指责英国政府为何效仿中国教育方式。

这篇评论质疑英国政府实施这项实验的目的，直接阐明

反对立场，认为本不完善的中国教育模式不会给英国教育带来好处。其实西蒙·詹金斯先生只注意到了实验的一面，中式教学在当地“水土不服”及部分学生的抱怨，却没有思考另一面，两国教育交流带来的变化，更没有反思在文化差异条件下，英国教育如何取长补短，和崛起的东方保持同步发展的新课题。

这不仅仅是西蒙·詹金斯先生的一家之言，国内众多“精英”也保持着相似观点。事实上，很多富裕起来的中国人把子女纷纷送到国外，享受西方“人性化”的民主教育，不再承受国内考试制度的“摧残”，美其名曰抢占教育高地，提前实现教育“国际化”。

天下大势，浩浩荡荡，顺之者昌，逆之者亡。要做新世界主人，必须登高望远，顺势而为。中国考试制度源于历史悠久的科举制度，有其历史性和先进性，这种人才遴选制度符合优胜劣汰的自然法则，是中国传统文化的一部分。虽然存在西方无法理解的流水线生产“机器人”模式而饱受诟病，但其实现教育的公平性、公正性的作用不容小觑。

任何一种教育制度，不论是西方的还是东方的，都有其优劣，东西方相互借鉴，完善教育制度才是硬道理。

英国教育界把对教育模式探索的注意力转移到新兴国家，特别注重中国教育模式对未来世界的影响，这是一种高瞻远瞩的胸怀，也是务实尽责的表现。

相信这部承载着众多争议和思考的纪录片在英国能够再次唤醒更多人的理性思考。当世界格局发生根本变化时，教育应该如何重塑未来，大胆创新，在不同文化的交流中取人之长，补己之短是方向，更是必然。

参加此次实验的中国教师 Jun Yang-Williams 说：“这么短时间，让他们（英国学生）去适应中国的教学方法是不现实的。但是我很欣慰的是，到后期的时候，有学生开始认同我的教学

方式。他们觉得抄笔记的方法比自己做实验探索效率高很多，笔记还能拿来复习。”

这些参与实验的英国学生的心声才是评判此次实验成功与否的标准。

杀猪岂容小学生集体围观

以杀年猪方式体会年味，年长者记忆有之。对于才上小学的孩子们，特别是城市中的孩子们来说，杀猪的场景难得一见。

2015 年圣诞节，杀猪场景被重庆一所小学搬到学校操场重现，一年级小学生还被组织集体围观。在名为“民俗文化代代传，传统文化进校园”活动中，学校专门买回两头年猪，请来农户讲述年猪习俗，屠夫现场宰杀年猪后，科学老师还为学生讲解猪的身体结构。

如此现场教学很新奇。有网友表示支持，说学校的现场教学属科普教育的创新之举，无可厚非。也有网友表示反对，说杀猪场面对于未成年人来说过于血腥，影响孩子的身心健康。面对社会各种议论，当地教育专家则称是一次有益的尝试，“学校应该有不同的文化，不能因噎废食”。

教育要面向现代化、面向世界、面向未来，当然更需面向生活。民俗文化进校园开阔学生的视野，但引进什么民俗项目应慎重对待。对于中国年俗文化来说，春联、剪纸、窗花、中国结、面塑等传统手工艺都适合进课堂，孩子们易于接受，互动效果也好。

学校独选杀猪进行教学虽然别出一格，但值得商榷。

一是缺乏必要性。体验年节文化如上文所举，有很多种

方式，没有必要以这种血腥的方式体验。学习动物的生理结构，对小学生而言，是否已超出其认知水平。二是对孩子心理易产生负面影响。低龄孩子以感性认知为主，现实生活与童话世界往往交织在一起。正如一位家长所说："孩子都喜欢美好的东西，在他们心里，动物都是可爱的。"现实与梦境的强烈碰撞会破坏孩子对美好事物的印象。

再说，杀猪现场秀给孩子们带来的科普知识真的很重要吗？1897 年，一个小女孩特地写信给纽约当时著名的《太阳报》，询问世上有没有圣诞老人？该报编辑丘吉认真回答："确实有一个圣诞老人，他是存在的，就像爱、慷慨和奉献一样存在，他会继续把快乐带向孩子们的心里。"

如此说来，有时真相并不重要，呵护好孩子美好的心灵和梦想才是最重要的。

61岁老校长撑双杠示范运动潜能

2016年1月10日，厦门大学校长朱崇实在校体育工作大会上，上台演示直臂撑双杠，以61岁的年纪保持这一动作25秒，一时惊呆众人，赢得一片叫好声。

为老校长喝彩，一是老校长现身说法，践行了运动让人更年轻、更有活力。二是老校长就地取材，在一把椅子上做高难度动作，说明运动是生活态度，从身边做起，从现实做起可行、有效。三是被老校长亲历亲为的豪气所感染，“跟我来”的气势中充满邻居大叔的亲近感，榜样力量显无穷。厦大一学子事后撰文称“与之前和蔼可亲的形象不同，朱校长这次展现了他霸气的一面，简直是大学校长中的普京大帝”。

据《厦门日报》报道，朱校长常骑自行车、走路上下班，夏天还下海游泳，算得上是体育运动爱好者。无疑，老校长对运动的钟爱达到自律境界，做到了工作、运动两不误。

如今能够达到老校长体能水平的又有几人？即使是大学生，能够如此效仿的又有几人？据《2015年国民体质监测公报》显示，大学生身体素质“继续呈现缓慢下降”趋势，主要表现在爆发力、力量和耐力等方面。

首先，表现为底子薄。虽说要求学生德智体全面发展，但在应试教育体制下，体育课是中小学副课，是其他学科的候补，能够保证运动量的学生为少数（体育专业相关的学生除

外），运动量不足影响学生成长，近视率居高不下等问题频频曝光。

其次，表现为基础差。大学体育教育中存在设备不足、课程设置不合理、学生参与主动性不高等问题。绝大多数本科院校通常只在一二年级开设体育课，且体育课每周只有一次，体育锻炼时间明显不足。到了大三、大四，没有体育课，学生体质状况出现下滑。据中国健康教育中心 2012 年 3 月 11 日发布的一项对全国十几个城市的大学生调查数据显示：超过半数的大学生运动量不足，女生体重偏轻者超过三分之一。运动不足和盲目节食在大学生群体中成为普遍现象。

最后，表现为风险高。偶发的意外事故，来自舆论的压力让学校管理者对极限运动抱着旁观的态度，不鼓励、不支持。有些学校甚至取消了中长跑运动项目在校内的开展。

学校不重视、学生不积极、家长求太平，体育教育不温不火地与应试教育相伴而行，体育大国的梦想离国人渐行渐远。

一味地把学生捧在手里、含在嘴里，限制或占用学生的运动机会和时间，表面看是爱护学生，实则错过了学生身心发育的关键期。

喊破嗓子不如甩开膀子，老校长以一己之力秀出运动无限潜能，就如同习大大访问英国时在足球场上凌空一脚的示范。现实虽不尽如人意，但只要你我的共同参与，共同努力，一点一滴的改变会让未来更加精彩。

“不买书就得出去”，新华书店一店员如是说

2016年2月，一段神争执的视频在网络惊现，叫人直呼毁三观。

一位女士在呼伦贝尔一家新华书店内与店员发生争执，起因是这位女士的孩子在店内看书不到五分钟，被店员撵出。店员表示：“这是新华书店，不是你看书的地方，是卖书的地方，不买书就得出去。”

真没见过如此经营书店的。书店店员逻辑简单，卖书的地方不许看书，选书不能超过三分钟，否则就被视为蹭书看，书店不欢迎。

怎么这家新华书店只能买书不能看，这奇葩规定恐怕仅此一家，别无分店，申请吉尼斯纪录说不定也能上榜。

由于受到网络书店的冲击，实体书店日子不好过众人皆知。不买书只看书，翻脏了书籍不说，还挤占了买书人的选书空间，以盈利为生存之道的店家真心不欢迎。但经营者凭一时好恶做出与常理相悖的傻事，就犯了众怒。因为孩子小，好欺负，如此把孩子直接撵出去，做法不仁义、不厚道，甚至恶气、霸气外露，遭人谴责。

的确，书店是你开的，由你做主。但这卖书行规却是同

行业共同遵守的底线，不能因为你一家霸王条款就损害了全行业的共同利益。

书店是公众能够自由阅读、选择阅读的经营空间，任何人都有选择书籍、阅读的权利。店家如此举动，代表不了全部新华书店，只能算是一己私利的膨胀所致。此事倒需要新华书店事后介入，调查这家书店经营宗旨与新华书店秉承的“为书找读者、为读者找书”服务理念的差异，该处罚的处罚，该摘牌的摘牌，不能因为一家连锁店的不规范经营而让拥有 78 年历史的老店品牌受损。

当地消协也应关注此事，督促店家制定切实可行的整改办法，不能由着店家性子乱来，不能伤了顾客的心。

此时，笔者更加有感于杭州图书馆十年不拒乞丐，唯一要求是要洗手的善行。馆长褚树青说：“我无权拒绝他们来读书。”这是行业规则的体现，也是人性光芒的写照。

在社会进程中，谁也不能剥夺他人对知识的渴望，无论他是谁！

学生千里打工为哪般

一到毕业季，是继续学习还是打工挣钱，让多少学子纠结其中。对于西安华中科技技师学院的学生来说，每年冬季都要面临如此选择。

学生一入学就被校方要求打工（又称社会实践）三个月，“自愿”在寒假到深圳一家企业打工，美其名曰勤工俭学。如此要求令众多家长诧异，本是送孩子读书学本事来了，怎一入学就遇到赴异乡打工呢？

勤工俭学往往是因家境贫困，学生自主参加、不影响学业的有偿劳动。大规模组织，以学分制强制学生参与的勤工俭学却罕见，从西北到南方，如此舍近求远的做法让人疑惑。

据《华商报讯》报道，这是一批面向全校学生招募的勤工俭学，人数达到600人，并未安排特殊教学计划。技工学校新生多为未成年人，缺乏起码的生产经验和社会实践能力。面临组织、监管和道德等多重风险，校方不顾学生、家长的反对，甘愿承担风险，校方到底图个啥？

一般来说，学校组织实习要安排教师带队，要安排相关实习内容、考评机制，对于实习者也有学识要求，强调理论和实践相结合，专业对口等。该校组织的勤工俭学行为不分专业、年龄，不顾学生专业培养，仅把学生视作廉价的劳动力，实为集体组织劳务输出，对学生百害而无一利。

明知不可为而为之。校方如此卖力组织学生千里打工，一方面把学生当成学校劳务输出资本，另一方面缓解了合作企业春节期间用工荒的困境，校企双方合作有新进展，学校办学创新有新政绩。再说，创收成果纳入学校经营收入，搞活学校经济，鼓起的是一部分人的腰包，至于学校教书育人的职责、学生的合法权益，都可以让位。

事实上，学校把打工纳入学分管理，就有绑架民意的嫌疑，学生虽有选择去的权利，却没有选择放弃的权利。教育部、财政部发布的《中等职业学校学生实习管理办法》第五条规定："不得安排一年级学生到企业等单位顶岗实习。"但规定不落实，疏于监督是造成学生千里打工的重要原因。

校方和企业联姻，以勤工俭学的名义为幌子剥削学生的劳动力，获益的是学校、企业。对于学生来说，打工三个月所得仅是当地最低劳务收入，感受最多的是在流水线操作的辛劳。至于企业管理和实践知识，作为庞大生产机器上的一粒"微尘"，学生获知寥寥。

说到底，校方如此不怕违规，不怕民意，坚持逆势而为，全因碍于孔方兄的诱惑。在金钱面前，迷失了方向，丧失了底线。

复旦学子感叹不一样的味蕾体验

大学食堂是什么味道，如今的上海学子们有了混搭体味的机会。

“少考 20 分，为了吃也值。”复旦学子一句调侃让择校取向增加了一道味蕾体验。不知闻听此言，复旦学子的“酸”能否填满同济学子的“傲”。

民间一直有“玩在复旦，吃在同济，爱在华师大”的传说，听说同济大厨掌勺两周，复旦食堂窗口也会出现难得的排队潮。

民以食为天，留住学生的胃可不是一件小事。2016 年 4 月，媒体有好事者专程到同济师傅掌勺窗口蹲点，随机选出五道菜，请复旦学子品尝。这不比不知道，一比吓一跳，因卖相好、口味佳竟赢得一边倒的叫好声。

说实话，食堂难开，食堂菜难吃，是业界公开的秘密。一是要控制成本，二是由于供应量大，只能在快字上做文章，菜要做到味道可口，师生满意的确不容易。

对厨师来说，菜量一大，难得做精致，在色香味上难与小锅菜比拼。对于学子而言，也难得吃次小锅菜。记得笔者大学时，为犒劳自己，在小灶供应窗口不惜排队半小时。

如今条件变了，环境变了，要吃的对胃口，学生有多种选择，或外卖，或快餐，或特色小吃，方便快捷，食堂只能沦

为无奈选项。

食堂以“一招鲜”一统江湖的安逸日子不在，高校间交流互换大厨是留住学子胃口的妙招。

食堂菜难做并不意味着无法提高厨艺。此次同济派出的两名大厨，一位是曾获上海高校后勤厨艺大赛金奖的常仁本师傅，一位是拥有“同济烧烤王”名号的曹明龙师傅。两位大厨此番为复旦学子带来10道菜，每天两人做的菜可供约870名学生食用。

可见，高校间大厨交流，交流的是人，传授的则是不一般的厨艺，给师生留下的则是舌尖上的另类滋味和学子们一段不同寻常的大学记忆。

只不知此次互换交流到同济的复旦大厨功底如何，其招牌菜能否让吃惯“大餐”味道的同济学子获得不一样的感受？

滑稽，让小朋友举牌为园长女儿撑面子

见到儿女高考成功，多数家长都是抿着嘴偷着乐，但也有个别张扬的家长，比如这位园长。

2016 年 6 月 23 日下午，四川资阳城区一幼儿园门口，五位小朋友站成一排，各举一块牌子，牌子连起来一句话为："热烈祝贺姝含园长幺儿高考 630 分，超重本线 98 分，我们要向她学习。"这滑稽的一幕惊煞众人。

女儿高考取得好成绩，令人高兴，但在自己管辖的幼儿园，让孩子们如此高调地举牌庆祝，前无古人，后无来者，夸张过了头。

据说，幼儿园园长承认此行为确系幼儿园安排，是"由家长提出来的，目的是给幼儿园打广告"。这就怪了，自己女儿高考成绩优秀，和幼儿园教育扯得上什么关系呢？！难道女儿也是从这一幼儿园毕业，一路小学、中学的学上去，没有幼儿园的培育，就不会取得今天令人骄傲的成绩？

其实，这位园长昏了头。一是公私不分。女儿高考是私事，在幼儿园等公共场所张扬本来就于理不容。二是涉嫌公权私用。小朋友来园受教育，教育资源具有公共属性，园长只有管理的份儿，绝没有占有的权利。三是侵犯了未成年人的权

益。让小朋友打着并不清楚意义的牌子，说好点是弘扬好人好事，说点不好听就是滥用童工。这罪责园长你担得起吗？

这个园长把一个原本喜庆的家事炒成了喧嚣一时的公共事件，这德行，真是让人服了！

护考人墙是添彩还是添堵

2016年全国高考已落下大幕，又一届高中学子通过高考走上新的人生路，高考的紧张、焦虑、忐忑成为学生和家长人生的难忘经历，成为永恒。

每年高考，总少不了送考大军，缺不了护考人墙。在6月8日下午举行的英语听力考试中，南京、济南等地依然出现部分高考家长组成人墙阻断考场附近道路的一幕。

其实，为确保一个安静的考试环境，考场周边建筑工地停工，无线广播频率停播，警方也采取对考试路段封路，严查机动车鸣号等措施。“一切为了孩子，为了孩子的一切”得到全社会高度认同，不会出现部分家长担心的噪声干扰考场的现象。

即便如此，仍有家长担心非机动车通过时的噪声，缺乏科学依据的担心只能增添家长的焦躁。安徽六安一位家长在6月7日高考时就煽动封路，被警方强制带离现场。

家长陪考的焦虑心情可以理解，但其行为一旦超出公众认知的范畴，以个人利益破坏公共利益的做法引发他人反感。2014年高考时，在南京一考点数百位家长组成人墙封路，与一过路人产生争执、打斗，一时成为舆论焦点。

道路通行权是国家对人的通行权用许可的方式进行的权利限制，出发点为社会整体通行秩序，涉及公权力对社会资源

的分配，任何人不能因为个人利益阻断交通，这是《国家公路法》明文规定的。因为担心噪声问题，主观夸大他人的交通行为影响，采取自发的、主动的封路行为无疑是违法的。

护考人墙封路，家长们越俎代庖的行为并不能代表社会公正。警方和城市管理部门是交通执法者，他们承担着绿色护考任务。如果有噪声干扰考场秩序，家长可以采取投诉、报警等办法维权，万不可自行其是，人为阻断交通。要知道，即使有一百个理由也不能成为违法的借口。

相信谁也不想赢在考场，而输掉人品，成为人生大考的失意者。考生从容应对考试，家长宽容对待他人，是一个人、一个家庭文明素质的体现。高考只是孩子们一次重要的考试，在人生经历的各种考试中，有的可用分数来体现，而更多的是要用道德和法规来评判。

千人围堵抓的小偷，原来抓的是自己人

这几天，一段西安体院千人围堵抓小偷的视频在网络热传。警察出警鸣枪才制止了事态的发展。2016年4月15日凌晨，剧情逆转，经警方核实，所谓抓的小偷只不过是对体院抱着理想的兰州一名高三考生家长，借着来西安出差的机会，凭着酒劲，深夜探访学校。

深夜入校，不速之客被当作“小偷”追打，秀才遇上兵，有理说不清，要不是警察及时出手相救，在混乱现场，万一出点意外，岂不又成一幕人间悲剧。

4月16日，西安体育学院官方微博也发布情况通报，称事发当晚有不少学生正在等待观看欧冠比赛，闻知有人入室盗窃，短时间内引起众多学生参与围堵，群情激愤。

当真相大白于天下时，才知上千人围捕可能带来的危害，让人揪心。

一是铁粉遭打，这不是事后一句“误会，自己人”可以宽人心的。的确，这位家长有责任，月黑风高，深夜潜入校园，你说是参观，有人信吗？！再加上宿舍阿姨一声吼，一声“抓贼”在夜空划过，无疑是一道紧急动员令，让坐等比赛、苦闷难耐的学子们什么感受？！还得感谢警察出警迅

速，处置果断，否则对比赛的无限伤感叠加到这位倒霉家长身上，能扛得住啊？！

二是铁粉遭打，学生激奋过头。路见不平，拔刀相助，本是做人的优秀品质。但面对一个手无寸铁，只顾自保的“小偷”大打出手，即使警方处理时还不依不饶，这倒是为何？！是不信警察秉公执法，还是信奉暴力，无所敬畏？学生情绪过激反应倒需校方反思，加强对学生的法治教育刻不容缓。原本此事充满正能量，只可惜要警方鸣枪才摆平，可见学生法治观念淡薄。

三是铁粉遭打，从众心态害人。现场有千名学生围观，网上也有上万网友助阵。一片喊打声、喊杀声压倒理性思维。众人的怂恿让当事人无所顾忌，大打出手。现场一旦失控，伤及无辜，引发踩踏，造成二次伤害，后果不堪设想。

西安体院千人围堵抓小偷应引发更多国人反思。

遇到突发事件时，围观者除了报警、控制现场外，还能做什么？帮忙不添乱，作为不妄为，一切行动听从现场专业人员指挥是底线。

一次选拔变为层层掐尖，是朝三暮四还是提前选优

孩子的学习牵动着家长的心。中考被形容为千军万马过独木桥，选拔好的生源升到本区或全市的重点高中。一届学生，在不同学校，经历不同的三年高中教育，学生的未来千差万别。入重点高中考名校，几乎是中国孩子勤学励志的一致选择。

《北京晨报》报道，北京东城、西城和海淀部分优质高中2016年拟试点1+3模式，面向本区或跨区招收初二学生，这一改革新举措让家长怦然心动。如果孩子能够在初二时就升重点高中，无疑对未来的高校冲刺提供有益帮助。

其实走在全国教育改革前列的上海三年前就对高考实施了二次选拔政策，给高三学生提供多种选择。有部分上海考生，不到3%的幸运儿在2016年春季高考中考入大学，成为提前结束高中生活的特殊学生。

这一政策对于提前进入大学生活的学生是幸运的，在其他同学全力冲刺时，实现弯道超车，享受自由，提前全面提升个人的社会素质。而对于那些不幸落选的学生来说，经历春考、再经历秋考，两次考试的经历被外界评价为磨砺学生意志，其实让学生为此付出更多精力，承受了更大压力。

无论是上海出台春考，还是北京的初二提前入高中政策，本为减轻学生入学压力而设计。对于幸运儿来说，通过考试，提前实现夙愿，减轻继续学习的压力是成功的。但对于那些绝大多数陪练的学生而言，反倒增加了面对选择的压力。

如果没有从扩大办学规模、提升教学质量的前提出发，仅仅从数量或者入学年龄上实施减负，那么如此的减负只能是朝三暮四的改革。

首先，对重点高中来说，在总量一定的基础上，提前招生，只不过是把未来的学习份额提前透支一年，学校并没有在教学质量上有所提高，即使是三年高中变成四年高中制，初三内容也得教。虽然预备高中的知识点与原来以考试为导向的初三内容有差别，但高中优秀师资、设备资源并未扩容和提升，用稀释法来应对社会对优秀资源的渴望，还会出现名校有名无实的结局。

其次，对于学生来说，只有各方面优秀，成绩好的学生才可能被掐尖，提前升入重点高中，大多数学生还要在本校继续原来的学习。面对筛过一遍的学生，面对底子已大不如前的学生，学校也不再会给予更多的关注，也许会减轻这部分学生的课业负担，只可惜筛出局的学生未来和提前掐尖的学生培养路径泾渭分明，相向而行，再不相交，提前实现社会分层。

从学生需求出发的教育改革还得从学习本原入手，以孩子全面发展为本，只有让孩子们内心产生学习动力的改革才能产生创造力。

砸西瓜、撕卷子、吼楼，如此减压要不得

学生学习压力大是社会共识，对于面临高考、中考的学生们，如何减压成为大众热议的话题。

2016年5月30日，重庆有近2000名学生在一活动中，把一吨西瓜当场砸烂，当成武器相互投掷，名为减压，落在绿地丛中的红色瓜瓤却格外刺眼。

5月20日，在厦门一所中学，高三学生将复习资料和试卷从楼上掷下，纸张满天飞，对书本的粗野态度让人黯然神伤。

无论是西瓜大战还是比赛撕书籍，可以想象出现场学生们狂嗨的神态。

学生们采取的这些疯狂之举，是否能真正起到减压的神效呢？笔者认为未必。

经过高强度的学习后，学生们的确身心疲惫。但如何舒缓考前焦虑，怎么正确对待得与失，应是和风细雨般浸润在教学过程中，期盼一两次撕书、吼楼等惊人之举化解学生心中长期积压的焦虑不现实。

减压的方式千千万，为何跟西瓜和书籍过不去呢？虽有人指出当地盛产西瓜，“砸了总比烂在地里强”，更何况活动主办方也是出钱买来娱乐的，西瓜已经变成游戏的道具。但当众

打砸西瓜，粗野行为对社会示范的危害，主办方不明白，老师难道也不明白吗？再者，书中自有黄金屋，书中自有颜如玉。书籍是人类进步的阶梯和良师益友，撕书泄愤，实属不当，甚至有害。

这种减压，不要也罢。

让卧底记者揭秘高考替考成为历史

又到高考季，为确保考试公平、公正、透明，各地教育考试机构煞费苦心。有媒体报道，河南、四川、辽宁等地部分考场甚至设有指纹检测和虹膜检测仪，考生入考场前还需核对虹膜和指纹，以确保考生真实身份，杜绝考场替考等舞弊行为。

替考行为年年禁，但年年有。2015 年 6 月 7 日《南方都市报》以“记者卧底替考组织参加高考曝光跨省团伙”为题，报道有团伙组织在江西实施高考替考事件。一名记者化名参与枪手地下运作全过程，并在考卷上注明是“卧底”，要求“考卷作废”，警方在考试结束前 20 分钟将一名枪手抓获。有人说大快人心，为记者用心良苦叫好，也有人质疑记者卧底替考是否涉嫌违法。

笔者认为只要出发点是维护公平、正义，使用一些非常手段，记者采取隐性方式对公共事件给予监督，对国家、公众是有利的。

一是因为媒体社会监督职责所系。不断探索事件的真实存在是记者卧底的采访初衷。据介绍，记者在网上认识了组织枪手的上线，并在网上进行交流、确认，直到考试前接到通知到考试地点——江西南昌二中，见到枪手组织者。事件随时都可能因为风吹草动中断，直到记者拿到考试的各种证明，进入考场与其他考生参加考试，这一事件才能充分证明网上组织枪

手替考的真实性。卧底的过程是记者不断求真、求证的过程，如果缺乏这一参与取证的过程，替考事件则有可能变成天上浮云，藏匿于江湖，无法浮出水面。

二是替考事件取证困难。毕竟组织枪手为法律、法规所不容，如过街老鼠人人喊打，见不得阳光。如果不是亲身经历，不潜伏、不卧底，就无法获知内幕，就无法摧毁其产业链。隐性采访是为确保公众利益最大化，迫不得已使用的一种特殊采访方式，存在危险性和各种未知情况的考验。“不入虎穴，焉得虎子”，笔者很钦佩这名记者的谋略和胆识，抱着一颗公益心，亲自潜伏发现问题，杜绝替考，无量功德令人敬佩。

敬佩之余，也给法律界人士提出了一个严肃命题。总不能让正义之举始终处于看不见、讲不清的模糊地带，应尽快出台相关法律，在法律范围中给予打假人士以更多的法律保障和激励途径，让打假行为变得理直气壮，维护社会正义。

当人人都敬畏法律、自觉维护法律的尊严，替考之事人们想都不敢想时，替考毒瘤则会被切除，哪里需要记者卧底揭秘呢？！

争抢生源，让高校的脸面往哪搁

高考大幕才落，争抢尖子生硝烟再起。

为争得某地各科状元，为学校争脸面，在第一时间“抢订”高分学生，是北大、清华招生组老师们热切盼望的事。

期望越高就越急，本是学子竞相争取入学的两所中国名校，却从幕后跑到台前，你拉我扯，硬生生地把当地几个尖子生拉得“七零八落”，这一幕活生生的闹剧在现实中上演，战火则在网络上漫延。

只见台上拼颜值、拼体力，一群泼皮相，直至全武行上演，一地鸡毛后，台下众人不忍直视。这是大学教师应有的风范吗？这还是著名学府的腔调吗？争抢丑态一经媒体披露，原本斯文面孔一时成了地痞无赖，让人大跌眼镜。

优秀生源凤毛麟角，如同紧俏商品，用来装点门面，当然是最佳人选，多多益善。一来学校多了傲视群雄的新资本，二来也是学校考评招生工作的硬指标。可怜那些招生组老师，卖力不说，动员一切资源，不遗余力地打着名校牌、亲情牌、关系牌，连哄带骗加威胁利诱，直落得没了校格，赔上人格。可悲！

凡事都应有底线。广纳英才，为国家培养人才，为民族复兴之大业所思、所盼、所为应为初心。北大、清华贵为中华名校，为广大学子所仰慕，为社会精英所认同，在此小节上失

分。不该！

本不该争！入哪所学校，那是学生的自主选择。应充分尊重学生的意愿，搞拉郎配，结果是强扭的瓜不甜。学习以兴趣为先，再好的人才，学非所长，学非所用，也是浪费。学校亦如此，各校专业各有所长，只有学生热爱专业，专业符合学生兴趣，才能激发出学生更大的潜能，才能全面发展，才能为国家提供栋梁之材。

本不该争！好生源不是争出来的，是靠学校办学实力吸引来的。课程设置、科研水平、师资权威性、国际影响力等是招揽英才的金字招牌。

面对恶劣竞争，2015 年 6 月 29 日国家教育部及时回应。规定高校“不得在录取工作结束前，以各种方式向考生违规承诺录取或以签订预录取协议、新生高额奖学金、入学后重新选择专业等方式恶性抢夺生源”，争抢生源的乱战一时高挂免战牌。

落花有意，流水无情。争来争去的结果只能是让学子迷失方向，见识过招生组老师的即兴表演后，终难抉择。

与其举棋不定，不如另辟蹊径。三十六计，走为上，学子选择第三条路也不失为一个好办法。

教师靠网课出彩更像是一场梦

知识就是力量，知识就是金钱。在互联网经济大热的当下，优秀教师资源和互联网结合会产生什么叠加效应呢？

近日，一名物理老师在网络开设课堂，七节课吸引近万学生围观，知识产生聚宝盆效应一事倍受关注。除去网络平台20%的分成，这名老师个人获得6.7万元的酬劳。网络几节课能顶一名在校教师一年的工资收入，网课受到瞩目的同时，这位年轻教师也意外爆红，受到追捧。

在众人惊叹声中，舆论更多关注的是网课借助网络捞金的速度，却忽略了这位教师特殊的功力。

首先，网络教学需要有人围观。如同大街上叫卖的功力，要包装，要预告，要集聚人气，用商业术语来说，就是要运作。运作得好，招揽万方人气，聚起并叠加成名人效应，围观人数成倍增长，财源滚滚；运作不好，知晓度低，没人听，门可罗雀，连做广告的本钱都不够。

其次，网络教学靠的是真本事。江湖中讲究“只说不练是假把式、又说又练才是真功夫”。毕竟以补习为内容的网课与现实课堂教学不同，教师要在短时间内吸引学生的注意力，讲透知识点、讲明白道理，还得看教师功力。如果不了解教材，没有实际上课的经验，注定无法赢取高人气。

另外，对老师来说，讲好网课还得运用网络用语，研究

学生心理，教学中策划点小悬念，课件上制作点小花样，营造点小高潮是必需的。扩大围观规模，讲课方式更重要。

无疑，这位高颜值的物理老师做到营销和演说的完美统一，创造了网课奇迹，但并不适合每位教师效仿。

在职教师当网红，政策不允许。对于有偿补课，涉及学校校风、教师师德，学校态度鲜明，不允许。就是偶然有几名老师拉不下面子，私下开个小课堂，给个别学生开小灶，也如同地下工作者，见不得阳光，是小圈子的绝对隐私，绝没有让外人知晓的胆量。在网上招揽围观者，搞有偿补课，那属补课机构和互联网的亲密接触，除非在职教师打定离开学校的主意，一锤子买卖的风险之高，恐怕无人敢为。此外，网课需要事前制造亮点，吸引众人目光，包装和营销并不是教师强项。即使偶尔有出镜机会，比如在当下开展的优秀师资远程教育的录像中出出场，缺乏和学生互动的课堂教学过程也难吸引学生。在网络上，没有生动的表达能力和丰富的授课技巧很难吸收围观者。

再说，如今的学生被各种课程所包裹，偷偷上网打游戏的多，主动上网学习的属凤毛麟角。缺乏优秀师资、缺乏足够围观者的网课也能火？难！至于在线教师每小时挣万元的神话，更像培训机构制作出的凝聚人气的广告，是否真实可信，还有待各方证实。

团队运营技艺和优秀师资表达能力的高门槛、有偿围观决定了网课成为叫好不叫座的稀罕物，教师当网红，知识产生金钱的梦想更像昙花一现，看起来很美，但来得快，去得也快。

小小一辆自行车难倒高校管理者

春节过后，各校又到开学日。

在大学，毕业生对于自行车的处理也是因人而异。外地学生有在网上转让的，有直接送学弟学妹的，但多数是直接放在校园不闻不问。

2016 年 2 月，山东济南一所高校停放僵尸车的场景在网上传播，多辆被遗弃的自行车破旧不堪，一年以上无人打理，一片颓败之色。如何处理这些僵尸车，让人犯难。

每年高校毕业生离校和新生入学有两个月左右的间隔，一方面新生入学火了车行新车的生意，另一方面毕业生的多数旧车无人问津。旧车无法流转，造成校内自行车使用资源的极大浪费。

如何处理一辆自行车难倒众多高校管理者。两年前，四川大学竟有 3000 辆自行车无人认领，旧车长期堆积在外，风吹雨淋后，校园再现自行车坟场。除川大外，电子科技大学、西南交大、成都理工大学都存在自行车废弃现象。

对于高校来说，自行车属私人物品，学生没有委托校方处理，学校也很难认定哪些是被学生遗弃的旧车。被遗弃的自行车长期无人管理，最终失去使用价值，当废品被集中清理。这种现象在高校年年上演，形成谁都重视，谁也管不了，管不好的怪圈。

其实，让旧车流转起来，物尽其用是最佳选择。一是在校内倡导勤俭节约的校风，对学生也是一次生动的人生观教育。二是消除自行车坟场，也是美化校园的一项工作。有人提出，借鉴上海、杭州等地推行公共自行车的办法，把旧自行车转变为校内公共自行车，用户只要划卡就可无偿使用，这是变废为宝的一条捷径。虽然会涉及一些维修、管理等额外费用，毕竟是取之于民、用之于民，发动学生志愿者参与管理，给废旧自行车寻找到一条合理利用的途径。

2015 年 11 月 19 日，河南科技大学就尝试翻修了 30 辆旧自行车，无偿赠给有需求的新生，虽然杯水车薪，但给其他高校废旧自行车的管理提供了借鉴。此善举如同近年来各地兴起的捐赠墙运动，市民把闲置衣物挂到捐赠墙，由需要的市民自由取用，颇受欢迎。

不因善小而不为。一辆废旧自行车虽小，但合理使用意义巨大。不管是旧自行车，还是旧衣物、旧书籍，流转使用，既是有社会责任心、关爱他人的体现，也是对环保理念的弘扬，社会需要，大众认同。

长假无休，岂称新福利

2015年国庆长假令人期待，全国高速公路对小汽车免费通行，各地景区变着招数吸引游客，只要条件允许，大家都在计划长假出行。然而，对长沙理工大学物理与电子科学学院的新生来说，长假却无休，《潇湘晨报》报道该学院取消新生国庆假期，要求新生不得离校。

一纸新政把新生长假梦击得粉碎，如此高标准要求被新生称为一项必须认领的新福利，没商量的余地。长假无休涉及300多名新生，引起超半数学生及家长的不解，也让公众质疑此措施出台的动机和效果。

不许新生休假，院方也有苦衷。学院院长唐立军说，主要是担心国庆假期过长，新生放松后精神松懈收不住心，影响未来学业。期盼“现在学生不理解，未来会理解”，拳拳之心、殷殷深情溢于言表。原来学院决定新生不放假用心良苦，学院为此承受额外压力，多数教师放弃休假，坚守学校为新生重塑纲纪，辅导员更是全天候守在学校，与新生一道度过无休长假。

用心良苦未必有良好效果。首先，此措施有违国家法治精神。国庆长假为国家法定假日，细则由国务院办公厅发布，除工作特殊要求外，全国各组织行业必须严格遵照执行。让新生国庆不休假有违国家法规，侵害公民合法权益。其次，此措

施未征求各方意见。一个涉及众人利益的措施出台，多数新生不知晓、不理解措施用意，用管理办法强制执行往往导致原有正常秩序的失效，易产生新的混乱。由于院方措施在节前仓促发布，造成部分学生变更出行计划，退票、改签、退订住宿等都需另付额外成本。再说，此措施有违以人为本的办学理念。新生学习意愿、动力与学习环境密切相关，学习环境包括优秀的师资、完善的教学设备、良好的学术交流氛围等，和学生在校时间不能绝对画等号。此次院方并未在长假期间安排教学课程，依靠行政手段限制新生行动自由，期盼在校园中强化思想教育，一厢情愿的福利与新生渴望出行的愿望背道而驰，新生并不领情。

外因通过内因发挥作用，学生能否收心还得依靠发挥学生的主观能动性。长假期间，院方与其限制新生在校无所事事，不如鼓励新生走向社会，了解人生，培育对社会的责任、担当精神，也是学生人文素质养成的必要一环。在入学阶段，院方应积极创造条件鼓励新生多点思考，对学生少点限制，毕竟经过高考的磨砺，在人生踏上新征程时，仰望星空、明确未来的奋斗目标更重要。

大学课程进中学，是培优还是掐尖

如果要喝茶，清明前掐尖的茶叶被誉为谷雨茶，被视为茶之精品。同样，高校录取尖子生也要赶个提前量，提前预约、提前考核、提前录取，要提前掐尖。

面对高三学生开设大学课程，是大学教育资源社会化的一部分，业内称为先修课。2015 年 11 月 28 日，北大、清华、中科大、复旦等国内一流大学共同发起 MOOCAP 课程活动，通过网络面向全国中学生教授大学课程。先修课被高三学子视为提前进入名校的一条捷径，不到一个月，仅清华大学开设的六门课程报名人数已超 6 万人。

是何原因让高三学子对大学课程产生“浓厚”兴趣呢？一是有名校声明把先修课与自主招生挂钩，先修课被视为选拔学生的敲门砖。二是考入高校后，参与活动的各高校承认先修课学分。这意味着部分学生可提前进入大学生活。尽管有专家一再强调大学课程下放是一种探索，最终对高校录取起决定作用的还靠高考分数，但先修课成绩的参考、抵学分等功能的先发优势不容小觑。

为少数人制定的高考游戏规则让大学准入的天秤发生倾斜。面对两个高考同等分数的学生，高校无疑会更加乐意录取参加过先修课的考生。这一竞争优势无疑又加重了学生家长不让孩子输在起跑线上的心理负担。

对高三学生而言，大学课程的下放无疑会增加了学习负担。在学与不学之间，更多学生为了被掐尖而无奈选择介入游戏，与教育界推行的学生减负理念背道而驰。

名校提前掐尖，得利的是双方学校，一方面高校顺利录入尖子生，坐收人才集聚地的美名。另一方面，中学也以学子进名校为噱头，为雄霸一方而积累影响力。

只是不清楚今后是否又会冒出多家培训机构，吃完小学、中学，还有机会分享大学课程进中学这块诱人的蛋糕，为先修课学生提供“精准、贴心、周到”的服务，火了一方的教育产业，却累了日夜苦读的学子。

“覆巢之下，焉有完卵。”不知这层层下放的知识叠加游戏还能玩到几时？

大学生就业难怎么也成好事

“大学生就业难是好事。”此言出自一名愤青教授，一名学者，一名大学校长口中，意外吗？

对大学生来说，不是好事。学业有成，体现在对于社会贡献上，连工作都找不到，怎么会是好事？对家庭来说，不是好事。教育产业化让大学教育成了家庭的高消费项目，对于寒门学子来说，每年上万元学费、生活费是全家节衣缩食的积累。一毕业就失业，不利于大学生融入社会，也不利于困难家庭脱贫致富，更不利于知识改变命运、知识就是生产力的现实佐证。对高校来说，学生就业难更不是好事。会有人质疑学校教学质量，影响学校招生吸引力。对国家来说，大学生就业关系千万家，是民心工程，是社会发展的晴雨表，直接关系社会的长治久安。

对于个人、家庭、学校、社会都无一利好的大学生就业难在这位校长口中怎就成了好事呢？

这位被誉为“中国最敢说真话的教授”、贵州大学校长郑强解释，大学生就业难“一是因为毕业生拥有绝对选择权，能够更加遵从自己的意识。二是就业难也搅活了人才市场，你北上广找不到工作可以西上南下嘛，为西南地区做贡献难道就差吗？”

按郑校长所言，就业难是因为毕业生就业方向偏差，一

味盯着发达地区，对工作挑三拣四的结果。北上广地区就业岗位有限，人才竞争激烈，毕业生无法充分就业，如果毕业生就业时放眼全国，就业难就不存在。事实真是如此吗？

2012年，全国高校毕业生680万人，比10年前激增3倍。《中国人力资源发展报告（2013）》称，中国每年只能提供就业岗位1200万个，除大学生外，每年需要就业的城镇劳动力超过2400万人。就业结构性矛盾突出。在全国就业人员中，初中及以下学历的比重占到70.3%，大学以上学历仅为12.94%。也就是说2013年能够当年直接就业的大学毕业生只有155万人，至少有400万人当年找不到工作。就是考虑到考研、大专及中专、高职等因素，全国当年至少近一半高校毕业生找不到工作，就业形势严峻。这不仅是北上广地区的独特现象，大学生就业难是涉及全国各地的普遍现象。

在此市场用工背景下，假设按照郑校长倡导，“西上南下”讨生活，大学毕业生仍然会遇到就业难。郑校长不检讨大学教育扩招、经济发展不景气等因素带来的就业难题，而仅从学生自主择业角度苛责大学生狭窄的择业视野，提出“大学生就业难是好事”的荒谬结论。只能说这名校长口无遮拦，缺乏人文关怀。

当社会新增就业岗位的增长远低于高校毕业生增长幅度时，大学生就业难将不可避免地成为影响社会发展的问题。在创新转型中，发展方式从依赖自然资源向更多依靠人力资源的过程中，各级政府积极推进的鼓励大学生自主创业的各项扶助政策，推动互联网+经济的转型无疑在为创造更多高素质人才就业岗位而努力。

校长不仅应该是一名学者，而且还应是一名教育家。不应一心只读圣贤书，还应视天下兴亡为己任，胸怀民族振兴大业。

也许当中国人口红利消失时，也许当2035年中国人口不再增长时，也许当近1800所高校关停并转、精减学科，减数量、提质量时，当市场再现供需平衡时，大学生就业将不再成为难题时，才是好事！

师生约饭，看似平等的交往实不平等

老师约学生，不是补课，是吃饭。这特殊礼遇只有西南财大张晓枚的学生才拥有，令人羡慕。

在日常生活中，约饭多为学生之间，多为平辈之间，多见 AA 制，大家凑在一起吃个饭主要图个热闹。即使是在师生间，也多见学生毕业之后宴请老师，名曰谢师宴。至于老师约学生，而且是班里同学一个一个挨着约，一约六年，这老师约饭的专注和毅力让人感动，这师生间情谊不是亲人胜似亲人。

张老师推出“晓枚午餐”活动的初衷是想了解所教学生的情况，平时没机会详谈，以此办法保持着密切联系，可谓为师一番苦心。想必刚开始也有学生不好意思，也有学生争着付钱，但张老师的确为学生着想，自掏腰包请学生吃饭，既不增加学生负担，又做到和学生面对面交流，实为双赢之举。

师生间通过共进午餐无疑能够促进交流，利于师生沟通，张老师这颗关爱学生的初心值得肯定，但师生约饭做法是否值得提倡，有待商榷。张老师看似解决与学生沟通难的问题，得到和学生平等相处、以心换心的交流效果，但在现实中，这种约饭方式存在诸多不平等。

一、教师强约学生，不平等。从师生关系上讲，教师处于主导地位，学生处于弱势。学生选择听从老师建议，服从老师安排，这是约饭能够长久存在的潜在原因。

二、均由一方付账，不平等。毕竟张老师所带学生是研究生，是成人。学生追求人格平等。俗话说，“来而不往，非礼也”，这种自上而下的强约最终可能伤害学生自尊。

三、白吃压力大，不平等。在一边吃一边谈的交流中，只有朋友间能够做到开诚布公。吃饭毕竟也是一种社交方式，学生对老师保持敬重感。如此约饭可能会加重学生心理负担，学生和老师虽然吃的是食物，但分享交流为前提，在老师面前，学生要争取好印象，势必注意力不在吃上，食之无味应常见。

四、经济负担重，不平等。按照《华西都市报》报道，六年来张老师约了至少 700 次饭，每次花费在 100 元上下，约开销 7 万元。对于一名西南地区的副教授来讲，是一笔不菲的开销。另外，约一次饭少说也要花费一两个小时，时间成本也不低。

民以食为天，师生约饭，偶尔几次，属人之常情，但如果刻意为之，视作一项“创新”就有庸俗化、倾向化、绝对化的风险。再说，教师约饭也有违于当今提倡的节俭之风，倒应鼓励教师更多到食堂与学生共进午餐，吃着学生的饭，说着学生的话，交流效果一定比在豪华餐厅强。其实除吃之外，要做到和学生坦诚交流还有很多途径，比如说共同参与各种社会实践、开展课题报告的师生互动等。

教师和学生是指导和学习关系，沟通的重点还应在学识互动上，在学校做好专业的事，教师认真教，学生认真学，教学相长才是王道。

助学与吃货挂钩，可行吗

消除贫困首先要解决吃饭问题，中国经济虽已跃居世界第二大经济体，但毕竟还有近9000万人（按2015年人均1500元计算）未实现脱贫。

2015年秋天，吃饭问题被华中农大一纸通知演绎成社会一大热点。据新民网报道，校方在审核学生助学金申请时增加了一项甄别贫困的新标准，通过统计一阶段学生在校餐费支出情况，对排名在前10%的学生亮红灯，也就是说想当吃货就别想申领助学金。

对于每天女生不能超6.2元、男生不能超7.2元的校方评判、划分餐费的警示线，学生们直呼看不懂，因为以当今物价水平，即使在校内，如此价格谁也别想吃饱，更别想吃好。

无疑，校方参照兄弟院校的做法，运用互联网+思维解决热点问题，运用大数据为决策提供真实、有效依据，属管理方式创新，其初衷是为确保助学金评审工作科学、民主、公正、透明，但这量化标准是否科学，能否有效执行引发社会诸多质疑。

首先，标准量化一定科学有效吗？借助于互联网和云计算，如今大到天气变化，小到个人消费习惯，互联网已实现人们行为习惯的数据化，用数据讲话真实可信。但大数据也带来新问题，人们需对数据产生原因、范围、过程进行理性思维和

解读，从现象看本质才科学有效。利用学生在校消费数据可做到排名，但学生消费原因、过程、结果却呈现个性化、多样性、复杂性。学生在课堂、食堂、宿舍三点一线的生活规律中，食堂不仅是公共场所，也是学生重要的社交场所，学生间吃喝不分彼此、一同就餐现象很普遍。比如说在校期间学生之间互相带饭情况，同学之间拼盘就餐情况，同学招待外校同学、朋友、亲属在校就餐情况，或因个人因素未在学校就餐等情况，诸多例外形成的变数会影响、干扰数据对比排序的真实性和可靠性。

其次，吃得多些、好些，开销大一点就是土豪吗？个人就餐支出情况和贫困与否并不完全成正比，这和学生身体素质、饮食习惯、文化背景差异等诸多因素相关。比如在列车上，在餐车就餐的人不一定是土豪，在座位上享受美食的人不一定缺钱。从人类需求出发，生存需要是第一需求，支出中吃喝占比越高，是生活不富裕的标志。笔者曾经采访过铁路部门，了解到列车餐车经营比较好的车次往往是贫困地区始发的列车，这一现象与中国人民以食为天、穷家富路等观念有关。

可见仅以用餐费、用排名甄别助学对象并不能给校方决策带来真实、可靠的参考，反而会因此增加数据分析等额外负担。再说，结果公示后校方可能会承担道德责任，当排名靠前的人被同伴视为“新贵、达人、饭桶”时，一旦在同学圈中形成新歧视，校方便有侵犯学生隐私的风险。

国务院《关于建立健全普通本科高校、高等职业学校和中等职业学校家庭经济困难学生资助政策体系的意见》(国发［2007］13号)中明确规定了高校家庭经济困难学生资助政策。如果学生家庭收入低于当地贫困线，校方参考民政等部门意见及学生个人意愿，依照政策给予补助即可。至于个别恶意虚报

家庭收入情况、隐瞒家庭实际情况骗取助学金的假贫困生，校方应将其纳入社会信用体系并启动退出机制。

毕竟教书育人、倡导诚实守信、培育一代新人是校方应尽职责，责无旁贷。

发冰块降温即使是作秀又何妨

2016年夏天，南方地区酷暑难耐，这可苦了还坚守在校园的大学生。面对极端高温天气，宿舍又缺乏空调等制冷设施，各地高校学生避暑奇招百出。

河南一高校学生到图书馆蹭冷气，人多拥挤“挤到爆”；陕西西安一高校学生到操场打铺盖，露天过夜“数星星”；河南漯河医专的学生到人体标本室自习，不惜“吓丝丝”。如此不讲究，仅仅是为了躲避无处不在的高温袭扰。

近日，广西一所高校在高温天向学生供应冰块消暑，这一临时措施竟然在校园饱受争议。对冰块发放中出现的组织不善等问题，有些学生直指学校与商贩是利益联盟，猜疑发放冰块涉嫌商业炒作。

学校发放冰块本属无奈之举。涉事学校为广西科技大学鹿山学院，因为校舍建设久远，电力供应紧张，无法为学生宿舍加装空调。因为天气炎热，学院又面临停水，严重影响到学生的正常生活。采用冰块降温也是学校一时的救急之策，尽管有降温不持久、难于搬运、不利于保存等弊端，但毕竟能让学生感到一丝清凉，能缓解众人的焦虑情绪。

再说学校发放冰块，28吨冰的费用均由学校承担，没收学生一分钱。这本是学校急学生所急的一项措施，应受学生欢迎好评才对。但事实上，因为发冰降温事件的不断发酵，学校

再次被推到舆论的风口浪尖，饱受争议。

发冰相当于发实物，发实物的猫腻有多少？作秀、商业炒作说在学生中不胫而走。一时间，学校里外不是人，这发冰降温的善举也被蒙上了一层神秘的面纱。

舆论的揣测反映出一部分人的不良心态。冰块降温“救急不救穷”，一时降温解决不了学生长久受炎热之苦，作秀说怀疑学校推卸管理不善的责任。舆论指责学校多此一举的声音频发，这出力不讨好的结局，学校没料到，连局外的看客也没搞明白。

其实，好事不叫好的根本原因在于学校管理服务不足所致，学校平时关注学生冷暖不够是根本原因。本来冬送温暖、夏送清凉忙在日常，重在平时，绝不是应对突发事件，偶然为之。再说，做好事还需后续工作中周到细致的协调，不给学生增加额外负担，这是解决问题的出发点，也是做好事的落脚点。

对于学生来说，解决现实问题是最迫切的需求，仅仅因为降温效果不佳、组织工作不周就对学校产生怨言，怀疑学校初衷，无疑把学校推到了对立面。

以洪洞县里没好人的眼光怀疑一切，一竿子打翻的不仅是仇恨，也有友情。因“民意沸腾”，当学校被舆论所迫，逼得连冰块都不敢发、不能发、不想发时，一味期盼未来改善校舍工程的一劳永逸，远水解不了近渴，未免太天真。

由此看来，面对酷暑，有冰总比没冰强，如果学生得实惠，即使是学校作秀又何妨？

喜事变丧事，警惕高考之后的疯狂

孩子参加高考，成绩不错，家里办酒宴请街坊四邻是人之常情。但这狂欢之后的疯狂所造成的危害，对于高三学子来说，尤其得小心。

2016 年 6 月 26 日凌晨，吉林省梨树县万发至郭家店路段发生一起严重车祸。一辆轿车和货车相撞，驾驶轿车的是一个刚参加完高考的高三学子，乘客也是三个高考完的同学，四人当场死亡。据警方披露的信息，轿车司机无证加酒驾是导致这起事故的直接原因。

高考结束了，高三学子从紧张忙碌的应考状态一下子放松到无所事事的状态，疲惫的身心需要调节，在无拘无束的真空期，控制不当、疯狂过度容易引发一系列不良后果，乐极生悲的事不少。

2016 年 6 月 11 日，四川渠县一名高考学子因“感觉不到父母的爱”自杀身亡；2015 年 6 月 10 日，四川遂宁一群中学毕业的孩子在建筑工地玩撕名牌游戏，一名孩子命丧电梯井；2016 年 6 月 10 日上午，广东揭阳原新华中学六名高三毕业生到南陇水库玩水时发生溺水事件，四人身亡。

一起起高考后学生人身意外事故让人痛心，面对锦绣前程的他们为何会遭遇不期而遇的悲剧呢？

一是生活经验匮乏。“通宵上网玩游戏，找同学们疯一把”

是许多刚毕业走出校门的高三学子想法。但选择玩什么，怎么玩，在哪玩，往往被熊孩子们所忽略。在四川遂宁这场意外事故中，孩子们选择建筑工地就是错误，再加上无人制止，终酿悲剧。

二是公共意识淡薄。高考完的学子虽然年龄大多已过 18 岁，但多数学子心理还不成熟。在吉林这起交通事故中，无证驾驶属违法行为，如果公民守法意识成为自觉行为，就不会出现无证驾驶行为，也就不会犯酒驾的错。如此不理智的冒险心理在心智成熟的成年人中发生的概率极低。

三是社会关爱不足。高考结束了，学子处于中学毕业及大学报到、社会就业的真空期，父母家人又忙于各自的工作，缺乏监护的学子往往个性张扬，自控力不足，缺乏对社会不良风气的免疫力，易发生心理和言行的失衡、扭曲，为自己和他人带来麻烦。

高考是人生旅程一个加油站。高考后学子适当放松、缓解心情是必要的，但长期沉迷、过度游离于学习生活之外也是有害的。毕竟两个月后，很多毕业生还要重回课堂，还要面对崭新的社会生活。

对于参加完高考的高三学子来说，明智的选择是要学会管理自己的个人生活，提高自己的生活品质。比如学点原来从课本中学不到的生活知识和技能，锻炼、培养自己的生活技能，为早日融入社会而准备。

人生之路并不是一次高考成功所能决定的，是需要用一生的努力、才智和选择才能实现的美丽梦想。

能把孩子的命运押在一对一补课的奇效上吗

花钱让孩子上补习班，补习成绩却上不去，这白花钱的结果让济南的张女士无法接受。

原来，张女士儿子参加2016年高考，为了让儿子取得好成绩，她在当地一家叫天材教育的培训机构报名，让儿子参加了一对一的补课，学费一天1200元，前后花费了16万元。

钱花了，时间也花了，效果却让人大跌眼镜。儿子2016年高考只考了317分，比参加补课前的考试还少3分，这结果谁接受得了？！

这几天，张女士找培训机构说理，要求退赔所付巨额学费。培训机构却认为培训过程已完结，合同中并没约定考试分数，张女士讨钱之举纯属无理取闹。

这出闹剧令人称奇，却向社会抛出一个培训机构的信誉问题。如果家长把孩子命运押在培训机构的“敬业”上，押在一对一补课的奇效上，风险又知多少？至少对张女士来说，鸡飞蛋打，是上当受骗，不靠谱！

张女士儿子的情况看起来的确另类。一般来说，孩子成绩的提升靠个人努力、良好师资、环境的支持等要素。培训机构最大的卖点就是良好的学习氛围和优秀的教师资源。一名教

师辅导一名学生的一对一补课也算做到了因材施教，是差异化教学的体现。尽享天时地利人和，孩子成绩还不见提升，或许真是孩子个人的问题，毕竟教育不是机械式的投入和产出，投入再多，孩子理解、消化不了也白搭。

当然，也不排除培训机构在师资配备上打太极，挂羊头卖狗肉。如今，优秀教师是稀缺资源，能够点石成金、教学有方的师资往往忙于各校一线。再加上各地教育管理部门严管在职教师的校外兼职，实行师德一票否决制。在如此教育生态中，培训机构又哪里寻找熟悉高考、有丰富教学经验的优秀教师呢？

所以说，张女士可能遇到师资不匹配等问题，在讲究一把钥匙开一把锁的个性化补习中，能够让孩子开窍的师资成为提高学习效率、提升教学质量的重要因素。这一点是家长在合同中必须事先约定好的内容。

如果在合同中列入对孩子教学的教师要求，培训机构又没有履行好对家长的承诺，张女士则有权要求培训机构给予赔偿。

作为家长，在孩子参加培训前，一定要认真核对培训机构资质、师资等情况，先君子后小人，谈好合同细节，才是确保孩子能够接受良好教育的前提条件。

千万不能被培训机构花好稻好、不着边际的宣传噱头所忽悠，白花钱还算小事，一不小心耽误孩子有限的学习精力才是大事。

对于一个家庭来说，孩子人生路的关键点就那么几步，一着不慎，步步被动，家长还有后悔的机会，可孩子耗不起啊。

孩子补课是补家长的心焦

又到寒假，又到补课时。

近日，南京有一群孩子被父母所逼，参加集体补课，却有熊孩子在QQ群中举报，在当地教育局一查再查的情况下，补习班连搬三次，才把补课事业进行到底。家长如此苦心，熊孩子却不领情，如此捣蛋。补习班像野草遇春风，屡禁不止。

据媒体报道，这是家委会在组织此次补习。家委会成员各司其职，家长们对补习也格外用心，从组织师资，落实场地，再到安保措施，一应俱全，对孩子们照顾得无微不至，用百折不挠的精神应对各种“突发事件”。

令人称奇的是家委会出面组织补课成功规避风险。家委会活动与学校无关，学校只能对体制内的教师严格要求，家委会是民间组织，补课利用校外资源，学校无权干涉。况且，这体制外的补课补了学生在校学习不足的软肋，学校口头上不支持，但也不反对，其内心实际上还是欢迎的。

不能让孩子输在起跑线上，可怜家长用心良苦，谁都想让孩子成绩出类拔萃，未来能出人头地。像南京这个补习班，针对高一孩子，利用寒假前十几天集训，把高一下学期主要学科的课程提前学完。这有必要吗？但家长认为，不管上什么，只要孩子在补习，心里就不慌，“如果学校不补，也要到培训机构补，总之不能让孩子闲着”。看来，家长怕孩子闲着没事

干，才是家长心病。

家长自发组织补课班有深层次原因：一是爱子心切，担心孩子闲来无事，缺乏学习斗志。二是学校希望家长发挥作用，马无夜草不肥的道理风行于市。三是社会风气使然，从众心理日盛。南京不补，苏州补；苏北不补，苏南补。这高考可是一条分数线，这线上线下的游戏不能有闪失。

真可谓上有政策，下有对策。面对严禁补课的条条禁令，家长不领情，市场不买账。南京资深教育专家戚若予认为："减负之所以见效不大，是因为没有形成共识。"的确，补课补的是家长心中的焦虑，挤压的是孩子的幸福时光，触及的是学校的"乐点"，催生的却是培训机构的无限商机。

只要高考指挥棒不变，奏出的乐章只能抒发"问君补课几时休"的无奈与悲哀。

作业也需打印，别让家长成秘书

如今，电子化联系在家校互动中日益频繁，需要沟通的，老师在QQ群、微信群中一发，方便快捷，成为教师联系家长的手段。

2016年1月，有老师甚至把家庭作业发布在QQ群、微信群中，要求家长打印作业，这“创新之举”方便了老师，却把家长难住了。不落实吧，老师埋怨家长不关心孩子学业，子女也会因为无法完成作业而受老师批评；落实吧，打印技术含量挺高，这心头添堵的感觉叫家长敢怒而不敢言。

在2016年江苏省两会期间，江苏省仁智园林设计有限公司董事长余晓毅、溧阳市茶果技术指导站研究员刘新玲、常州市民政局局长许峥等十名省人大代表联名提交《义务教育期间禁止学校教师通过学生家长QQ群、微信群等方式为学生布置下载打印作业》的议案。打印作业能上省两会议题，也是亮瞎了众人的眼。

其实家长并不反对布置电子化作业，但反对打印电子化作业。教学信息化方向没错，对于语文、英语等阅读类的大量课外作业电子化后，家长只需提供一台电子化阅读工具，孩子就能以最小成本阅读大量文章。作业通过电子化方式反馈，有利于老师批改，特别借助一些分析软件，孩子学习难点可实现量化分析，有利于教学相长。但打印毕竟是技术活，不仅要有

打印设备，而且还要有计算机操作知识，并不是每位家长能够轻松搞定的。

有人说："不愿意可以提反对意见，这也是老师事前征求过每位家长意见的啊。"为了子女学业有成，家长对老师的话基本上是言听计从，还没见过哪位家长不识相，非要和老师唱对台戏。虽然有苦衷，也只能全盘吞下，还得准备讨好老师，夸老师方法新、效果好。

家长违心的话多，让老师欣欣然，感觉理所当然。老师通过家长 QQ 群、微信群等方式为学生布置打印作业，节省时间和耗材，家长却要成倍付出经济和时间成本。以小学生为例，如今中国祖孙三代隔代亲，爷爷奶奶带着孙子辈，从学校来回接送到辅导功课，祖辈们操碎了心。打印作业真叫赶鸭子上架，在祖辈们眼里是高科技，只能求助于街头的打印小店，火了小店生意，瘪了祖辈们的钱包，愁白了爷爷奶奶的头发。

也有人说，"子不教，父之过"，教育子女是父母的责任。但如今年轻人有几人能赶在孩子放学前回家？大城市的年轻父母忙在单位，奔波在路上，难道叫孩子等着父母到家写作业，不现实。更何况打印机并不是家庭必备，打印作业费时费力费钱。

再说，留纸质作业原本是教师天经地义的事，但转嫁到家长头上，把家长当学生秘书，表面看学校作业实现减负，但鸠占鹊巢的做法让学生家长负担更重。

别小看人大代表为家长不再打印作业上书两会这事，这不是小题大做，而是对学校教学管理的一次善意提醒。

老子英雄儿好汉的传奇会重现吗

这位老师要逆天了，45 岁参加高考竟为儿子明年高考甘当励志哥。28 年后重新参加高考，成功概率有几何?

在高校普遍出现招生难的情况下，对于有 28 年语文教学经验的教师来说，高考胜出的概率极高。据《重庆晚报》报道，合川区师范附小教师罗晓艳决心重返考场，参加 2016 年全国高考，向儿子展示宝刀不老的传奇。

试想一下，老子赤膊上阵，儿子还怎会有畏惧的道理?！可怜天下父母心，对子女言传身教到如此地步，开了家庭教育之先河。当地教育考试部门从来没遇到如此情况，但研究有关规定后，同意罗老师的高考申请。如今，罗老师已拾起多年丢下的课本，信心满满地准备高考。

只不知看着老子的折腾，躲在一边的儿子如何感想?老子参加高考对儿子真有帮助吗?

自古以来，中国文化推崇老子英雄儿好汉，上阵要靠父子兵，那是骁勇无敌的代名词。如今的拼搏早已脱离了捉对厮杀的险境，如同猛张飞绣花，力大无穷使不上劲。优中选优的高考制度，讲究在分数面前一律平等，讲究分数成就舞台，讲究识时务者为俊杰。

可见，老子考试只能代表老子的能力，成也罢，败也罢，对儿子的激励作用甚微。老子参加高考的现象只能表明老子对

儿子的关注从一个极端走向另一个极端。在儿子眼里，父爱如山成了“负重如山”。

一是定位错误。高考成功与否并不是人生成功与否的唯一标志，儿子高分入名校为今日人杰，并不代表着未来成功，只能说儿子踏上了一条容易成功的道路。至于未来，如同罗老师 28 年的经历，难道一名合格的小学教师就不是成功人士？

二是助力错误。老子是老子，儿子是儿子，老子有能力，并不代表儿子也有与老子有相同的能力，儿子如何那还得靠儿子的天分和勤奋。在高二、高三阶段，老子更需多关心儿子的成长，和儿子讲讲过去高考的峥嵘岁月，给儿子做几顿可口的饭菜，成效要比老子参加高考效果好得多。毕竟时代变了，老子在 1988 年参加的高考，那是千军万马过独木桥，全国高考不到 25% 的录取率。如今的高考，只是人生的一个门槛而已，可以有不同的活法，并不只有高考这一条路。

三是目标错误。如果老子高考成功，儿子也成功，皆大欢喜，励志故事增添了成功范本；如果老子成功，儿子失败，老子会比儿子更伤心；如果老子儿子一同失败，难道明年一起重来，考到成功为止？！

再说，老子把高考当励志游戏，可以轻松面对，而对其他考生，是一条人生出路，老子真要考上而又不去高校就读，白白浪费了一个宝贵的入学名额，浪费高校教育资源，合适吗？！

所以说，罗老师还是别折腾了，有文化也不能太任性，给儿子励志的方法千千万，何必非要走伴考这条路呢。

有空还是多看看教学的书，认真培养好下一代，无愧于教师的称号。在正确的时间做对的事，让孩子们的成长中伴着您的辛劳，要比老子直接参加高考激励儿子斗志有用得多。

比颜值，上海学生今后可以看天上学

俗话说，出门看天气，进门看脸色。

这些天，雾霾牵挂着公众沉甸甸的心。各种防霾食谱、出行小贴士风行网络，家长更加纠结孩子上学路上的健康。2015年12月24日，一则消息让家长眼前一亮，上海教委对恶劣天气条件下上海中小学如何安排作息明确答复：如果当地发布气象灾害红色预警，当天22点还未解除，那么第二天学生可以不上课。

学生是否上学，天气说了算，这对学生来说是好事。今后遇到红色预警天气，学生将不再受恶劣天气影响，安心待在家里，或自学，或娱乐。这是一件利于学生成长、利于社会稳定的好事，深受学生欢迎。

学生是否上学，天气说了算，对学校来说是好事。学生上学路牵动着千万家，往年遇到大雪、冰冻、台风、严重雾霾等极端天气时，学校也无法决定第二天是否上课，等待当地教育部门决定，而当地教育部门也是等待上级指示。往往到当地教育部门发布停课通知时，学校已是学生放学，人去楼空，此时紧急动员，借助校迅通等渠道对外发布停课信息，利用当地广播电视网络告知，为时已晚。教师通知家长，往往打一夜电

话，第二天仍有部分孩子到校。

学生是否上学，天气说了算，对于家长来说是好事。以往接到停课通知时手忙脚乱，孩子停课打乱了第二天的生活节奏。决定时间仓促、执行效果差是临时通知停课的通病。如今有了天气作为参考，家长只需关注天气变化，就可提前安排好孩子第二天的生活，家长也心中有数。

学生是否上学，天气说了算，对于绿色出行是好事。学生停课，减少上学路上的人流车流，减轻交通拥堵，减少汽车尾气排放，有利于改善空气质量。在灾害天气中，交通堵塞状况往往高于平时，人堵在路上、车堵在路上的窘境一直困扰着城市管理。

政府把学生上学与否的决定权交给社会，交给家长，其节约的社会成本，其决策执行成效得到提升，对学生、家长、学校、社会都是好事。

其实，当空气质量严重影响人们出行时，社会一切活动应让位于空气质量的改善。除了交通、电力、安保等社会保障的服务行业外，不妨把看天决定是否上学、是否营业、是否开工范围扩大些。表面看一时减少了经济产出，实则降低了经济运行成本，有利于社会稳定，有利于社会进步。

此次，上海教委在简政放权、提高效能上积极作为，跨前一步，率先垂范，让上海学生为之受益，让人赞。希望企业也能跟上时代步伐，因地制宜，与时俱进，本着以人为本的思想，尽快推进看天气决定是否上班等举措，让一边吸着高浓度雾霾、一边惦记着打卡上班的一线员工早日受益。

娱乐类

韩寒凌晨蹲守马路，警示避让违停卡车

作家韩寒的大名在网络中震天响。网络红人、网络大V，叫国民岳父的也不少。

2016年4月8日凌晨，韩寒连发两条微博，说在上海市水城路发现一辆违停卡车，提醒过路司机注意。从微博照片看，路上赫然停着一个庞然大物，装着几棵超出车身十多米的大树，没有警示标志。如果后方来车没注意，的确危险！

按理说，韩寒直接报警，请警方处理，就尽到公民义务。但此次，韩寒选择蹲守在路边，提醒大家“别觉得发微博更管用，关键时刻报警第一”。

这可是上海刚入春的凌晨，寒意足以考验蹲守者的决心。韩寒开着车灯，照着前方违停的车辆，让自己成为路上的一盏指路明灯。做别人做不到的事，倒也符合韩寒一向的清新文风。

但林子大了什么鸟儿都有，也有人说风凉话。有人说是否在显摆那辆豪车，毕竟法拉利灯光很犀利，也有人调侃国民岳父深夜不归，闲来无事，扰了大货车“苦难”生计，却很少有人提及这事对城市管理的积极意义。

韩寒的此次义举，让公德心成为众人关注的焦点。

一、关爱自己，也要关爱他人，路遇不平，拔刀相助，这是国人推崇的优良品德。面对唱高调的多，做实事的少的现状，在打完报警电话后，韩寒两条微博绝不是停留于自我表扬的层面，更多强调了我在现场，我已报警，我要得到快速反馈的公众知情权。

二、路遇危险，一名路人提醒固然重要，但主动担当更为可贵。虽说让专业的人做专业的事更为重要，但对于交通执法来说，除警察外，还需要人人关心，甘当交通志愿者。韩寒发现隐患，尽所能采取措施，难能可贵。

至于在蹲守中，把自己置于更加危险境地的善意提醒，虽然有一定道理，但为了自己安全漠视公众危险，活得过于自我，是否也是自私、冷漠的表现？

社会需要热心肠，作为拥有4000万粉丝的网络大V，韩寒绝对知道自己微博的影响力。在微博中，他只是担心“自己真的很困，怕最后自己睡过去，卡车却开走了，新闻成了韩某把车堵在市中心大马路上睡觉”。文中无怨气，有责任，充满了宽容和善意，这一股由清新的书卷气和对社会责任担当的亮点，成为推动众人向善的动力，尤为可贵！

治病也得服水土，中国速度让李冰冰满血复活

李冰冰不仅是国内当红影星，也是热心公益的公众人物。近日，她在新浪微博披露了发烧22天的苦难旅程，引发560万人阅览，在文中她称治病经历犹如一部荒诞电影，曲折惊险。

发烧22天，情况反复无常，身体必有炎症。在澳洲拍片的李冰冰第一时间求助于当地医院，当地医生竟然一时无法查明属何种性质的感染。两周后，李冰冰毅然选择回国求治，2015年12月23日在北京协和医院治愈出院，她由衷感叹“看病也得因地制宜，点赞祖国医护让我满血复活”。

不管你服不服，看来治病也得服水土。同一病症，截然不同的两种境遇，李冰冰无形中把自己当成了中外医术比拼的参照。先是在国外看，澳洲医生连细菌性感染还是病毒性感染都无法确诊，也不安排转院救治，就这么一天拖一天耗着。

这不能说明当地医生责任心不强、医术不高明，只能说东方人体质和欧美人还是有细微差别的，增添了医生判断病情的难度。

可怜在病因查询的十几天中，在异国他乡的李冰冰备受发烧煎熬之苦。直到下定决心，毅然回国就医，病情才现转

机。在国内，化脓性扁桃体炎属于常见病，对症下药后李冰冰得以快速“满血复活”。在国内打针吃药就能治好的小病，却把李冰冰折腾得“长这么大也没把自己弄这么惨过”。

李冰冰“只有回国才能得救”的呼吁讽刺了一部分国人崇洋媚外的心理。“外国的月亮比中国的圆”，这句曾经的调侃是羡慕也是自嘲，此次李冰冰的求医再次印证了，看病要因地制宜，对症下药。如果找错地方找错人，后果的确很严重。

当越来越多的国家向国人伸出橄榄枝时，国人需警醒，其实人家并未看重睦邻友好，而是盯上了国人鼓起来的钱包和无限的购买力。

国人当自强。待到国运昌盛，大批国外医生来中国学习取经之时，中国常见病就不会在他人眼中那么陌生，李冰冰的病症也将以中国速度救治。待那时，世界大同可期也。

宋祖英的道歉有些迟

宋祖英在国内家喻户晓的公众人物。在2015年全国两会上，她突然对11年前到维也纳金色大厅演出一事道歉，说“自己带了个坏头”。

在中国文化中，人们往往注重开头，不管什么事都是万事开头难，只要开个好头就成功了一半，开好头，起好步就是好兆头。在生活中，对于开好头的，拔高助长者有之，推波助澜者有之，绝对没有人说自己“带了个坏头”的，更何况是在全国两会，全球媒体都盯着。

维也纳金色大厅是1987年央视对新年音乐会转播后才渐入国人视野的，在业内被尊为演艺艺术的最高殿堂。一个知名歌唱家、一个知名演出团体梦想在金色大厅献艺，是个人对艺术价值追求的需要，是国家精神面貌展示的需要，宋祖英能去，能够演出，能够受到当地观众欢迎，本是好事，无可厚非。

后来，宋祖英一口气巡演了很多地方，台湾小巨蛋、悉尼歌剧院、美国肯尼迪艺术中心等，宋祖英一路走来一路欢歌，有声场，有影响力，收获了诸多掌声和鲜花，展示了东方文化的魅力，是好事！但接下来的事情就不是宋祖英可预料的了。

国内外体制不同，对艺术理解不同，游戏规则也不同。

中国富强了，有钱人多了，欲望空前高涨，有钱能使鬼推磨，维也纳金色大厅也不例外，是个有钱就能进的地方。2013年温州一个地产女老板甚至包下金色大厅高歌江姐。在政绩观、形象观粉饰下，地方形象大使争相亮相，地方文化快马加鞭进军金色大厅，如过江之鲫，娜娜式地进军，进军，进军！在歌声嘹亮中政府搭台，企业唱戏，要“高大上”，要白富美，挥金如土，气势如虹，令人瞠目。

有报道称国人到金色大厅镀金之风渐涨，仅2013年就有上百个国内团体远渡重洋去镀金，送票送得当地华人“不堪其扰”，最后演变成观众不够演职人员凑，硬生生地把金色大厅搞成国内广场文化的翻版，花着纳税人的钱自娱自乐，殊不知这从海外舶来的荣誉含金量又值几何？！当然，笑得最开心的还是金色大厅的“地主”们，大把钞票撑起金色大厅的增值业务。

此时，很钦佩宋祖英的勇气，在金色大厅集体“K歌”风气前勇于担责，敢于担当。她的道歉其实是对形式主义、奢靡之风的挑战。需要反思的应该是进军金色大厅的决策者、组织者，思考当今中国实现文化强国的利器在何方？

当中国文化走向世界大舞台时更需反省和警醒。利己达人的事认真做，损人利己的事不能做，是做人起码的标准。

送你终身免费的爆米花，你信吗

经常看电影的朋友都知道，到了影院，总少不了一捧爆米花捧场，一边吃着爆米花，一边欣赏着影片，是时尚生活的节奏。

2015 年 11 月的一天，一网友直接 @ 王思聪，抱怨万达影院爆米花严重缩水，她那份只有八成的量。王思聪也不含糊，不到一个小时真诚面对网友诉求，回复说："以后你去电影院就提我名，送你终身免费的爆米花。"作为中国富二代的王思聪豪言请客，白送那名网友一辈子爆米花。

口气虽令人咋舌，服务倒令人暖心。且不说口头支票是否有兑现的可能。先说这名网友，也属斤斤计较，仅仅一捧爆米花，还要争个多少，难道满杯的一定比差一层的多？要知道，爆米花是膨化食品，如果较真，也得以重量衡量。否则缺乏标准，只靠观感，真无法说那份爆米花应该是多少。

再说王思聪，也是慷慨大方惯了。网友说爆米花少，那得真少才是，是体积不够还是观感不爽？在没搞清真相前，就来个大包大揽。不追究给人家少了多少？影院应该如何整改？就一句话，给人家一辈子的免费承诺。看似张冠李戴的答复一方面显示自己大度，不以一捧爆米花的多少为计较。另一方面显示自己霸气，连一辈子都给你解决了，你还会在意手中那捧的分量？

王思聪巧妙的回答却忽略了网友提的关键问题，一份爆米花到底应该是多少？

其实，网友的矫情，王思聪的卖萌，一呼一应大有讲究。无非是给万达影院的爆米花生意做一次《灰姑娘》现实版的活广告。

谁都知道，自从美国电影业兴起，爆米花的生意就做到了全世界。影院赢利模式不在电影票房，票房是大家的生意，影片制作方、发行方、影院人人都有分成。唯独与电影院相伴的爆米花生意为影院独家利润，我的地盘我做主，他人无法染指。

别小看这一捧爆米花，那可是让"资本敢犯任何罪行，甚至去冒绞首的危险"的暴利。与投入相比，一捧爆米花至少有近十倍的利润空间，看起来是小买卖，那可是电影业的大生意。《江南晚报》曾经报道，2013 年万达院线爆米花等相关收入高达 3.9 亿元，占卖品总收入的 72%，虽然在其当年总收入占比不到 10%，爆米花收入却占到影院营收入的七八成。说电影院不是卖票房而是卖爆米花，一点也不过分；爆米花是电影业的生命线，一点也不夸张。

缺斤短两的问题涉及一份爆米花有多少，触及万达影业的核心利益链，这是秘不外宣的商业机密，这也许就是王思聪王顾左右而言其他的原因吧。

希望那位网友不必当真，即使当天自己如愿拿到一份免费的爆米花，但这一辈子的承诺，听起来很美，不靠谱。

送你终身免费爆米花，那要看谁说。如果一个富豪如此说，那是调戏咱"朝阳区群众"的智商，但如果咱身边一位小哥如此说，倒真是可托付终身的表白，毕竟一诺千金，实在。

一名歌手的秀娃照招惹了谁

2015 年 9 月 3 日，中国举行抗战胜利大阅兵，苦难中国的盛世辉煌是当天公众的中心话题。

然而，当网友忙着刷屏阅兵盛况时，一名歌手在新浪微博竟然意外火起来，她所发布的两个娃娃地上爬的生活照引发部分网友的愤慨。大国阅兵，举世瞩目，作为名人对阅兵不闻不问，没与民同乐，没彰显爱国情怀也罢，竟还躲在一隅秀娃照，刷起了存在感，一时间惹来了众怒。

笔者很好奇，一是不明白这名歌手得罪了谁？二也不明白这名歌手为何如此不知趣，独独在胜利日缺乏感恩情怀？放在当下来说，至少缺乏民族情怀。在网上一查才见真神，这名歌手名叫范玮琪，台湾人，在新浪微博上拥有 4700 万粉丝，是影响巨大的公众人物。

既然你是大 V，就该有公众意识，一言一行都得顾及公众感受。当天因为粉丝的太多期盼、太多激情被你一张秀娃照弄得很没面子。依笔者所见，你听几句牢骚话也正常，有则改之，无则加勉。作为公众人物就要承载公众舆论的评判，就要有责任敢担当。

君不见在西方民主世界，被鞋砸的有之、被白布蒙头的有之，极尽羞辱个人尊严之事有之，只因听到一些不入耳的评论，就把秀娃照删掉了，心智不成熟啊。后来又听说，你又发

了道歉帖，因态度不够真诚惹得众人更加愤怒，于是再删帖，岂不是此地无银三百两嘛，最后你把评论功能也关闭了，做掩耳盗铃状，显得不大气也不宽容。

再说众粉丝，你们爱她的歌，爱她的一切，爱屋及乌心情可理解，全凭大家个人喜好。人家初为人母，对儿女关爱有加，在微博上以秀娃照为乐，秀幸福感，是现实家庭生活向网络的延伸，属个人的事。

至于在不恰当的时间发了不适当照片所引发的愤怒，那也是你对人家期望值太高，不能以人家的错误惩罚自己，对吧？

如果对范玮琪的秀娃照失望，众粉丝可在微博中轻轻一点，取消关注，不再继续看她秀的娃，做到井水不犯河水，绝交后从此不相往来。

如果更狠点，决心再大点，从此不再听她的歌，多听听咱彭妈妈《我的祖国》《父老乡亲》，做一名爱憎分明、忠孝两全的堂堂正正的中国人，多好。

小店受罚，演员文章更需认错受罚

名人来小店就餐，有头脑灵活的店主把名人“到此一游”的照片挂在小店醒目处，以求给日后经营增添名人的光环效应本是好事。

然而，北京一家名不见经传的火锅店却缺乏这好运气。2016 年 4 月一天，演员文章来到小店聚餐，因为在包厢里违规吸烟被人举报。5 月 6 日，执法部门上门调查取证，对小店控烟不力行为处罚，一时成为众人热议的话题。

自 2015 年 6 月 1 日起，号称史上最严格的控烟令《北京市控制吸烟条例》正式实施，规定在公共场所、工作场所的室内区域以及公共交通工具内禁止吸烟。个人在禁止吸烟场所或者排队等候队伍中吸烟的，由市或者区、县卫生计生行政部门责令改正，可处 50 元罚款；拒不改正的，处 200 元罚款。

自条例实施以来，群众举报热情高涨。年初电影《老炮儿》中吞云吐雾的镜头受人诟病，说明公众在公共场所的禁烟意识大大提高。有关部门也要求公共场所的经营业主带头宣传禁止消费者违规吸烟的行为。

在举报文章室内吸烟的近半分钟视频中，文章无视小店多种禁烟标识，依然我行我素，不顾及公众形象的举止让人意外。而小店服务员不主动制止其行为，纵容、包庇室内吸烟也受人指责，虽然事后小店以各种理由敷衍记者调查，但举报视

频真实可信，小店因顾客吸烟接受5000～10000元的经济处罚也无法逃避。

让人更加意外的是文章的暧昧态度，在记者与其经纪人的联系中，文章似乎并不知道“朝阳群众”的厉害，对于自己在公众场合的不雅行为缺乏积极呼应，而执法部门也未通知文章配合调查取证。

在此事件中，文章是违规吸烟者，受牵连小店也应负管理不善的连带责任。只拍苍蝇、不打老虎式的处罚缺乏公信力，至少也需要文章承认违规吸烟的事实，对当事者和小店经营者一同进行处罚，才符合事实清楚、依法处置的要求。

名人在享受聚光灯下的迷人光环时，也得承担在生活中群众对名人的高度聚焦。相信如果违规吸烟者不是文章，换作他人，违规视频也不会引发公众的高度关注。

此时，公众需要文章对违规吸烟行为表明态度，知错能改，如果文章还保持沉默，在事实面前做缩头乌龟，则失去了名人应有的风范。

此时，公众更关注执法部门对文章的依法处罚结果。只有在执法中做到公正透明，一视同仁，法规才有威慑力，执法必严、违法必究才有说服力。

跟车危险，鹿晗怒指黄牛缺乏公德

2016 年 4 月，因赴台非法打工事件，处在舆论风口浪尖的歌手鹿晗颇为引人注目。为探求这位在新浪粉丝数超过千万的歌手行踪，有黄牛竟也打起了跟车主意，挣起了狗仔队的钱。

5 月 4 日，鹿晗从上海机场出来途中，又遇黄牛携粉丝跟车，遂下车指责黄牛不顾危险，挣昧心钱。这一保护粉丝、仗义执言的善举让人感动。

鹿晗其后在微博说："这已经不是第一次在微博上说这个事了，可不可以给我们彼此留一些空间？跟车是所有事情里最危险的，希望大家以后不要再这样了。舟车劳顿，休息，休息一会儿。"

有网友直抒胸臆，直呼鹿晗"够爷们"，更多网友呼吁："明星也是人，也需要私人空间！"，"离他的作品近一点，离他的生活远一点！"

世上本无十全十美之事，更何况日食五谷杂粮的人。明星全方位、全时空"饰演"公众形象，身心俱疲，总有放下面具过常人生活的时候。有些"扒粪者"乐此不疲，以揭露明星私生活、内幕为生计，为舆论营造不一般的感受，倒显得娱乐过头了。

狗仔队以追逐明星小道消息为生，表面看是为公众收集明星行踪，其实其行为违背公德，往往把明星逼到危险境地，戴安娜王妃之死就是例证。1997 年 8 月 31 日，如果没有娱乐记者的疯狂跟车相逼，那场让人心痛的车祸就不会发生。

其实，追星族对明星抱有一颗平常心更重要，要知道让人感动、让人迷恋的是他的歌曲或者是他所塑造的形象，和生活中的本人并不完全是一回事。

首先，明星效应是媒体选择后的聚焦。大众媒体传播技巧无外乎聚焦、放大，聚焦到明星优点，如鹿晗对 5・12 地震及有关渐冻人的关切与支持，他就是一个善良、正义的公益慈善大使。如聚焦他持旅游签证赴台录制《我去上学啦》节目、打工挣钱时，他就是一个不拘小节的青涩小生。

其次，欣赏明星也要保持一定距离。美是用来欣赏的，明星在舞台上的光芒四射并不代表其在生活中也如此。如同演员文章，在北京街头一个不知名的小店和朋友聚餐，在大庭广众下带头吸烟。如果舆论一味盯着其错误不放，是否苛责？好在文章及时道了歉。

可见，关注舞台上明星的华美瞬间，体味人性光芒中最耀眼的一刻，应是公众对待明星的平常心。

柯以敏八条微博揭超女选秀内幕

娱乐圈故事多，但用道歉这个撒手锏来招揽人气的却不常见。

近日，柳岩哭着道歉了，只因为让自己花容失色的惊叫视频被网友误读为伴郎团恶意袭扰，让大婚的包贝尔及朋友们蒙羞。接着，在超女海选中，因一句粗话的曝光让评委柯以敏也道歉了。只是柯以敏表现得更加另类，2016 年 4 月 1 日视频道歉后，4 月 4 日她突然话锋一转，连发八条微博，剑指举办超女选秀活动的组织者、策划者，叫板芒果 TV，抖搂出许多令众人惊讶的内幕。

一指视频的泄露有隐情。那段在网上广泛流传的粗话视频发生于 3 月 26 日，在南京选秀现场，柯以敏一个滚字结束了一名 18 岁参赛女孩的超女梦，也让节目组内定晋级的人选流产。而视频发布却在 4 月 1 日，据说由芒果台内部人员发布到网上，其后大 V 加水军的联动，引发舆论一片哗然。拒绝内定人选惹怒节目组在前，内线发布不雅视频在后，一前一后的巧合、内在关联是否涉嫌打击报复？

二指超女人选的内定。超女的晋级本应靠实力，晋级决定权本应在评委组。柯以敏却说评委在节目中只是供人摆设的木偶。她转发了另一位超女评委李敏的微博，质疑“芒果 TV 自己发布视频后又自己发布了声明”，李敏在微博中言辞激烈

地指出评委没有任何权利，视频的流出和登上微博热搜都是处心积虑的安排，“评委只是节目组的炮灰”。两位评委一致发声，超女秀的背后是否有猫腻令人猜疑。

三指节目唯收视率。作为全国范围的选秀节目，真人秀是《超级女声》能够在省台上星节目中独树一帜的法宝，收视率代表着广告商的投入，收视率主导一切，为收视率事先设定情节、设定话题、设定高潮点，甚至改变游戏规则，“绑架”评委，主导超女晋级的决定权。如果《超级女声》仅仅是商业利益驱动下的选秀活动，评委的专业、客观、公正让位于收视率的摆布，打着真实的幌子愚弄观众，本末倒置，帽子可不小。

俗话说，兔子急了也咬人。或许柯以敏感觉被愚弄很不爽，情急之下想象过于丰富，言辞过于毒辣，以小人之心度君子之腹，一家之言不足以采信，质疑内容真实性还有待核实。

真相只有一个。面对各方关注，芒果 TV 还需真诚回应八条微博，绝不能以息事宁人的冷漠、以不予置评的态度面对舆论的喧嚣。

如果调查下来，节目组没有玩弄评委智商，没有内定选手的丑闻，没有故意泄露不雅视频的举动，就应该追究造谣者的责任。否则，作为活动组织者，眼瞅着合作者反目，面对沸腾的舆情，一味地保持“高大上”的沉默，反倒让众人感觉不仁义、不厚道。

毕竟柯以敏是芒果 TV 请来的评委，买卖不成仁义在，暗箱操作、损人利己与媒体责任与担当格格不入，绝不能为成就一番金钱的事业而坏了一世英名。

老方下跪恳请影院经理牛逼一把

2016年5月12日晚,《百鸟朝凤》的制片人方励在微博视频直播感悟。一个七尺男儿，说到《百鸟朝凤》叫好不叫座的惨淡，说到动情处，63岁的老方竟然在直播中向影院经理们下跪，恳请多排点片。这意外的一跪让人汗颜。

一个老电影人，为了已逝中国第四代著名导演吴天明未竟的事业，为了让观众看到这部称得上艺术、演绎人间真情的好电影，老方一跪带出多少心酸事，让人心疼不已。

相信大家对《百鸟朝凤》并不陌生。电影讲述新老两代唢呐艺人为了信念的坚守，产生的真挚师徒情、父子情、兄弟情。该片于5月6日上映后，六天300多万的票房，还抵不上同期热播大片的零头。

的确，好电影自然会赢得好口碑，但票房毕竟是市场行为，强者恒强，弱者恒弱，有高收益的诱惑，谁又会让出难得的时间窗口。

从微博评论看，众网友支持《百鸟朝凤》电影的初心没有变。大家在替老方下跪举动惋惜的同时，又想方设法以实际行动支持电影票房。但可惜，各地影院排片时间非早即晚，黄金时间难觅，也让这部乡土气息浓厚、表现人间真情的电影难走入观众视野。

可见，问题不是出在电影，也不是出在观众，倒出在影

院播映等中间环节。一方面这部凝聚着200多人八个月心血的电影缺乏推广电影的资金、缺乏包装、缺乏明星助阵，只能是业界叫好，缺乏市场推动力量。另一方面影院经理们以市场论英雄，感情让位于票房，好的时段总是按着市场需求排片，念得是影城生意经。

老方曾四处奔走，多次对院线表达不满："《百鸟朝凤》这样好的口碑，与影片票房极不相称。"但牢骚不能解决市场问题，老方只能再次呼吁业界良心，希望大家把这部电影当成自己的孩子，当成中国文化传播的一次机会，给予特殊关照，恳请影院经理们为《百鸟朝凤》牛逼一把！

试想让杀人者放下屠刀，立地成佛何其难？此时，笔者倒真想对老方说，票房解决的是生存问题，但不能为三斗米而折腰而丧失人的尊严。

只可叹独木难支文艺电影的不景气，中国电影还需重走观众启蒙到自觉的道路。

路还长，老方保重。

票房造假的《叶问3》顾了面子，却丢了里子

近日，电影《叶问3》引发公众关注。先是段子手们热炒在东南亚市场如何受欢迎，再是影片国内首发日票房突破1亿，14天国内票房高达7.7亿，实现收入与口碑双赢。然而，2016年3月18日，全国电影市场专项治理办公室一纸处理意见把《叶问3》虚构票房的真相公布于众，《叶问3》涉嫌7600虚构场次，3200万元虚假票房，从发行方、电影院到电商，均被亮红牌。

俗话说，票房代表口碑，票房和影片关注度、可看性、影响力密切相关。凭着甄子丹的咏春拳旋风，从《叶问1》到《叶问3》，叶问系列电影积聚了大量人气。强烈的视听觉刺激，大牌导演袁和平的动作设计，世界拳王泰森的友情出演，拳击和中国功夫的对决成为《叶问3》影片大热的卖点，发行方、院线期待影片继续表现杰出，积极营销也是必然，但营销到票房造假的地步却让公众意外。

说实话，影片拍的好不好，与制作投入及演职人员有关，但影片好不好看，是观众说了算。叫好不叫座的影片比比皆是，比如在各大电影节展出的多数影片，玩的是学院派的深沉感，是影业的先导风范，并不谋求高票房。当然，也有个别名

利双收的，比如《泰坦尼克号》《荒野猎人》等，那是电影界极品中的极品，可遇而不可求。

《叶问3》无疑定位极品中的极品，凭着大腕明星的加盟，凭着市场曾经良好的口碑，谋求名利双收最终还要看市场接受度。说实话，这部电影让观众始终兴奋不起来，剧情简单，缺乏悬念和起伏。在各种拳法较量中，影片把叶问塑造成金刚不入的铁汉，眼花缭乱的动作设计再穿插些铁骨柔肠已难提起观众的兴趣，如此电影效果，也希望营造票房大卖的火热，难度太大。

即使虚高的票房蒙蔽了一些人购票进场，但随着失望观众的情绪积累，各种民间怨气堆积在网络时，每天近亿的票房业绩让人生疑。待到真相浮出水面时，众人观影后被愚弄感觉更加强烈。

在电影界，骗观众无异于自欺欺人！为什么一部市场反应平平的影片却要营造高票房，用虚假繁荣来掩饰影片的不卖座？究其原因，竟和电影投资方的金融运作有关。

有媒体报道，《叶问3》过山车般的票房业绩暴露出资本操作的闹剧。作为《叶问3》的投资方，快鹿集团原本想通过左手倒右手，既取得票房佳绩，为快鹿接下来的电影造势，又能带动资本市场拉高股价，在二级市场获利。怎奈生不逢时，演技太浮夸，公司股价遭遇滑铁卢，票房换股价的美梦终告破灭。

电影搭上互联网，影片真实的表现便一脚踢开段子手们的吹捧，网民意愿得到展现；电影搭上金融产品，资本的贪婪使数据出财富，虽能蒙蔽观众一时，却无法欺骗一世。

一跪3000万的奇迹可复制、可推广吗

当情感主导人们的行为时，奇迹真在眼前发生了。

据《南方都市》报消息，令人牵挂的电影《百鸟朝凤》经制片人方励悲情一跪后，以后数天影院排片数和票房发生惊人的逆转。

影片票房从最初每天50万飙升到后来近千万，只不过三天时间，目前总票房达到3000万，院线的排片数也达到了破纪录的近10%。按趋势，最终拿下4000万票房已经不是难事。

影片的热播意味着王者归来，让所有为老方一跪而怜惜的人们感到欣慰。

一方面说明各家影院的经理们还是有血性，为了吴天明，为了咱中国人自己的文艺片，牛逼了一把，把影院的黄金时间挤给了《百鸟朝凤》；另一方面也说明各地不缺乏对中国乡土文化怀着深厚感情的人们，为老吴的一跪埋单。他们之中不仅仅是中年人，还有80后、90后，被电影剧情吸引，被人间真情感动。

俗话说，男人膝下有黄金。对于《百鸟朝凤》和老方来说叫老天有眼。

事实上，老方悲情一跪只是吸引舆论关注，人们也是抱

着悲情意识、挽救中国文艺片的情怀走进影院。他们今后能否也对其他中国文艺片有如此关爱之举？可以肯定地说，不可能。有人戏说，难道中国文艺片的复兴真要走上下跪、跳楼、自杀等搏眼球的行为促成热播的道路？

奇迹不常有，戏剧性的转变只眷顾天之骄子，如逝去的吴天明、无私的老方，如果换成其他还在摸索、打拼中的小字辈，结局又会如何？人们更加关心，中国文艺电影是否需要政策扶上马，在市场竞争中送一程？

对于《百鸟朝凤》来说，答案是肯定的。如果有往日院线的绿色通道，如果有政府的鼓励政策，如果有享受特殊票价的观众，老方不用悲情一跪，也不用影院经理们牛逼一把，好的故事自然有好的市场，好的市场自然有好的排片时段。

如今，当电影拍摄者和观众都需要对方眷顾时，如果市场无形的手没有能力弥补艺术创作者和大众共同的缺憾时，就需要政府强有力的调控措施来改变市场运行轨迹。

此时，笔者很怀念小时候学校包场看电影的时光。那时的电影被当成课堂教育的补充，学生们不仅要看到眼里，还要记到心里，老师也要求学生事后写篇电影观后感。虽然缺乏娱乐滋味，却让人记忆深刻！

控烟会因《老炮儿》受阻吗

《老炮儿》自圣诞节档期成功登陆全国各大影院后，火了。

除了冯小刚、张涵予、许晴等大腕们的出演吸睛外，影片中六爷无奈的生活状态引起影迷的共鸣与追捧。在圣诞、元旦的全国电影票房中，《老炮儿》一枝独秀，到1月2日票房累计达到5.88亿，排名第一。

观众追捧、市场认可的影片影响力大，对观众潜移默化的功效更大。2016年元旦，北京控烟协会发出一封公开信，质疑《老炮儿》片中吸烟场景的泛用。据控烟协会统计，在全片138分钟的时间里，影片涉及点烟、吸烟、递烟的镜头在28个场景中多达102个，平均每1分多钟出现1次。公开信说影片无视北京实施的控烟条例，在滥用吸烟镜头上是一大败笔。

《老炮儿》此次遇到了硬茬儿，必须对公众有所回应。制片方没有预料到因为影片涉烟受指责。禁烟条例是现实生活中的法规，是制约市民的行为准则，对影片艺术情节是否适用？那是秀才遇上兵，有理说不清。

的确，在公众面前展示涉烟场景，过度渲染吸烟场面，有违当今文明风尚，大众媒体把其视为净化银幕的工作底线。但影片毕竟是艺术呈现生活的方式，源于生活，高于生活。《老炮儿》展示的人物生活场景有特殊性，如果缺乏涉烟镜头

将无法对人物进行塑造。创作是按着创意走，按着观众喜好走，还是按着社会新风尚走？如何做到三方满意，在国家对影片审核还没有细化到分级层面时，只能靠行业或者导演自律。

自律表现为高度自觉。在强烈市场竞争中，在票房面前，高度自律只能是梦境，只能是公众道德的风向标，提倡得多，落实得少。在控烟协会义正词严的指责中，《老炮儿》依然火着。

从营造氛围来说，有争议才更有吸睛之处。说不定控烟协会的一纸公开信事与愿违，无形中为《老炮儿》的火热票房再添加一把火。

其实，控烟协会应该发挥事前监督作用，让《老炮儿》在审核时因滥用吸烟镜头被一票否决，这才是有效监督，才是最大新闻。

如今，《老炮儿》走红已是不争的事实，受人争议的一分钟一次的涉烟镜头依然在影院刺激着观众的神经。好在成年人对是非功过自有评价尺度，吸烟、不吸烟的习惯也不会被一场电影左右。

表演是假，敛财是真的选秀糊弄了谁

如今，做着明星梦的少男少女还真不少，一些公司打着造星的幌子，把手伸进了孩子们的口袋。据《新闻晨报》2016年6月24日报道，近日上海一家名叫伽瑞格斯公司的文化企业成为众人声讨的对象，由这家公司举办的“东方时尚电视模特大赛”等活动备受质疑。

其举办的两场选秀，一个是“东方时尚电视模特大赛”，一个是号称由全新中韩团队升级打造的“SINGKU东方音乐挑战赛”，两场比赛竟然在同一场地举办，评委也是同一群人。

在同一场所同时举办两场风格迥异的选拔赛令人费解，更让人疑惑的是参加两场比赛的选手均被收取了3500元的化妆费。

Jess参加的是模特选秀，在台上走了不足15秒就被打发掉，有的歌手只唱了一半就被中止，比赛表面上看有表演、有评委、有灯光、有音响、有摄影，环节一个也不少，但热闹过后便一片沉寂，没了下文。

表演是假，敛财是真的选秀让多数人感觉上当受骗。当众人举报时，主办方竟也集体放假，人去楼空，留下的只是一群维权希望渺茫的参赛者。

怪谁呢？3500元买一个受骗经历，给他人提供一个防骗案例，代价是否高的让人心酸？是骗子骗术高明还是参赛者轻

信其权威所致？

从骗局形成过程来看，先海选，搞些无边际的噱头集聚人气，请君入瓮这是骗局第一步。有选拔，有标准，收费标准却不低，参赛者有了进入复赛的名头，公司也有了收取赞助费的权利，一个愿打，一个愿挨，这是骗局的第二步。按此逻辑本无太多风险，进入决赛后，让一些参赛者获得冠军、亚军、优胜奖等虚名，前提自然是钱多者得，这是骗局的第三步。

至于一纸虚名有多少含金量，市场认不认账，那是忽悠他人的把戏，和主办方没多大关系。这本来是一桩稳赚不赔的生意，却没承想被先出局的人搅局，倒是公司计划不周的意外。

其实，参赛者也不能一味指责公司不仁义、监管层不作为，被骗还得找找自己的原因。毕竟一个巴掌拍不响，想成名找捷径才是参赛者受骗的根本原因。

自己是块什么料自己最清楚，莫让一时虚名蒙住了眼睛才是不被骗的法宝。道理很简单，如果选秀节目能让自己脱颖而出，一夜成名，那还用得着夏练三伏、冬练三九吗？

这给一心想当明星的少男少女提了个醒。出来混还是要凭实力，如果真功夫在手，不是你去求人家给你戴光环，是人家来请你去撑场面。这主角、配角的关系搞清后再下单，才不会被人骗，对不对？

自律公约动了主播的奶酪了吗

如今，在互联网直播平台蓬勃发展的同时，主播直播乱象也让公众无法招架。斗鱼直播造人事件再次把直播平台和主播的利益链条曝光于阳光下。

当生存遇到规则，竞争遇到良知时，谁主沉浮，成为王者，单凭主播们的自控能力和人格魅力是远远不够的，又有谁有勇气在高人气、高诱惑的利益面前长久孤芳自赏呢？

对于主播们来说，顾客就是上帝，粉丝就是衣食父母。曾经有一韩国佳丽网上直播捞金，国内某新贵一掷千金，20万元打赏纪录让无数粉丝瞠目，也让这名异域主播见识了国人的豪情，情绪失控，泪流满面；又有一高人气女主播，在众人围观的吆喝声中始终未换透视装，遭众人谴责、怒骂，当众凄然泪下。

游走于现实与虚拟之间，人性的贪婪、媚俗、幸灾乐祸的恶意被无限放大，大喜大悲的故事在网络上演，让人眼花缭乱。活跃在网络上的全国近20万主播娱乐了大众，制造了网红，也让平台财源滚滚。

此时，舆论一味要求众主播们洁身自好，是否有脱离现实，有求镜中花、水中月的嫌疑？

毕竟主播是一门生计，不是因个人兴趣而单纯娱乐大众的娱乐。在打赏机制的激励下，谁满足粉丝要求，谁逗粉丝

们开心，谁有爆棚人气，谁就会赢得财富，谁就会给平台带来无限商机。于是乎，主播卖力，平台乐意，在共生利益链中，一味要求主播们清者自清，保持气节，谈何容易？！

部分主播无下限、无节操的表演，导致恶劣的社会影响。担心触及法律红线，危及平台的经营前景，规范主播言行成为网络平台治理的第一步。于是新浪、百度、搜狐等20家开设直播业务的互联网企业联合发布行业自律公约，让公众看到整治网络乱象的希望。这些企业本着社会良知治理视频直播平台，履行社会责任，杜绝行业间不正当竞争的勇气令人赞赏。

《北京网络直播行业自律公约》于2016年4月18日起实施。公约规范了主播资格，明确准入门槛和标准，强调文责自负，保护未成年人权益。公约明确用添加水印等方式，公开主播和平台的法律关系，增强了平台对主播行为的约束，以平台长远利益、秉承的社会责任约束主播的粗俗、不雅言行。

但也有公众担心，在激烈的市场竞争中，对直接利益者给予自行约束利益的自由，无异于让猛兽放下无辜的羔羊，与虎谋皮。在公约规范下，主播能否自觉反映良俗，能否自觉引领社会新风尚？市场是否还会重蹈无序、失控的混乱局面？

净化网络空间，归根结底还需法治力量。公约自律仅仅迈出了第一步，还需第三方力量监管，还需法律红线警示。

网络不是法外之地，主播和粉丝们同样有自尊、有人格。用公约、用制度剥去网络虚拟、伪装的神话，让虚拟人物还原真实人生，让主播、观众、技术平台时刻处于法律监管范畴之内，使网络言行符合公共秩序下的公民行为准则，才是治本之策。

的确，当网络生存空间成为人们真实生活的延伸时，谁还会选择在网络空间装疯卖傻，伪装另外一种人生呢？

《好人保护法》是一剂良药还是痴人说梦

陈光标立志做推动社会进步的好人。在生活中，他乐善好施；在地震救灾现场，他一马当先。在公众眼中，他是响当当的一个好人。当然，陈光标行事风格特立独行，个性张扬，因为冰桶造假事件，也是民间颇有争议的“好人”。

2016年初，作为江苏省政协委员，他向公众抛出制定《好人保护法》的设想，希望通过立法保证好人权益，其依据是他资助过的近百万人当中竟有90%的人不感恩。他说：“大部分好人都不被理解，没有好报，这是非常可怕的。”想通过法律来保护好人。

知恩图报是中华民族的光荣传统，时刻怀着一颗感恩的心是社会凝聚力的表现，也是和谐生活的体现。只不知陈光标所说的“90%人不感恩”的提法出于何种方式统计，受助者以什么方式表达感恩才能达到陈光标认可的感恩标准，这模糊、笼统的提法缺乏科学性、权威性，虽然吸引眼球，但有悖于公众认知。

再说，一方有难，八方支援，这是社会温暖、人间真情。如果施恩于人，就要求得回报，也不是好人们的初衷。也许受助者回报社会的途径多种多样，表达方式千差万别，有立竿见

影般的直抒胸臆的表白，也有涓涓细流般的默默无闻的感动，回报社会的受助者应为大多数。也许这些人的感恩未被陈光标所统计，就被冠以“不感恩”来揣测，不妥。

此次，陈光标借助参加省两会，提出《好人保护法》立法设想，合理表达诉求，令人敬佩。毕竟全面以法治国是国策，公民因做好人需要特殊保障也是国家和社会责任所在，从立法上保障好人好事的合法权益有必要，但《好人保护法》的提法却有待商榷。

好人概念定位模糊，对于好人的解读每人都有不同的标准，是不是做一两件好事就一定是好人？毛主席曾说：“一个人做一件好事并不难，难的是一辈子做好事，不做坏事。”人是感情动物，在没有盖棺定论前，谁又能保证对一个人评价的准确性。面对操作层面都无法认定的好人，制定《好人保护法》保护好人权益岂不是天方夜谭、一厢情愿。

陈光标提出《好人保护法》的初衷还是希望国家鼓励大家做好事，行善积德，鼓励既修身又奉献社会。其实，社会主义核心价值观倡导人们在生活中爱国、敬业、诚信、友善，如果人的一生能够履行这一标准，就基本具备中国好人的资格。

鉴定好人难，但鉴定一件好事并不难。群众心中始终有杆秤，凡是顺应民心、有利于民生、推动社会进步的事大家都欢迎，被群众欢迎的事一定是好事。

另外，从立法精神而言，立法应该限制强者、保护弱者。如果需要立法，更需要保护受助者的合法权益，而不是为保护好人立法。

伊能静一语道出南方人冻碎的心声

来自北极的大 boss 级别的寒潮把江南的柔美景致一夜“速冻”，连只能看雨的台北也飘起了雪花，怎一个冷字了得，艺人伊能静在台北发微博：“台北下了八天雨，山上飘雪。好冷……老天爷把我这孕妇室外唯一能做的事……散步……都剥夺了……睡疯了……忽然想念北京了……北方有暖气呢。”

可见北京的雾霾、北京的堵车，北京的一切不尽如人意的无奈都被丝丝暖气的温暖消融了。这名拥有千万粉丝大 V 的一时随感得到众网友呼应，江南此时要是同北方一样，有暖气助阵，那么苏杭“人间天堂”的美誉就更加贴切了。

不是南方人的矫情，这深冬的夜，哪里最难熬？北方人似乎更有发言权，2016 年东北极端温度达到零下 58 摄氏度，在当地冰天雪地中，央视记者向全国观众展示热水速冻的奇景，但那天是外头冷屋里热，围着火炉吃西瓜，屋里屋外两重天。偶尔有几个北方朋友来南方住几天，亲身体验后，才感叹南方的冷是持续的、冻彻骨髓的、刻骨铭心的冷。

南方连着几天零下十几摄氏度的天气，屋里屋外相同的温度，冰上走的天气名不虚传，是冻死狗的节奏。各种遭罪一道袭来，水管受冻爆裂后也一片冰凌，冰冻造成的交通事故同样惨烈。2016 年 1 月 23 日，上海松江一座桥坡下发生 16 车相撞事故，地冻湿滑、司机缺乏冰雪天行车经验为事故主要原因。

南方人防冻仅靠空调。空调制热是辅助功能，无法实现大范围、低能耗供暖，况且低温时，实际制热效果差强人意。虽然性价比、房屋保温、二次污染等问题都是困扰南方实现区域供暖的拦路虎，但创造一个温暖的冬天也是南方人冻碎许久的心愿。

凄厉北风的呼啸能剥夺伊能静散步的自由，却无法剥夺冰冻一族渴望温暖的表白。如今，南方呼唤通暖的心声日益强烈，只不知民意诉求的渠道是否畅通，是否有人大代表、政协委员将南方区域通暖议案提交省市、全国两会？

在今冬极冷中，南方人只愿天不再冷，地不打滑，心中不再冷。

一路走，一路想，一名旅者的视觉历程

时间是什么？如果用图像来展现时间，你会怎么做？

Tom Lowe 是一位新西兰的旅行家。他喜欢用相机与苍宇对话，用图片来展现大地和夜空星辰，以图像方式探索时间概念，在流失和浓缩中捕捉时间的壮美，让观众有机会用视觉来感受时间的变化。

Tom Lowe 是一名摄影者。一部车，一台相机，一年中长达 200 天的野外露宿，让他有机会用照片展示所见到的清澈天空。在他的镜头中夜空深邃透彻，大地伟岸深沉，生命灵动安详。Tom Lowe 是一名技术控，痴迷科技，一丝不苟地追求最佳的拍摄效果。他选用佳能 4K 相机，拍摄像素达到 4096×2304，千万级像素的记录使人们欣赏到常人肉眼难以寻觅的细节，让人们更好地感知湖水、枯枝、荒野、星辰的惊艳。他自己动手设计定制相机移动延时拍摄轨道，使拍摄意图通过镜头移动、延时摄影达到完美呈现，通过每秒定格数增减追寻时间变迁印记，让定格技术进入视频记录的新领域，呈献给观众时空压缩后的视觉震撼。

Tom Lowe 又是一名成功的行动召集者。在两年的拍摄历程中，他通过网络召集到多名志愿者，前后拥有百人的合作团

队，他们在美国多个国家公园进沙漠、走荒原，风餐露宿，在人迹罕至之处寻觅大自然的纯真之美，参与的每个人都有机会和他分享历尽艰辛收获美丽时的心路历程，最终形成了一部时长 38 分钟的《时间的风景》。2014 年在北美成功上映，成为世界首部向公众发售的 4K 电影，与更多人们分享时空变迁之美。

作为先行者，Tom Lowe 无疑在探索时间的风景中走出一条风格独特之路，从摄影到摄像，再到纪录片创作，从平面到立体呈现，从静止到动态展现，实现了现实到理想的跨界之旅。

作为追梦者，能够时刻站在技术前沿，创作出不同寻常的视觉感受，让生命与作品融为一体，展现生命的意义，这是所有从事图像创作者的追求。Tom Lowe 的经历无疑给人们更多的启迪。

撒贝宁大婚另辟蹊径，植树见证宁白之恋

一对佳人，一位是中国家喻户晓的电视主持人，一位是出生在英国的加拿大富家女，撒贝宁和李白于 2016 年 5 月 6 日在武汉低调举行婚礼。

零星的信息是通过参加婚礼的网友处透露的，聚合在一起，向公众还原了这场秘密婚礼的特别之处。

从现场照片来看，两人婚礼在一个公园的露天环境中举行，来到婚礼现场的多是双方亲友，没有明星、大腕的捧场，没有扎堆豪车的显摆，没有柳岩式的绯闻，只有庄重和简朴，这场跨国恋的婚礼给众人留下美好、甜蜜的印象。

在婚礼中的植树环节让人叫绝。在众人祝福中，撒贝宁和李白在公园栽下一棵桂花树，取其甜蜜的呼吸的寓意。在现场，一对新人你扛锹来我翻土，共栽同心树的场景温馨浪漫，使婚礼具有了非同寻常的意义。

在婚礼上植树并不常见。以植树来纪念婚礼，一是寓意吉祥。求同心协力之意，培植生命，栽种希望；二是造福后人。前人栽树，后人乘凉，社会公益之心爆棚；三是引领风尚。植树造林为社会大力倡导，从自己做起，绿化环境，履行公民义务，也是美德的传扬。

无疑，撒贝宁和李白在婚礼上的植树之举为公众上了一堂生动的公民意识课，身体力行带了一个好头。

可喜的是撒贝宁并没有利用名人效应为婚礼营造些难忘时刻，而是另辟蹊径，以新人植树的形式向公众倡导爱护环境、生态生活的理念，以不求气派、只求同心的务实态度来纪念人生的精彩时刻，不愧为当代名人典范、实践新风尚的楷模。

“愿得一人心，白首不分离。”愿宁白之恋天长地久！

从卖蜂蜜到复古风，村官为民当网红

2016 年 4 月，一名叫欧阳凤的女子在网上的“出格”演绎惊艳众人。

一是因其新奇的创意。花香飘自乡野，真情源于内心，在无边的油菜花田中自费当模特拍写真，复古风吹过乡野，戳中众人无尽乡愁。二是因其特殊身份。作为江西新余当地的一名大学生村官，不按常理出牌，另辟蹊径求关注。如此特立独行，个性张扬，能否挑战封闭的乡风民俗，还很难说。

网上依旧好评如潮。一个女孩子，虽然在落后偏远的农村，但其视野远在山外。以一己之力尽心尽责打造着众人眼中秀美山野。在如今网络兴起的以真人秀、狗血剧情、出格演出等组成的网红争霸赛中一枝独秀，犹如一缕春风，带着泥土的芬芳，清新袭人。

当今谁赢得互联网，谁就会赢得未来、赢得市场。服务基层的大学生村官不缺乏知识文化，不缺先进理念，不缺沉下心来埋头苦干的勇气，往往缺乏创新的锐气和胆识。默默无闻得多，缺乏建树得多。欧阳凤显然走的是另外一条路，她一方面和当地村民打成一片，想村民所想，急村民所急，为村民脱贫出谋划策；另一方面还想方设法在网络寻找新途径，推荐大山的优势资源，亲力亲为友情出演，就更难得。

2015 年春，她在个人微博帐号上为村民叫卖蜂蜜，为甜蜜的事业代言，这位年轻村官受到众网友热捧，为当地蜂蜜走出大山增添了网络销售渠道。一年来，她为当地农民成功售出 3000 多公斤蜂蜜。

“俏也不争春，只把春来报。” 2016 年她又以复古风代言，人在画中游的意境让网友直呼惊艳。一前一后的网络拼颜值，以美丽代言提升乡村影响力，这股舍我其谁、敢于担当的精神令人钦佩。

网红随时有，帮助他人的网红却少见。在互联网上，只要符合社会道德规范，在法律允许的范畴内，拼颜值、拼创意、拼人气，谁都可以展现自我。但网友认可与否，舆论支持与否还要看网红是否体现了时代精神、社会价值。

从卖蜂蜜到复古风，欧阳凤成为新网红，归功于她一心为村民谋福利。上次是营销蜂蜜，这次是为成片的油菜花，下次也许是农家乐，一点一滴的谋划、创新都是为了让村民尽早过上好日子，为村民利益当网红倒是难得的正能量。

梦在远方，路在脚下，互联网 + 让世界更精彩。其实为乡村代言的何止欧阳凤一人，那些在乡村埋头苦干，和新农村建设共同成长的年轻人哪一个不是当代中国发展的见证者、参与者、共享者。

在充满甜蜜和希望的代言中，幸福着他人的幸福，快乐着他人的快乐，这样的大学生网红还是要多些再多些。

帅帅的阿里木代言时尚会逆天吗

阿里木在上海浦东三林摆了一个烤肉摊，不温不火的生意有一天被一群星探打破，因为有名星风范，长得帅帅的他一经包装，酷酷的形象出炉后，立马成为烤肉摊上的名人。

这几天，谁要想吃上他的一串烤肉，不仅要排队，还要赶个早，否则只能远远闻个味，拍几张照片过个瘾。

如今，连开烤肉摊也要精心包装，可见市场营销多重要。但人怕出名猪怕壮，出名的阿里木也有新烦恼，毕竟帅帅的明星照只是一时让他人弹眼落睛的招牌，中看不中用，无法维持生计。

要想勤劳致富，得守市场规矩。开烤肉店，营业执照、餐饮许可、从业人员健康证等证照一样也不能少。这不，因为在试营业期间，阿里木还没有办齐证照，被当地食药监盯上了，估计他开烤肉摊，一展宏图的雄心还要经受点波折。但话又得说回来，谁让你开始就走“高大上”路线，扮明星装酷，谁让你是帅帅的阿里木呢？

守法经营是本分，相信阿里木也是这样想的。是不是有关方面也开辟个绿色通道，毕竟他烤的肉味道独特，有浓浓的新疆味，食客认可，市场欢迎。

如果哪天因为烤肉摊证照不齐而停业，慕名前来的追星一族找不到咱们帅帅的阿里木，岂不太扫兴？

既然一开始就有时尚照片打头阵、做推广，那么阿里木倒可以继续发扬光大这个好噱头，一身短打挥汗如雨地忙碌在烤摊前，还真不如身着笔挺西装、戴着墨镜继续装酷摆 pose。

以这身行头和高颜值，拍一个 MV，推介些和新疆有关的风物，倒可能是个注定火的创意。如果哪天再有星探找上门，说不定还能代言时尚。只是那时的阿里木是否还会再为大家烤肉？还真难说。

社会类

大风起兮云飞扬，雾霾又能去何方

面对雾霾侵扰，公众把防霾当作生活头等大事，从口罩防护，到饮食安排，再到空气净化器之类的电子产品热销，可谓八仙过海，各显神通。

各路专家也没闲着，在近日召开的“三生（生态、生活、生产）共赢发展论坛”上，北大中国持续发展研究中心副主任王鑫海提出，社会上有“靠天吃饭、风吹雾霾”的思潮，甚至有牛人提出解决困扰北京雾霾的良策，具体到把北京北面山体炸开几条通道，把内蒙古大风引入华北地区，吹散雾霾。此言一出，舆论哗然，原来异想天开的炸山引风并非是空穴来风。

这一“修理地球”方案曾经出现在冯小刚执导的电影《不见不散》中，由葛优饰演的主人公向女友表明自己的“文韬武略”，在地图前指点江山，说一旦炸开喜马拉雅山脉，把印度洋暖湿气流引入西藏地区，五谷丰登可期矣。原本只当是一个喜剧元素，逗大家一乐，没承想到如今还真成了治理雾霾的“新思路”“新举措”，让人后背阵阵发凉。

王鑫海是反对炸山引风的，但他提出了另外一个新办法，说与其搞南水北调工程，还不如让更多的人口集中于江南地区，“不必到北方，或者已经在南方城市生活的居民在当地定居下来，北方的很多资源和环境紧张等问题可以解决”。

一句话，北方人口移居到南方，北方雾霾问题自然得到解

决。初闻王鑫海的建议有道理。人的流动如果逐资源而生息，不是采用蛮力改造环境，以法自然的思路顺势而为，如今的大城市就不会面临连空气、饮水安全都无法保证的糟糕局面。

历史上也有成功先例。当农业社会时，北方游牧民族居无定所，逐水草而居，减少对一个地区自然的持续破坏，保持了良好的生态环境。工业革命后，石油冶炼、煤炭化工等工业体系改善了人们的生活条件，却对废水、废气、废弃物的处理不以为然，待到自然被污染、生态被摧毁时，重新整治需要后人付出沉重的代价。

减少对自然的过度索取，维持生态平衡是人类可持续发展的重大课题。假设按着王鑫海的思路，在南方建设多个如上海一般的超级城市群，以南方优越的生活条件置换北方贫瘠的生态资源，人口大量南迁后可能一时解决北方环境资源过载等问题，但对于南方众多新城而言，还得面对人口众多、生产要素过于集中而产生的污染问题。难道破坏完一地再破坏另一地，漫天飞舞的蝗虫们正是以此法求生存，对生态的破坏更为残酷。

当一个问题没有解决时，不能因为解决当前问题而再为未来增加问题。解决问题还是要寻找问题源头，查明造成环境污染的元凶。以绿色发展、共享发展为理念，坚持供给侧改革，从源头上减少投入，关停并转污染企业，经过几代人不懈的努力，才能期盼青山绿水重回华夏。

至于专家以南水北调说事，以人口流动的有关政策说事，初听起来充满智慧，其实中听不中用。专家们的口无遮拦、夸夸其谈不仅无助于防霾、治霾，反而混淆了视听，更为严重的是，搅浑水、和稀泥的做法还给那些原来埋头苦干的人们心头添堵。

德国制造会走下神坛吗

这几天，大众公司因为在柴油车尾气排放检测上弄虚作假摊上了大事，股票市值一路下滑，两天内蒸发市值近三分之一，达到近2000亿人民币。在大众忠实拥趸眼中，经济受损倒也罢了，只是汽车产品质量受到公众质疑、品牌黯然失色的结局得不偿失，为一点蝇头小利失大义，怎么可能是大众的风格？

曾几何时，在消费者心目中，德国产品便是高品质和严谨作风的代名词，奔驰、宝马、双立人、博世、黛安芬、施耐德等品牌在世界消费市场叱咤风云，有口皆碑。大众公司此次小儿科的作弊行为让消费者大跌眼镜，如同一家百年老店出售伪劣商品一样，丢了传统，损了门面，伤了人气，更可怕的还会殃及池鱼，让德国制造惹上麻烦。

一石激起千重浪，这是一场因缺乏诚信而导致的公众信任危机。丑闻涉及大众近1100万辆柴油车，影响巨大。2015年9月23日晚，大众CEO文德恩宣布因失察辞职，但未能挽救处于危险之中的德国制造。随着事态持续发酵，已不是找几个替罪羊、接受经济处罚就可以摆平的了，此事引发的连锁反应可能再次重创欧洲工业振兴的信心，成为摆在德国总理默克尔面前的一件棘手的事情。

一家知名企业，面对他国严格检测，不认真做好小学生，

反而和老师玩起了Tom和Jerry的游戏，要起瞒天过海的招数，在出口的柴油车上增装所谓的失效保护器，在尾气检测时提供远远低于平常运行的数据。这一措施保住了公司利润，迎合了客户对动力的需求，也能轻易通过监测，多方满意结局皆大欢喜，但毕竟是皇帝的新衣——总有一天会被戳穿，以欺骗手段赢得市场准入资格，失效保护器虽然能够一时欺骗检测设备，但是“达标”数据却无法掩盖尾气过度排放对环境造成的危害。

当谎言被戳穿时，我们感谢以学者卡德尔为首的五人研究小组以科学严谨的态度揭开了大众公司的蠕虫罐，还事实于真相。我们也为美国等有关国家因此对大众公司采取的处罚性措施而喝彩，自欺欺人，这是大众因为缺乏诚信必须承受的代价。

市场不相信眼泪，从哪里跌倒就从哪里爬起来。大众公司应采取有效措施完善产品质量体系，自觉接受公共机构的检测和监督，杜绝产品因双重标准对用户、环境造成危害，重新赢得市场认可。另外，除召回所有尾气排放不达标的汽车外，大众应该以更加严谨的态度真诚面对公众，诚恳道歉，抚慰公众受伤的心灵，平息社会舆论的谴责。

至于认识错误的勇气、重塑实力的科技能力、忠于品牌的市场和期盼的公众，大众以前不缺，现在不缺，未来也不会缺。

车模扮乞丐，亮了当下误了未来

车模和乞丐，风马牛不相及的两个群体，近日却被一群车模生拉硬拽地扯在了一起。

已经举办过30年的上海国际车展2015年首开新风，拒绝车模，把美女、名车这对曾经的“孪生姐妹”区别对待。“还一个清静的车展”，对车模实施严格的准入制度，除了让那些一心想拍美女的热粉们失望外，并没有影响本届车展的火爆。国内外游客如织，每天10万人以上的大客流争睹新车芳容，排队等候的游客无奈大摆排队长龙，重现2010年上海世博会盛况。

车展依然火爆，让曾经的车模感到沮丧。除个别车模在车展外举牌抗议外，据央视微博客户端消息，4月26日晚，一大群美女车模扮成乞丐，在上海徐家汇街头乞讨，抗议车展拒绝车模导致自己失业。从图片看一群美女“一脸乌黑，一根打狗棍、一只空碗相伴”，活生生一群破落户的形象。从昔日台前的星光灿烂到如今幕后的“流落街头”，冷冷清清，凄凄惨惨戚戚，怎一个愁字了得！一时间仿佛时光倒流，令人心酸。

此届车展把车模请出展馆，一方面是主办方精打细算，压缩开支，替厂家节省花在车模上的不菲开支；另一方面也在抵制当前不断升温的奢华会风。效果初显，车展缺少了“长枪

短炮”对准美女的火爆场景，缺少了“看胸不看车”、“偶露”春光等桃色新闻，观展游客把兴趣集中到对车辆的观摩上，各大媒体也把大量时段、窗口留给车型展示上，车展重回办展初衷，创新·升级主题更加突出。缺乏眼球效应、美女经济的车展做到了观众买账、车商省心，主办方也赢得良好会风。

对于车模而言，成也车展，败也车展，多赢举措不小心深深伤害到靠脸蛋、身材吸睛的车模生计。细想一番，怪不得车展主办方，人家是市场行为，顺大势而为。举牌抗议、上街乞讨等出格举动虽然赢得关注，给市民一些茶余饭后的谈资，终究解决不了重回车展的“生存大计”。

泪水只能赢得同情，汗水才能赢得尊敬，顺势而为才能永葆青春与活力。当下如此，未来更如此！大家需静下心来谋划各自前程。前不久听说有车模转行做商业公关、做售楼经理，值得参考。当下国家转型，从中国制造到中国创造，鼓励大众创业，万众创新，新生事物层出不穷，在互联网 + 推动下，许多行业将逐步被淘汰出局，只有抱着转型思维和积极心态，主动作为适应时代步伐，才能重归社会。

国外清新空气竟成为国内防霾奢侈品

空气也能卖吗？2015 年 12 月，一家加拿大企业看好中国连续雾霾天的商机，向中国卖起加拿大的优质空气，市场表现喜人，一下子卖出 4000 罐加拿大落基山脉的新鲜空气，据说订单还在纷至沓来，被商家视为朝阳产业。

据 CNN 报道，一瓶如大号矿泉水瓶般大小的压缩空气标价不菲，在名为 Validity Air 的公司官网上，一罐 7.7 升压缩空气罐售价 32 加元（约合 149 元人民币），在淘宝上搜索“VA 维他空气”，也会有多个购买链接，一罐 129 元，两罐 219 元。店家所售卖的新鲜空气不是普通消费者能接受的生活必需品，是地道的海外舶来的奢侈品。

空气能成为商品，而且成为国人的奢侈品，令人费解。空气源于自然，如时间一样为万物共享，是典型的公共资源，不因贫困、富裕而分配不均，是人类共享的自然馈赠，不具备商品特征，当然不能买卖。从报道中看，这家公司仅仅以压缩方式在当地收集、存储、包装、运输，其售卖的空气仍然为自然资源，并非劳动创造，以商品方式售卖缺乏依据。

更悲催的是，不能售卖的空气在国内却受人追捧。也不能全怪国人不争气，冬季是雾霾高发季，北上广地区又是重灾区。国外自然条件好，空气清新，但能出国度假，享受阳光浴的又有几人？大多数老百姓还是朝九晚五地为生活忙碌奔波，一边吸着高浓度雾霾，一边心疼着下一代。当新鲜空气成为稀缺品时，有人网购高价空气，让孩子暂时脱离雾霾侵害，吸点新鲜空气，爱子心切，实属无奈之举。

至于新鲜空气功效如何，笔者不敢妄议，毕竟涉及数据的科学对比、分析。购买新鲜空气虽能缓解一时所困，却无法做到高枕无忧，毕竟外界空气依旧，孩子也无法不经风雨，永远生活在玻璃罐里。当然，也不能怪无良厂商经营无底线，生活中如天天有蓝天白云，有清新空气相伴，这海外清新空气的商业经也念不成。

面对新事物，有关部门要敢作为、真作为，不能一个劲地由着市场性子乱来，一方面加大治霾力度，另一方面也要及时整治突破底线的商业行为。曾有一家饭店趁火打劫，打着清洁空气的幌子，在菜单里对食客额外加收防霾费，好在执法部门及时叫停。

归根结底，还是要继续高举绿色发展大旗，共同努力，让蓝天白云早日回归生活，根除空气成为商品的土壤。否则，和雾霾相关的服务不火都难，今天是新鲜空气，明天是森林氧吧。待有一天街头出现如医院吸氧般一人一罐抱着清新空气看电影、逛大街的人流时，当病态的人生、病态的街景成为常态时，才可悲！

一盘天价虾到底毁了谁

一盘大虾多少钱？不管在哪儿，特别是路边摊儿，你得这么问。再保险些，还得加上一句，一盘有几只？这不是神经过敏，也不是耸人听闻，你一时大意就可能成为别人碗里的菜，任人宰割。

据新浪@青岛交通广播FM897报道，2015年国庆期间各景区人满为患，黑心店家宰客行情也看涨，青岛一大排挡上一盘蒜蓉大虾被炒成天价，虾按只收费。菜单上明明写着38元，下单前游客也反复询问过，到游客结账时却变成38元一只，一盘蒜蓉大虾要价1520元。在街边摊吃出天价，这也是让人醉了。

这还叫宰客吗？直接抢算了。更可笑的是店家还开个收据，以此为凭，令天下人耻笑。更令人疑惑的是接警后，出警人员竟说是价格纠纷，叫找工商局，工商局又推到长假后处理。一盘虾闹出大动静，各大媒体纷纷转载，这回青岛因为一盘虾挤入舆论旋涡，不知青岛执法部门有何感想？

本来，宰客为商家所不耻。商家提供服务，讲究的是童叟无欺，是诚信第一，是笑迎天下客，讲究的是买卖不成仁义在。可这大排档的主儿，讲的是此地是我开，此树是我栽，要想从此过，留下买路钱。走的是打家劫舍的路径，只不过以“虾兵蟹将”打头阵，谁来宰谁，没商量！就是警察上门，眷顾的也是一方乡情，维护的也是本土利益，一个外地游客又能如何？

对于游客来说，遇到被宰不知对“好客山东”如何看？远远不止多花点冤枉钱，饱受屈辱那么简单。有人说，背上行囊，就是过客；放下行囊，就找到了故乡。出门在外图的是便捷安全，渴望他乡遇故知的温情感，冷不丁遇到个奇葩人物，指着桌上并不精致的一碟小菜，漫天要价。不给，别想走人，棍棒伺候。据理力争？那是人家的地盘。

好在自媒体时代谁都能成为信息发布者。天价虾的照片一上网便惹了众怒，据说此事不是一时才有，而是长期如此，天天发生，那家黑店十一期间连续两天都有人报警，可见此事在当地已成常态。网上众人评论中说人心叵测的有，说店大欺客、坐地起价的有，说执法部门不作为的也有，在公众心目中青岛形象一落千丈。人们纷纷质疑，宰客行为如此猖獗，当地行政执法部门视而不见，推三阻四，任其发展是什么原因？这次是多家媒体关注，惹了众怒，恶行传千里，得对公众有一个明确交代。早几年，媒体曾报道过海南旅游市场宰客乱象，一家街边店宰客，当地多家市场声誉受损，教训深刻。

凡事靠法理解决，如今这事影响大，处理起来也要快刀斩乱麻。第二天就有消息称，当地执法部门已介入调查。可以预料此事结局，执法人员按图索骥，查到黑心商家，查明事实，以涉嫌欺诈，罚以巨款，以平民意。或许店家良心发现，千里走单骑，找到那吃了天价大虾的吃客，说一堆后悔莫及等话以示悔过自新，重新做人。或许这店家一走了之，转战他地，换个牌子重操旧业，如法炮制，只不知此次诱饵用大虾，下次会换成什么。有网友戏称，何不换成“蚂蚁上树”，保证让吃客倾家荡产，还可保证吃客无怨无悔，甘心一生为奴为店家打工。

对大众来说，出门在外还是小心为妙。点菜时，多个心眼，一定要看清菜单的单位，把斤和公斤分清楚，把克和个、串和盘分清楚，眼神不好就多问几遍，最好录个音、录个像，如同在车上装个行车记录仪，不怕自己违反交规，就怕路上遇到碰瓷。证据比公理更重要，谨防不小心进了黑店，说不清楚，脱不了身，破财不免灾。晦气！

可叹如今在大排档上吃个夜宵也防范得如鬼子进村，伤神费脑，不应该！

此时，少去触碰巴黎的痛

向着巴黎，前进、前进、前进，这是左拉所著的《娜娜》结尾的一幕。

2015 年 11 月 13 日晚间，当巴黎暴恐袭击案发生时，国内 134 个旅游团 5000 多旅客正乘十几个航班向巴黎前进。

如今巴黎宁静不在，经历了自二战以来最为严重的暴恐袭击事件，有 129 人丧生，352 人受伤，被视为欧洲的 9 · 11 事件，举世震惊。位于巴黎的老佛爷百货和埃菲尔铁塔等知名景区均闭门谢客，以购物、观光为内容的中国游客此时正面临两难境地，或者改变计划，减少在巴黎的停留时间，或者继续向巴黎前进。

从媒体报道看，14 日、15 日两天多数游客并未被巴黎动荡局势干扰，仍按照原计划出行。《环球时报》曝出部分游客在罗浮宫前摆 pose 的照片，有的游客在描述巴黎现状时说："并没有想象的那么可怕"。他们坚信暴恐袭击事件是小概率事件。

不去论证这种想法的正确与否，事实上血的教训让世界变得空前团结。被暴力恐怖行径激怒的法国人不再沉默，人们纷纷走上街头，哀悼受害者，谴责这起丧失人性的暴行。在这种特殊形势下，由中国、韩国等地游客组成的旅行团执意向巴黎景点前进。

巴黎沉浸在对死难者的追悼之中，法国总统奥朗德宣布

全国进入紧急状态，“法国已处于战争状态”，极端分子的行动是“战争行为”。法国关闭边界，停止各种娱乐活动，各大商场、景点停业，政府集中力量应对恐怖行为。当警方建议市民不要出门、中小学停课、实施宵禁情况下，一些团队还执意向巴黎前进，是声援还是添堵？大量外国游客的涌入无疑会增加当地安保负担，给人家忙中添乱，既不光彩也不大气。

此时在巴黎旅行，相信任何人都很难体验到真心愉悦。一方面因为大量景点和商店关门，旅客出行选择减少，影响旅游质量，完美的旅程会被种种遗憾包裹，无法让人赏心悦目。其次无视他人伤痛，我行我素是对他人不友好的表现，易被视为冷漠的另类，让他人侧目。

这样的旅游还是不要也罢。此时，我们应该尽可能少去触碰巴黎的痛，当他人痛苦时带去一丝问候和关怀，是人间大爱。很欣慰当天晚上，当埃菲尔铁塔熄灯为死难者哀悼时，上海东方明珠亮起了红白蓝三色灯，上海为巴黎祈福，这是人间正义力量的交相辉映。

感谢竞争，没有你其实很无聊

董明珠是大名鼎鼎的电器业大佬，格力的掌门人。2016年3月，这位大姐开微博、微信。电器搞网联网+不是新鲜事，掌门人走到前台秀言行却罕见。掌门人是一家之主，派头大，秀亲和力，符合企业利益，顺应时代潮流。

除了给产品代言，还得秀产品服务理念。当然，顺便带一下竞争对手的存在，点下别人的痛点，激发下自己的斗志也可能。

董明珠就如此，在一次新品发布会上，她除秀新款电饭煲外，还揭了美的的短，质疑一晚一度电广告的科学性，质疑其获得国家科技进步奖的水分。说信誉是产品品质，产品不能违背科学理念赚吆喝。影射美的空调的宣传太夸张、太离谱。

一石激起千重浪。受到董明珠质疑，美的掌门人方洪波无法沉默，直接面对，先是工程师们捉对厮杀，后来掌门人粉墨登场，一场唇枪舌剑在网络展开，公示天下，让网民看傻了眼。

董明珠、方洪波都是国内电器业的大佬，竞争市场份额本靠产品、靠诚信，如今两家掌门人靠打口水仗亮品牌，隔空过招，伤了多年和气。不知，这两家掌门人演的是哪出？

中国自古以来是礼仪之邦，做生意也讲个和气生财。两位掌门人不去和日本松下、索尼争高下，反而在国内掐起架，

仇者快、亲者痛的举动让人唏嘘。

董明珠说国人到日本争购马桶盖是业界耻辱。在奋发图强时，不专注自己所长，一味盯着竞争对手的短板却不妥。如今自媒体风行，掌门人的一言一行在公众眼里都代表着产业未来的格局，如此气量让人失望。

“来而不往，非礼也。”美的有辩驳的自由，却没有必要争辩，有理不在言高。现在是法治社会，依靠法治思维解决分歧，一是表现个人气度，二是展现企业文化，最重要的是尊重竞争对手，才能飞得更高、走得更远。

打口水仗，只会引来围观，引来更多非议。伤敌一万，自损八千；鹬蚌相争，渔翁得利。倒不如，大家心平气和地坐下来，正视自己的短板，学人所长谋发展。

还是有感于美的掌门人的一席话，意思是人家奔驰、宝马是竞争对手，在宝马诞生 100 年之际，奔驰的祝词是：“感谢竞争，没有你其实很无聊。”

在万千世界中，没有对手，哪来超越自己的勇气，商战如此，人生亦如此。

拆除小区围墙会提升居民的幸福感吗

2016 年 2 月，拆除小区围墙成了公众热议话题。中央要求“新建住宅要推广街区制，原则上今后不再建设封闭住宅小区，已建成的住宅小区和单位大院要逐步打开”。

这条消息来得突然，传播得迅速。城市小区建围墙、采取封闭式管理在中国进行近 30 年，如今要求小区拆墙建街区，安全是否有保障成为居民普遍关心的问题。

借鉴国外大多数城市的经验，拆墙建街区，符合大城市建设潮流。在美国，家庭是一个独立的社会单元，没有小区，没有小区服务人员，屋前门后的清理、树木修枝等工作都是居民 DIY，缺少维修工、保安、园艺工、保洁员的街区服务并没有降低居民的生活品质。相反，街区居民没有围墙阻隔，交流和交往更加方便，经常见面促成熟人社会，街边小店的经营也方便居民间相互帮助、相互制约。这些经验被写入一本名为《美国大城市的生与死》的书中，成为城市街区管理的一种成功模式。

没有围墙的城市让人们更多依赖城市公共交通，减少对私家车的依赖。小区拆围墙后，居民选择的出行道路四通八达，可选择更加便捷的出行路径搭乘公共交通。另外，私家车也有望结束在小区打转找出口的囧境，可选择更加便捷的路径出入街区，降低出行成本。小区打通建街区后，为城市增加众

多交通的“毛细血管”，居民出行将更加便捷。

小区拆墙建街区的好处显而易见，将改变城市的机动车拥堵，减少城市运营成本，提升人们生活的幸福指数。小区居民的归属感，业委会自治管理模式的优势将淡出生活，让位于街区所带来低成本社会服务，高效率出行选择，社区熟人环境会进一步促进社会融合，对家庭、对社会的诸多好处让街区成为未来城市建设的必然选择。

小街坊式的社会单元展现在众人面前会是什么样呢？四川宜宾莱茵河畔小区受人关注，没有围墙的社区被认为是当地最好的楼盘，虽然也有人指出小区偷换概念，并不是真正的开放性社区，但“宁愿待在莱茵河畔哭，也不住在其他楼盘里笑”的民间传说让这个类似街区的居民生活场景令人憧憬。

当然，拆墙建街区首先受影响的是小区物业生态。远的不说，小区物业管理功能就要改，小区保安服务范围将收缩到楼道。街区居民门前就是公共区域的街道，属于市政建设，安全也属于公安负责，物业费将换种收法，小区原有的安保、日常维护的工种分流转行将成为趋势。

物理的墙一把锤子就可以搞定，但困在居民内心的“墙头”则需要和风细雨般的疏导。在没有解决小区安保、与《物业法》的冲突、学区划分、道路公共化的补偿、物业管理职能转变等诸多问题前，破墙建街区将是一个逐步推进的过程，将是先易后难、政府带头、点上试点、面上推开的漫长过程。

同济大学副校长吴志强在接受媒体采访时指出，不能把推广街区制理解为简单的拆墙运动，更不是说全国所有城市都要拆围墙。“要打开的主要是那些历史原因造成的单位大院和超大的封闭小区，他们大都占据城市中心的公共地带，造成城

市道路梗阻、断头路和丁字路。”而上海建设中避免了超大封闭社区，并没有到处拆墙的必要。

看来，哪些小区需要拆，如何拆，拆完后如何管理，都是今后政府和社会共同面对的实际问题。

一天就被刷新的世界纪录含金量有几何

上次是扬州炒饭，这次是饺子，对吉尼斯世界纪录来说，没有最大、最好，只有超越。

据媒体报道，郑州2015年12月又现新的众人包饺子大赛，6535名家长和孩子齐上阵，终以6334人创了最大规模烹饪课、最多人包饺子的世界纪录，此次纪录强调参与人数最多，给人留下的也是一片人海的忙碌记忆。

如果忽略包饺子的活动性质，此次创纪录的大型活动又是一次流水线生产场景的翻版。倒是每名竞赛选手围裙上“一加一”主办方品牌惹人注目，顿感创世界纪录活动与街头企业营销并未实质差别，区别仅在规模而已。在活动中，企业赚足了眼球，大家凑够了热闹，本是一场集体欢乐秀而已，不足为奇。

首先，此项纪录比的是总人数，不是比包饺子。世界之大，中国人口居五分之一强，要是以人数求最大、最多，当今没有后来者。按测算，印度人口后来居上超越中国，那也是2028年的事了。对于学校、部队、大型企业来说，上万人齐参与的活动很多，从人数上刷纪录，并非难事。只要稍有点实力的企业均可实现，比如此次举办活动的“一加一”天然面粉有限公司入驻郑州不过两年，是面粉生产后起之秀，仅包饺子大赛，这家企业就“如痴如醉”地组织过三次，并破了前一天自己在哈尔滨创造的5448人的纪录。你方唱罢我登场，包饺子现场秀的是你追我赶，只怕吉尼斯世界纪录的评判者也会惊诧，世界纪录保持竟然在中国如此短命，一天就被刷新的世界纪录含金量又有几何？

其次，此项纪录比的是参与率，不是比学技能。既然包饺子为活动主题，家长教孩子，乃至现场教学都不该离开饺子这一主角。然而，当天制作的是何种饺子，用什么面粉，什么馅料，从什么程序开始计算，有无大小、多少标准等，这些细节报道均未涉及。可见此次饺子好坏、多少不会被主办方关注。主办方关注的重点是参与人数，不管参与者以何种方式制作，也不管包的是否美观，质量是否达标，价值寥寥。令人心疼的是参与的孩子们，有的是家长带来的，有的是幼儿园集体组织的，在人声鼎沸的公共场合中包饺子，为企业营销站台，不管是否学到饺子文化的精髓，重过程、轻实效的“集体教学”只能被外人视为疯狂派对，走过场而已。

饺子命运如此悲催，当了他人嫁衣，一次次被企业绑架，成为品牌营销的噱头。此时笔者想为扬州炒饭叫屈，扬州炒饭至少还出台了新标准，至少还有向海外推广中华美食的初衷，新意可鉴。仅在浪费上失分，与世界纪录失之交臂，可惜。

缺乏技术创新，缺乏公益情怀，缺乏文化传承，靠人数众多创造世界纪录只能昙花一现。再过几天，有企业也许还会突发奇想，创万人做拉面、包馄饨、包包子的世界纪录，也说不准。

沦为吸金机器的度娘可信度受质疑

曾经，人们习惯了有困难找警察，而如今，有困难找度娘渐成风尚。

当网络带给人们诸多生活便利时，网络搜索引擎也存无限商机，通过网络搜索排名、消恶评等新业务，搜索引擎日进斗金已成为公开的秘密。

2016 年 5 月，百度一位前员工揭出内幕。说每天仅医疗行业为百度贡献的推广费用达数千万元，而医疗行业中莆田系医院占很大比重。2013 年，时任莆田市委书记梁建勇就称：“百度 2013 年广告总量 260 亿元，莆田民营医院就做了 120 亿元。”

因为与企业结成利益联盟，形成共生关系，百度沦为不法企业为虎作伥的工具。搜索引擎只关注日进斗金，可怜搜索者权益被忽视、忽略到可有可无的境地。

被媒体多次曝光的百度推广、竞价排名业务被魏则西死亡事件推到风口浪尖。一名叫魏则西的大学生，通过百度搜索到治疗疑难病症的“良方”，家人倾其所有，为其治疗，发现受骗后撒手人寰。如此骗局，让一个家庭备受痛苦，让更多网友感同身受。

直接制造悲剧的那家“部队”民营医院脱不了干系，网上极力引导、推荐的百度也脱不了干系。

如今，网络引擎无序竞争的混乱局面有望整治。近日，国家网信办同国家工商总局、国家卫生计生委成立联合调查组进驻百度公司，对此事件及互联网企业依法经营事项进行调查并依法处理。

魏则西死亡事件再次让网络诚信话题进入公众视野。如何不被度娘愚弄，需要人们对搜索引擎现状拥有清醒的认识。

笔者在百度输入“眼科手术”关键词，各类民营医院治疗方案便显示在首页，有关基本常识介绍、客观评价信息却成为稀缺资源。点击相关页面链接后，笔者却进入一家民营医院网络平台，有导医立即热情询问，让人意外。笔者寻找这家医院评价时，发现评价众口一词，好评如潮。搜索引擎能够做到贴心服务，是引擎智能化的高水平表现还是其后台潜规则使然？

为什么搜索结果如此集中？为什么搜索能够导入企业网络平台？为什么相关评价如此单一？为什么查找的页面却很难找到？如解决以上问题，也就理清了度娘与企业的合作关系、利益联系，也就明白了所提供的信息是否值得参考和借鉴。

当眼球经济成为商品社会表象时，当搜索成为人们的生活习惯时，当搜索结果成为商业竞争关系时，搜索服务大众的公益理念便被商业运作的利益链层层绑架，潜规则误导人们选择，一起起魏则西式的误导事件的发生便成为必然。

如此网络运作一次次地上演，对人们的伤害一层层地叠加，成为危害社会稳定的一颗毒瘤。

如何避免被搜索引擎绑架呢？一方面人们须提高对网络行为的风险意识和自保水平，另一方面也要提高网络平台的公益责任和对其的监管力度。

公众不仅需要国家层面进行顶层设计，杜绝一家独大的网络引擎垄断局面，还需要公民监督、媒体监督成为常态，让

网络欺骗成为过街老鼠，更需要国家执法机关依法追究网络平台连带的法律责任。

只有当欺骗和愚弄不再盛行，网络才能成为净土。

偶遇事故时的四种选择，你会选择哪个

2016 年 5 月 15 日，在香港长沙湾呈祥道发生一起三车相撞的事故。路人积极施救一名摩托车受伤司机，现场特别吸睛的是一位赶赴机场、偶遇事故的空姐救援场景，只见她跪在地上给伤者安慰，动人的一幕被路人拍下，让人倍感温馨。

同样，5 月 12 日，在飞往美国洛杉矶的航班上，一名乘客突然昏倒，赴美探亲的上海松江中心医院的主任医师赵迎春主动救人的事迹被传为佳话。

两起突发事件，有来自专业领域、偶遇事故的陌生人的陪伴和救护，让人感觉暖意融融。

在北京和颐酒店女子遇袭事件中，在广东深圳街头男子刀捅女友事件中，在受害人无助的求救声中，人们习惯了只围观不伸手相助的冷漠，人们习惯了站在道德高地评论是非的舆论生态。

当观望、期盼他人出手相救成为社会常态时，评价一南一北两件热心助人事件，是否能感受到助人行动的感召力。

当偶遇他人无助时，选择行动源于修养的自觉。对于事件报道的两位主人公来说，一位是空姐，一位是医护人员，救助他人是职业素养，也是深植于他们内心的服务自觉。这种救

助他人的行为不需要动员，不需要褒奖，如同本能反应。医生赵迎春谢绝美方机组人员150美元的奖励时所说：“这是一名医生应尽的职责。”

然而，对于大多数缺乏专业救护能力的人来说，如果偶遇他人求助，又会是什么选择呢？

第一，选择远离，当没看见，不求有功，但求无过。

第二，选择围观，以为围观就是力量，殊不知众人围观无益于救护工作的开展。

第三，选择发图片、报料，以为关注就是力量，殊不知舆论的力量无助解决现场施救的难题。

第四，选择站出来，为求助者做一些力所能及的事情。报警也好，提醒他人注意突发事件也罢，哪怕是做一名维持现场秩序的志愿者，当一回演绎人间真情的主角，也是对他人的安慰与支持。

对于四种不同选择，会给求助者带来不同的救助效果。如果换作你，你又会怎样选择呢？

抹黑游客其实也在抹黑港人的脸

2016年5月，有台媒报道，在香港街头有两个大陆女子在ATM间打地铺过夜，实为省钱，有碍观瞻。网友一片指责声。

其实，众人不必大惊小怪。难道台湾、香港就没有这样的奇葩?

首先，这是一起特别事件，只是个案。相信在外凡有点办法的人，不会把ATM间当成卧室，任凭他人无遮拦地“参观”。其次，指责他人容易，明晰事件真相却难。图片往往只是表象，并不能代表事件全部。

在这张图片中，游客身份可确定，却看不出来自哪里。如果媒体非要坚持他们来自大陆，那也应该搞清楚他们来自哪个省份。

如果非要揣测两名女子的身份，只有一点可以确定。他们拖着箱子来到香港，为香港经济出力而来。此时，舆论不关心她们之所以“流落”街头的原因，反而指责她们不顾及公众形象，板子打得让人伤心，抹黑游客其实在抹黑港人的脸。

对于港人来说，两名女子在公共场所的出格举动，也应从善意角度揣测。两名女子是否遇到无法解决的问题？两名女子是否在此等候他人？如果真遇到困难，依照港人良好的社会救助体系，不应该有如此情景出现在街头。

最后，还要说说媒体心态。往他人身上抹黑时，也要照

照自己的影子。如果这种场景街头不该有，媒体就更不应该有。没必要非得放大此事，求轰动效应。

舆论还要倡导积极因素。一个好汉三个帮，大家都是一家人，今天指责这个，明天鞭挞那个，把自己弄成孤家寡人，有意思吗？

对于这张照片，笔者却更加看中那只放在一边的箱子，两位女子宁愿自己苦点、累点，也要多采购点香港商品带给家人分享。

拍胸脯、打包票的装修不靠谱，三条铁律要牢记

装修靠大锤，无论想装修成什么样，对于装修队来说，第一步，那就是砸。

对于国人来说，装修的事先从砸墙开始，已成行业惯例。不破不立嘛！砸得越起劲，装修的创意空间越大，越让人憧憬。

在 2005 年春节晚会的小品《装修》中，一把大锤走天下，砸了这家砸那家，黄宏和巩汉林的生动演绎收获了众人欢笑的同时，也把装修无序的话题抛给公众。

装修应该奉行怎样的行业标准呢？安全、环保是重要指标。安全没了是底线。环保求锦上添花，多大财力办多大事，自然是韩信点兵，多多益善。

装修安全是专业性很强的工作，然而，街头装修队往往把专业变成了非专业。

2016 年 4 月 11 日，上海一家待开业的三层小楼在装修中轰然倒塌，人们才发现装修野蛮程度超出想象。在装修中做到安全、环保，在眼花缭乱、多如牛毛的注意事项中，靠谱的有三条。

一凭资质。装修涉及上百道工序，质量标准繁多，涉及

水电、木工、油漆等多工种，表现看得过去的装修并不代表日后的高枕无忧。比如一把大锤砸什么地方，砸多少，并不能只凭力气，还得靠知识，至少别找承重墙、承重梁出气。否则，你这卖力地敲，砸了不该砸的地方，不仅砸了自家饭碗，砸了业主房子，还毁了邻居家园，搅得一方不宁，祸就闯大了。选对人才能做对事，是硬道理。

二凭工艺。装修无小事，特别对于水电等隐蔽工程，关系到未来家庭生活的正常使用，选择口碑过硬的线材必不可少。采用的流程、施工方式可以因人而异，但既要讲科学，也要讲经济效益。做对事才能有效率，是重科学。

三凭监管。装修是否过关，质量是否达标，不是装修队说了算，也不是业主说了算，一定是负责监管职责的第三方说了算，让监理责任贯穿施工全过程，质量才有保障。有监管才能保平安，是重规则。

选对人、做对事、有监管，三条铁律不可少。如果这三条没搞明白，只有装修队拍胸脯、打包票式的游说，不管你信不信，我不信！

在泰国的争虾大战，丢了国人的脸面了吗

2016 年 3 月，网络热传一条视频，说是一群中国游客在泰国一自助餐厅吃相难看，面对一盘虾，当众争抢不说，吃不了留下剩虾一片，让泰国人吃惊，更让中国网友惊愕。有网友质疑，这些人是不是没吃过虾？

部分国人外出旅游，就是专注于吃和购。刚富裕起来的国人，初出国门，见到什么都稀奇，吃好点，吃多点，多买点，多带点是人之常情。在泰国出现这不雅的一幕，说不文明，说不大气，这样的意见都可接受，发展中国家的国民素质有待提高，非要和欧美发达国家的国民素质比，不现实。但如有些网友所说的“有辱国格”，就显得故意刁难了。

首先，不雅行为只是个别现象，并不能代表所有国人素质，以偏概全，有失公允。其次，面对不多的食物，无序的安排，也是引发争抢的原因。一方面和旅游团队没有做好相关引导说明有关，另一方面也和当地餐厅没有做好相关服务有关。

这家泰国餐厅是自助餐厅，由客人自取食物，安排好相应的服务通道，引导客人文明用餐应是当地餐厅的例行工作。引发不文明现象，虽然主要原因在于客人，但餐厅服务不到位也是重要原因。

面对此事，其实更需反思的倒是当地店家，没有能力维持好相应的就餐秩序，当地政府就应取消这家餐厅接待外国团队的资格。要知道，旅游业是泰国的支柱产业，没有外国旅客的到来，当地哪来的就业岗位和强劲的经济推动力。

据英国《金融时报》报道，2015 年到泰国旅游的中国人达 790 万人次，同比增长 71% 以上，占国际游客总数（2990 万人次）的四分之一以上。中国有句古话，做人做事要厚道，不能既一面享受着中国游客给当地带来的经济繁荣，一面又指责中国游客带来的一系列社会问题。

当然，国内旅行团也要事先对当地餐饮市场进行基本评估，别尽盯着利润，一味地寻找供应水平低、服务不到位的低价餐馆为合作伙伴。要知道，游客的餐饮习惯和周围环境紧密相关，优美的就餐环境也是改变一个人就餐行为的重要因素。不能因为当地接待能力有限，服务不到位激化矛盾，等到不文明行为传播到网络，游客里外不是人，旅行团的组织服务能力也让人怀疑。

这种不文明的就餐行为，应引起国人的重视并努力纠正，让自己文明起来，在世人面前树立起国人的良好形象，让世界对我们刮目相看。

用偷窃、下跪来催生
不一样的人生，管用吗

2016年六一，一个贫困家庭母亲为了满足女儿能够吃鸡腿的愿望，在超市行窃。被营业员堵在门口时，说仅为给孩子当礼物，其困境让人心酸。

因案值只有70多元，够不上立案标准，出警民警帮这位母亲付款，实现孩子的节日心愿。当民警把女子的困境发到朋友圈后，一对患肾病的双胞胎女儿的可怜境遇让众人伸出援手。众人一时筹得近30万元以解这位贫困母亲的燃眉之急。

从舆论看，一个因爱子而行窃的女子并没受到社会的道德谴责，人们更关心的是两个女儿的健康成长，这是社会关爱困难家庭的真情呈现。

但也有人对女子以不光彩的行为提出疑义。近日，凤凰网报道对这一事件的调查，经营业员确认，这个女子并不是第一次光顾小店，多次偷窃行为引起了营业员的注意，才有了此次警方出面干预的事实。

如果真如营业员所述，这个女子以违背社会准则的行为表现母爱，舆论是哀其不幸还是怒其不争呢？面对两难选择，舆论易犯下一边倒的错误。

有言论提及，为吸引公众关注，用出格的举动得到一个

圆满的结局，也是解困的有效方式。从《百鸟朝凤》制片人方励那心疼的一跪，催生近 7000 万票房；再从一个母亲心酸的行窃，催生近 30 万善款。难道非要采用极端行为，才能催生社会不一样的关切，才能使人转变为不一样的人生？

公众跟着感觉走，一时用情只能模糊评判是非的标准，成为舆论的附和者和盲从者。

首先，这名女子因无法满足女儿需要而走上行窃只是公众一厢情愿的猜测。其多次偷盗的行为与女儿并无必然联系，是个人行为，应为此感到羞耻，不应成为心安理得行窃的理由。

其次，女儿生病，应按照正常医疗渠道解决。在当下，选择不现实的跨省就医不仅加重个人负担，而且增加求医难度，无益于女儿病情的治疗。

不能把个人问题统统推给社会，把个人不幸归结到他人无情。更不能以不道德，甚至绑架舆论的行为作为个人无奈的选择。要知道，公众的悲情、众筹只能解决一个人、一个家庭的一时困境，却无力解决更多类似家庭的烦忧。

解决困难更多的还要依靠合法渠道，主张合理诉求，当一群人的境遇改变成为推动社会公平、正义的力量，才是媒体需要积极介入倡导的舆论生态。

收费打消了游客对天路的探索欲望

让舆论一直沸沸扬扬的草原天路收费事件有了新回应。

据天津人民广播电台报道，张北县政府决定，从2016年5月23日起，取消草原天路的收费。决定意味着从5月1日开始实施的草原天路每人收取50元费用的历史结束了。

从酝酿收费到实施，当地政府承受了巨大压力。随着大量游客的涌入，当地环境遭到破坏，收取一定费用，取之于民，用之于民，维持良好生态，也是可持续发展的思路。

但当地政府失算了。

一、收费赶走了游客，减少了本地居民的收入。草原天路是一条通行公路，当地非要在沿线1公里范围内划定风景名胜区，钱是收了，游客也被赶走了，本地居民在公路沿线开办的旅社、农家乐一夜之间门可罗雀，最终损害了当地居民利益和经济发展。

二、收费无依据，置公路通行功能于不顾，谋小利而失大义。当地先有路，才有风景名胜区，公路的通行功能毋容置疑，县级公路收费违背《公路法》，执法犯法，即使改头换面成资源保护费，也属巧立名目，强取豪夺，不得人心。

仅此两点，草原天路收费更像是一出闹剧，如猪八戒照镜子——里外不是人，各地媒体质疑，网上舆情发酵，一度让当地政府下不了台。

其实台子原本就是自己搭的，既然不合时宜，尽早主动拆除，也是亡羊补牢的可行办法。

只可惜，不足一个月的收费破坏了迷恋草原天路人们的美好体验，好不容易建立起来的人美、天蓝、路远的好口碑被一纸劣政击垮，重塑喜迎天下客的形象变得任重道远。

只可叹，不足一个月的收费打消了游客对草原天路的探索欲望，当地想再现过去人声鼎沸的热闹场景，重聚人气，又谈何容易。

别让免费水成为变味水

一瓶小小的矿泉水让铁路部门麻烦不断。年初因为其高昂的采购价格受人质疑，最近又被记者暗访披露出发放混乱的问题。

2015 年 6 月 10 日《新闻晨报》记者发布信息："上海火车站旅客常领不到免费水，工作人员却可以整箱取用。"一时间，小小的一瓶免费水再次被纳入公众的视野，免费服务最后一公里的问题再次让人质疑分配不公。

一方面是旅客权益得不到保障，领不到，免费水成了稀缺品。另一方面是铁路内部人员把免费水据为己有，随便拿，免费水成了内部福利。里松外紧、内外有别的发放乱象，让免费水变了味道。

这种现象不应该！游戏规则是持有票证的旅客有免费领取的优先权，对铁路提高服务软实力、商家推广品牌知名度、旅客的旅行体验来说，三方得利，应是众人称赞的好事。但在发放环节中因为缺乏有效监督，好事变成了坏事，结果违背规则设计初衷。在公众眼中，无论是铁路车站管理方，还是提供免费水的商家都充当了冤大头，出力不讨好。

问题出在哪？有人说如果发放免费水的老兄铁面无私，严格把利益分配给规则指定的受益人，此事不会发生。但从发放人角度看，反正免费，只有 20% 左右符合赠水条件的人可

领到矿泉水，又不是人人必得，先来先得，没了也就没了，全凭发放人说了算。问题出在执行上，执行尺度过于宽泛，一瓶水反正给谁都一样，发的人安心随意发，拿的人安心随意拿。中国是人情社会，任何规则执行避不开社会因素，一个执行者，即使能够认真遵守规定，也会存在各种变通的动机和办法，最后让免费在众人眼中变了味。

笔者一次到基层采访，发现有些要求立即发放给居民的物资长年堆在库房里，当问及原因时，一居委会干部说东西少，分不均，担心居民有意见，不敢发。因为基层执行层不认真执行、打折扣、不作为等现象让政策变味的事例在生活中比比皆是。2014 年上海市“一号课题”的主题为加强基层建设，创新社会治理。就是要创新理念，把管理资源下沉，解决好、服务好最后一公里，让群众感受到政策及管理带来的实惠。

思想创新，就能找到解决问题的金钥匙。如果从根本上解决最后一公里的问题，得让监管随时发挥作用，成为管理常态。习大大强调的“把权力关进制度的笼子里”，“让权力在阳光下运行”讲的是权力监督的必要性。政府应成为监管方，充分发挥媒体监督职能，把板子打在企业屁股上。做到在监管中发挥企业市场主体作用，群众才能成为良政的最终受益者。

唯有如此，那一瓶水的困扰才能根本解决。

莫让15元的盒饭成为铁路高价餐饮的遮羞布

出门在外，谁都明白穷家富路的道理，漂在路上的人不嫌吃的贵。

也许正是摸准了路上一族的无奈心理，近年来，动车餐饮价格扶摇直上，供应的盒饭15元起价，有的可以卖到40元。在车厢的封闭空间里，如果想吃，独此一家不愁卖，这铁老大说一不二的脾气，连同盒饭的定价，让人一声叹息。

面对社会各界对铁路餐饮价格的质疑，2015年1月1日起，中国铁路总公司实施《铁路旅客运输服务质量规范》，其中《动车组列车服务质量规范》第9.1.7条规定："2元预包装饮用水和15元盒饭不断供。"

有记者对南京始发至上海虹桥的G7145次列车供餐情况进行了暗访，调查列车对此规定的执行情况。发现旅客要想吃到15元盒饭，却是听起来很美、现实中很难实现的神话。15元盒饭不断供依旧是纸上规定，真正落实到每趟车的供餐中挺难。

一是数量有限。15元盒饭供不应求，列车无法保证充足的供应。二是价格由铁路方面单方制定。提供何种价位的盒饭是列车餐车工作人员的决定，他人无权干涉、监督。利字当

头，在供应价值链中价格高的盒饭利润高。在同等方式运输、储藏、售卖过程中，没人愿意提供物美价廉的盒饭。三是动车盒饭由车站等第三方提供，采用软罐装食品，保值期长达 90 天，一时卖不掉，在保质期内也不会降价处理。由此看来，低价盒饭本来就“精贵”，再加上售卖人员有意无意的营销策略，卖高不卖低，低价盒饭自然在车上难觅。

供应 2 元一瓶的水、泡面、15 元的盒饭，这些在铁路文件中规定的惠民措施在利益前层层失效，执行层上有政策，下有对策的应对最终导致政策失信于民，最后一公里的不落实让政策成为中看不中用的花架子。

其实 15 元盒饭并不需要旅客和餐车售卖人员斗智斗勇才能买到，给旅客充分的知情权、选择权是尊重旅客，也是铁路服务高标准、严要求的表现。

铁路部门要在为旅客服务上多下功夫，千万别在 15 元的盒饭上和旅客玩文字游戏，忽悠别人终也害了自己，虽然一时多了点蝇头小利，但失去的可是铁路的亲民形象。

“人民铁路为人民”，这句被铁路几代人唱响几十年的服务宗旨，如果在小小的盒饭前失去光彩，不值！

四个设想给高架道路上个双保险

2016年5月23日凌晨，上海北部地区居民生活节奏被一起车祸打乱，中环线真华路至万荣路之间的高架桥面发生开裂脱位，影响通行。

肇事车辆是一辆超载货车，一是违法超载水泥电线杆，超载量达到1倍，近百吨；二是超重车驶上高架路，无视高架承载最高30吨的规定。

该起单车事故造成的社会影响巨大。据权威部门称，事故所造成的损失最快也要用两周时间来处理，当地居民出行还将继续受到影响。

这仅是一起单车事故，好在没有伤及人命。但这也是一场无知加无畏的人祸，违法加违章，出现事故是迟早的事。

目前警方已经控制了相关肇事者及有关物流公司负责人，接受什么处罚，是法律范畴的问题。公众关注的是公共设施的维护和管理，相关职能部门如何提高管理水平是当务之急。

此起事故违法在前。大货车超载已经成为运输企业久治不愈的顽症。企业默许，运货司机侥幸，这场拿生命为赌注的游戏还在继续。任凭管理部门严打也罢，加强整治也罢，因经济利益铤而走险，货车超载现象一时无法根本杜绝。

此起事故违章在后。深夜驶上高架路，相信这辆车不是第一回，在事故现场还停留了其他两辆同样超载的货车。无视

警示，无人监督才是主要原因。虽说高架桥上也有明显标识，但那是制约文明人的，缺乏制约的制度在谋利者面前无异于不存在。

面对开放式的城市高架道路，如何杜绝超载货车驶入，是城市管理部门必须解决的问题。

在信息化社会条件下，有更多办法可杜绝此类事故的发生。

一、视频报警。每到人流、车流高峰时，城市全路况视频信息汇总到城市管理中枢。在清明、十一等重大活动中，市民已经见识过上海空中、地面严格的管控能力。如果利用分类识别技术，利用全区域交通覆盖监控设施，发现超重、超长、超大的运输车辆轻而易举。

二、测重报警。高架桥虽然是开放性的，可以尝试在城市要道入口安装测重设备，时刻感应监控车流运行状态，发现异常立即报警，也是技术能够解决的问题。

三、区域管制。发现问题，关键是落实解决问题的机制。从网格化管理思路出发，一旦发现问题，设备和相关机制报警联动。相信即使个别违规车辆成为漏网之鱼，开上高架桥，也开不了多远。

四、群防群治。解决问题，还要抓源头。在一定区域内，不能忽视相关物流企业的管理和监督工作。凡事源头处理好，依靠物流企业的管理和司机的高度自觉，出现事故的概率会更小。

当然，一件事故发生后，疏堵结合、综合治理才能长治久安。毕竟建设不停步，经济要发展，对于特殊车辆的运输，特别是涉及公共安全的货物运输，还要加强事先申报、事中监管、事后报备等工作。

亡羊补牢，为时未晚。确保一方平安是谋人民福祉的最直接表现，杜绝此类事故的发生，应为众人共识。

对中国市场的夺命抽屉，宜家拒召回的底气何来

宜家家居近年来在中国颇受欢迎，从全国遍地开花布局的20家门店的火热可见一斑。

在上海位于徐汇、宝山、北蔡地区的三家宜家门店就成为有房一族的优选，以经济、时尚、环保著称的北欧家居风格深受市民追捧。

然而，从2016年7月起市民对宜家的好感急转直下。宜家马尔姆MALM系列床头柜及橱柜因倾倒并致6名儿童死亡，宜家公司在北美地区实施召回，而对于同类产品在中国市场的销售却并未中止。

宜家一方面对事故肇事产品积极召回，另一方面却对其他地区的同一缺陷产品不闻不问。当舆论指责宜家在缺陷产品中推行双重标准、涉嫌地域歧视时，宜家方面却辩称召回产品不符合北美标准，却符合中国家居行业标准（仅仅多了一条须固定在墙上的条款）。

同一产品在美国和中国的不同境遇引发公众猜疑，是宜家利用中国标准的缺陷拒绝召回，还是对缺陷产品的安全隐患装聋作哑、视而不见？如此店大欺客的德行与其一贯倡导的为大众服务理念大相径庭，令人诧异。

作为一家跨国企业，产品须符合当地安全标准是其生产、营销产品的首要条件。在北美地区对缺陷产品的召回，因其违反北美地区 ASTM 标准，担心违反标准而受到巨额索赔是实施召回的主要原因。

在中国，这款夺命抽屉柜一是符合中国标准；二是无人投诉。指望企业按北美标准来处理中国市场的产品，属道德领域的新要求，作为企业来说，无利不起早，赢利始终是经营第一目标，公众寄希望于企业良心发现，无异于与虎谋食，天真过头。

2016 年 7 月 3 日晚间，上海市质量技术监督局与上海出入境检验检疫局联合发布消息称，已就夺命抽屉柜事件约谈了宜家（中国）投资有限公司，要求宜家切实履行企业质量安全主体责任，认真排查产品安全隐患，确保消费者人身财产安全。

可见约谈仅仅表达了公众关切，并没警告、整顿等任何强制措施。也就是说执法部门还是希望宜家能自我规范，履行自我监控职责。

在明知产品已对儿童有潜在危害的情况下，执法部门如此规范和要求就显得有些隔靴搔痒。的确，执法部门有苦衷。缺乏执法依据，缺乏投诉主体，约谈已为有所作为，难能可贵。中国人民大学商法研究所所长刘俊海称："其实胆子可以再大一点，积极营造民营企业与跨国企业公平竞争的商业环境。"

胆子大一点，是希望有关立法部门积极作为，不能让立法工作滞后于生活日新月异的变化；胆子大一点，是要求相关行业协会、媒体积极作为，营造公平竞争的商业环境，这是制约、监督企业良性发展的监督力量。

国人当自强。当国人利益受损时，不主动出击，不奋勇

抗争，默然视之，静待他人维权成功而惠及四方，一厢情愿地期盼企业良知而扭转困局，那只能是天方夜谭的浪漫与空想，是永远无法实现的神话！

苹果拒不解密，意在争夺潜在用户

2016年3月初，美国一起凶杀案因涉及手机解密引人关注。

2015年12月2日，加州圣贝纳迪诺郡卫生局职员赛义德·法鲁克在一场圣诞聚会中与妻子持枪打死14人，死者大部分是他的同事。联邦调查局检查法鲁克一部苹果手机时，因无密码无法获得信息，而苹果公司拒绝提供解密方法。

2016年2月16日，联邦法院加州河滨地区法庭法官谢瑞·皮姆发布命令，要求苹果提供解密软件，帮助联邦调查局解密鲁克的手机。25日，苹果向法院提交文件，要求法庭撤回命令，称其违反美国宪法第一修正案和第五修正案，并谴责联邦政府通过法院行使危险权力。

联邦法院纽约地方法庭法官詹姆斯·奥伦斯坦29日做出裁定，他认为，联邦政府并没有权力强迫一家公司破解自己的安全保护系统，联邦政府要求苹果的做法“给该公司增加了不可理喻的负担”。

私有财产神圣不可侵犯，苹果认为其产品及解密方式都是公司私有财产的一部分，如果将解密软件提交警方，将危及公司信誉，对其他苹果用户产生潜在危险。拒绝一名法官的命令，却得到另一名法官的支持，不同法庭、不同法官对同一事件的对立裁定，让舆论乱成一团。

联邦调查局执行公务，对犯罪嫌疑人进行调查，苹果有

支持、配合的义务。明知违背常理，却和犯罪嫌疑人一起站队，给案件的侦破出难题，不符合苹果坚持的“销售的是梦想，不是产品”的理念，妨碍调查人员的取证绝不是苹果的价值观。如今，苹果一反常态地和法官的裁决较劲，其实还是维护其商业利益不受损害的态度在作梗，在此案中苹果眼里更加重视的是其商业利益，而忽略了其应承担的公共责任。

保护解密办法，就是保护产品安全性，保护客户隐私。坚持不因一个案件的侦破而提供便利，不让更多用户受到潜在危险是苹果商业梦想的一部分。从社会传播角度说，一个法官不同意另一个法官的判决是苹果品牌营销的难得机会。无论结局如何，都会给众多苹果用户一颗定心丸。相当于对用户进一步承诺，无论苹果用户做什么，即使是危害他人生命，苹果也会站在用户立场上，保持产品良好的安全功能。

坚持商业利益至上，拒绝与联邦调查局合作，一时难为了执法部门，长远却赢得更多用户的信赖，苹果拒不解密为未来市场提供了巨大商机，如意算盘打得精。

“项庄舞剑，意在沛公。”法官及公众支持苹果也好，反对苹果也罢，在这场猫鼠游戏中，苹果意在争夺潜在用户的初心一览无余。至于那些无辜的受害者权益是否得到伸张，是警察和法官们的职责，与苹果何干？

新玩具是否叫座还得市场说了算

2016年5月25日晚上，小米CEO雷军发布新消息，小米挺进无人机市场，新推出的无人机售价只要2499元。

雷军低价入市营销策略让人眼前一亮，大疆无人机一统国内市场的格局有望打破。再加上日后腾讯的积极介入，人们纷纷期盼这些后来者能够发挥鲶鱼效应，打破无人机市场的高价格门槛，让市民有机会玩上这个“高大上”的新玩具。

小米此次推出1080P和4K两个版本，售价在2999元以内，也就是一部智能手机的价格，的确能够打动消费者。但真要真金白银为此产品埋单，需理清三个问题：

一、无人机用来做什么？小米有信息集成优势，从手机到无人机，形象地说就是给手机加上翅膀而已。对于技术起家的手机制造商来说并非难事。但技术并不能代表需求，手机是固定电话的替代品，无人机能替代什么很难想象。除了对航拍领域的专业人士必不可少外，对于市民而言，日常生活中很少有“登高一望”的需求。无生活需求，只能改善观赏视角的无人机又有谁会埋单呢？

二、无人机有危险评估吗？毕竟涉及飞行，飞行无小事。虽然小米无人机飞不了多高，还不到航空低空管制要求，但作为娱乐大众的新玩具，即使几十米高的飞行器，一旦失控也会造成地面行人和物体损伤。更何况，小米设计的无人机机翼两

头为尖，高速运行下很可能伤及行人，一旦产生纠纷，需要使用者负责。面对高风险的意外事故，权威部门如何评估小米无人机？

三、无人机用得起吗？无人机是飞行器，管理和使用既需要技术知识，也需要操控技术，绝不是常人能够玩得起的大玩具。别看小米无人机准入门槛不高，后续维护成本，包括设备使用成本都不是个小数目。仅仅对飞行空间的选择，在上海、北京等高楼林立的大城市来说就是不小的难题。

另外，过度营销无人机操控智能化，对公众来说也是美丽的谎言。笔者从事的广播电视行业，用于航空拍摄的无人机损耗主要表现在机毁上，找不到、落到不该落的地方是常见问题，有去无回往往是无人机的最后归宿，相信爱好放风筝的人们也感同身受。

如此看来，笔者真不看好小米转型开发无人机市场，毕竟这是一个专业化的小众市场，小众市场的大众化，往往是叫好的多，真正付诸行动的少。就比如协和飞机无奈出局的事实，技术超前并不代表市场的肯定和接受。

洪水当前，要小心歪嘴和尚乱念经

2016 年夏洪水当前，一线告急。

当人员、物资缺乏时，动员社会力量参加抗洪，是集体意志的体现，也是国家《抗洪法》的要求。

没错，作为一名公民应该执行动员令，配合好防洪抗洪工作。然而，当抗洪成为压倒一切的任务时，也要防止矫枉过正，更要警惕歪嘴和尚念歪经。

2016 年 7 月，江西九江县新洲垦殖场下发了一份通知，要求长江九江站水位达到 21.5 米时，外出务工人员无条件回乡参加防汛，否则将受到一系列的严厉处罚。

江西是劳务输出大省，农村普遍缺乏劳动力。用一纸通知，要求外出人员立即放下手头工作，返乡参加防汛，也是当地情急之下的无奈之举。

一刀切的通知效果如何，不得而知，强制性要求却引发舆论质疑。

首先，要知道，每个外出务工人员都与用人单位签订劳动合同，抗洪集中在盛夏，也是各行业集中生产期，为了执行老家的抗洪动员令，务工者就得放弃当前工作，主动违约。一方面会打乱用人单位的工作安排，另一方面也不利于劳动者保护个人正当权益。如何解约就成为摆在外出务工人员面前的第一道坎。其次，面对洪水，家庭财产受到威胁，谁不心急如焚？即使解约成功，谁都想尽快返回家乡，但路况如何？怎么快速返家是第二道坎。回乡路难行是制约外出务工人员无法及时赶到家乡抗洪的客观原因。此外，外出人员集中返乡，对洪水肆虐、本已脆弱的返乡交通可能带来更重的负担。

回乡抗洪是每个人的强烈愿望，至于能否成行，一看天时，再看地利，还要看人和，绝不是一纸通知可以包办的。

然而，这份不近人情的通知具有强大的威慑力，对不回乡抗洪的人有诸多处置办法。比如，对迟回或拒不回乡者将征收500元每天的以工代劳费，或将取消分地资格，取消社保资格，取消一切上级给予的优惠政策，甚至“建议公安机关注销本地户籍”。

一句话，不管他人有什么困难，不回乡抗洪就是犯下了十恶不赦的罪责，取消户籍还是轻的，开除球籍都有必要。

果真如此吗？当初外出打工也是政府鼓励，现在回不了家却要接受处罚。要知道每天500元的处罚对谁都不是小数目，外出打工一天能挣到500元的人也凤毛麟角，处罚依据何来？

据九江县委宣传部门工作人员的相关说法，这是村里的乡规民约，也是《防洪法》的规定。当地民间约定外人不得而知，但事实上，《防洪法》第四十五条是：“在紧急防汛期，防汛指挥机构根据防汛抗洪的需要，有权在其管辖范围内调用物资、设备、交通运输工具和人力。”法规强调属地化管理，并无关相关处罚措施。

可见，洪水当前，乱定规矩还是至高无上的权力观在作祟。

因为你是民，我是官；因为你讲的是家事，我说的是国事；因为你讲的是个人困难，我讲的是抗洪大业；你为轻，我为尊，于是便有了强词夺理的通知，有了不近人情的动员，有了荒诞不经的处罚措施，有了他人无法实现的极端要求。

在天灾面前，不能一味由着歪嘴和尚乱念经。有话还得好好说，慎思量，不能为了眼下一时困难而失人心。

此时笔者却突发奇想，如果换种思路，以奖代罚，对参加抗洪的返乡人员给予每人每天500元的补贴，还需要动员令吗？

外国抗洪神器能治中国洪水吗

雨水还未停歇！台风“尼伯特”又来凑热闹，当17级大风横扫台北街头、人们聚焦满目灾情时，心难定。

风雨又会走向何方？心难安。

2016年7月，有好事者晒出一组国外“神图”，非要来个中外对比，戏说“同样是灾情，德国人靠技术，中国人靠沙袋”。

这组照片曝光率极高，传播甚广，影响巨大。的确，当洪水袭来时，一道防洪墙把洪水挡住，防洪效果极佳，令人羡慕。连德国总理默克尔在灾区视察时也变得“闲庭信步”，自信满满，好一番“盛世”景象。

果真如此吗？外国的抗洪神器真能有助于中国的抗洪大业吗？从一组网友搜到的后续照片分析，抗洪神器确有一时之功，但求一劳永逸也很难。此外，网友还发现一个秘密，外国神器后面“补台”的也是沙袋、沙袋，还是沙袋。

高科技也要靠沙袋，也不见得高人一筹。外国月亮再亮也照不到中国大地，更何况这抗洪神器的防洪功力还得接受考验。

对于中国大堤、大坝来说，不管是五十年一遇的洪水，还是一百年一遇的洪水，水来土掩是最有效的办法。当险情发生时，洪水超过禁戒线时，最有效、最直接的办法就是用沙袋堵，这是咱中国人战胜历史上严重灾情的老办法。

沙袋被誉为抗洪神器的原因有三个：一是沙袋随地可取，二是沙袋阻洪效果好，三是沙袋便于人力搬运，更加高效。沙袋成为中国响当当的当家抗洪神器，不奇怪。

的确，中国已经实现神七飞天，已经实现运-20列装，已是世界第二大经济体。但中国还有8000万贫困人口，一时的富足、强大不是摒弃沙袋，羡慕外国抗洪神器的理由。

大炮打蚊子是堂吉诃德式的鲁莽和奢侈，在舆论中，用不现实的神话引导众生那是愚弄他人的把戏。要知道，外国抗洪神器也不是一夜搭成，是经过10多年修建的浩大工程，11公里耗资1100万欧元。

还是埋头苦干更管用，有沙袋和子弟兵的肩膀，有众志成城的勇气，我们没有理由惧怕凶猛而来的洪水。经过洪水洗礼，留下的还是中国人屹立于东方的伟岸身躯。

机长举牌维权，仅为换个娘家

俗话说，一个巴掌拍不响。企业用工中一要有人愿意做，二要企业愿意留，“单相思”难免总会惹出不必要的麻烦事。

2015 年 12 月 10 日起，南航一位机长在娘家门前身穿制服在南航总部门前举牌抗议，仅为了早点离开南航，另觅娘家。可南航竟也“店大欺客”，把机长请愿不太当回事，你闹你的，我做我的。“任凭风吹雨打，我自闲庭信步。”

这是一起涉及员工和企业的劳资纠纷，法院已判决，就差执行了。在公众眼中，飞行员从来不差钱，是众人羡慕的高收入群体，机长怎么也在街头举牌维权？原来昔日东家不领情，执行中设置重重阻碍，要求当事机长辞职照行业规矩办。“想辞职可以，得继续飞一段时间，直到我让你走为止。”

娘家要求让人生疑，不知南航念的什么经。对于一个已经结束合同期、不愿续约、去意已决的机长，非要强压牛头喝水，就不怕人家把盛水的大缸也砸了？要知道，飞行无小事，一心想离开的机长又怎能安心飞行？带着问题飞行，一旦把机上几百号人当儿戏，闹出不该有的“动静”来，还不是企业受损，乘客遭殃。2015 年 3 月 24 日，德国一架飞机失事，机上 150 名乘客、机组人员无一生还，而空难原因竟然是“副机长想摧毁飞机”。在飞行中以极端行为解决私人恩怨，一场不该发生的空难以血的教训向公众揭示飞行人员情绪稳定的

重要性。

当然企业也有难处，如今花钱可以买飞机，却买不来成熟的飞行员，飞行员匮乏是业内公开的秘密。据报道，目前国内有 8 所院校开设本科飞行专业，能够提供飞行实践培训的仅有中国民用航空飞行学院一家。中国每年培养飞行员总数为 600 ~ 800 名，而预计未来 6 ~ 7 年，国内民航业飞行员需求量约为 6500 名。高投入、低产出的飞行员培养模式逼迫企业把飞行员作为核心资源、市场扩张基础，谁也不愿意被他人挖墙脚，为他人作嫁衣，谁也不会轻易放弃多年培养的“天之骄子”。

估计南航对机长举牌不闻不问，以漠然态度处之，无非是希望不要引发更多飞行员的集体波动。说杀一儆百、示以威严也好，说不容忍个别“出格”行为而坏了行业规矩也罢，毕竟以折腾人的手法对待员工，既缺乏情怀，又违法治精神。

还是希望南航大度些，员工决意远行，到哪飞行都是为中国航空事业效力，走到哪还是南航前员工。大家还是回归理性，尊重法治精神，履行各自义务，本着善意妥善解决分歧。

非要等到法院强制执行，伤了和气，谁脸上都无光。

尘埃制板砖，秀了谁的心声

一个人，用100天，开启一次名为尘埃计划的旅程。

一名新浪微博名叫坚果兄弟的行为艺术家和雾霾较上劲。2015年7月，他一人从深圳北上，在北京街头用一个大功率吸尘器，坚持每天4小时收集空气中的灰尘，据说一天的灰尘收集量相当于62人一天的呼吸量，收集起来的灰尘将制成板砖。

这场街头秀引发众多网友关注。面对雾霾，坚果兄弟选择吸尘方式，一人游走于大街小巷，用自己另类的方式希望引起公众对空气质量的关注。

从理想主义角度来说，坚果兄弟是一名殉道者，他把自己视为一粒尘埃，明知人微言轻，却也要坚持到底。从现实主义角度来说，坚果兄弟又是一名执着的实践者，为了未来的空气质量，他孤独地游走于现实生活中，虽然明知凭一己之力无法驱散遮天蔽日的尘埃，但他仍用自己的坚守与坚持感动、带动了一批人来关注雾霾对人体的伤害。

和他人不同，坚果兄弟的街头秀专注于行动感召力，专注于过程积累，专注于一点一滴的改变对环境的影响，对人类生存的意义。他的微小作为与社会前行力量的碰撞、交织和激荡，激发出关注生活、热心公益，百折不挠、愚公移山的人间真情。

心生梦想，贵在坚持。11 月 30 日，坚果兄弟完成了他第 100 天的任务，将灰尘做成一块板砖。他计划将这块砖用作为北京某一建筑工地材料，用来盖房子，“像尘埃一样，消失在成千上万块砖里面”。

源自尘，归于尘。如同慧能法师所言，“本来无一物，何处惹尘埃”。对于坚果兄弟来说，他在吸尘行动中完成了个人心灵的净化之旅，而对于众多看客来说，当漫天尘埃再起时，谁又能独善其身？！

当前，尘埃还在横扫华夏。据《凤凰资讯》报道，持续五天的北京雾霾天仍未好转，12 月 1 日北京局部地区 PM2.5 指数峰值达到 1000 微克 / 立方米，严重污染，有网友调侃称“北京没了”。

面对雾霾，大家应放弃无休无止的怨天尤人。从理想出发，做一名实践者，与其被动防护，不如主动应对。从少用一度电、少用一滴水、少开一次车、少用一次性用品等开始，像坚果兄弟那样为梦中的蓝天白云出力，为循环利用、节能减排事业力所能及地做实事，会更管用。

别扭，真假道路忽悠人

眼见为实也会被一时忽悠了双眼。不信，你看看这个广告牌在秀什么？

2015年12月27日，山东省滨州市滨城区一条公路尽头竖立巨幅3D画，让路面看起来产生无限延伸的感觉。

交通部门往往在丁字路口竖广告牌，通常提醒行人注意此路不通。这张逼真的广告牌却一反常态，此路通还是不通考验行人的认知。在视觉上，给人以通的结果，有点另类。

这幅广告牌有如下解读：一种是秀3D逼真程度——奇！真假道路交织在一起，让人产生错觉，现实和未来融为一体，把3D效果发挥到极致，使人真假不分。一种是秀心情——悲！因为工厂阻挡，路仅通到此为止，在此立牌，表达民意诉求，恰如其分。还有一种是秀远景——盼！如今现实和未来差距大，青山绿水能够环绕的城市道路令人期盼，把梦境提前展现给众人，让公众对未来充满信心。

堵头路上不堵心，放眼未来，前程似锦，是此地竖广告牌的初衷。但广告内容如此逼真，虚拟道路和现实道路对行人造成视觉干扰，难道就不怕哪天有司机一时糊涂，错把“美景”当现实，一脚油门来个车在画中游？因视觉逼真引发交通事故，一定会吸引公众目光。

笔者不反对在交通重要路口设立广告牌，这是市场行为，

也是城市形象的展示平台，但广告发布什么内容大有讲究，至少要讲安全、讲公德。车行路上，交通安全第一，偶尔广告牌上出现些交通提醒，出现些公益性质的标语，行人可接受，但如果违背规律，一味以 3D 逼真效果美化街道，与公众审美习惯不符，与公众交通常识不符，“创新”之举就易引发争议。

其实，眼前浮华仅是一片烟云。广告牌后的真实世界才会被公众永久关注。那里的烟囱耸立、烟尘滚滚，不时刺激着公众的神经。

或许打广告的人还有更深的含义，谋划以色彩艳丽、立意鲜明的广告内容遮挡、模糊令人忧虑的现状。如果真有如此妙用，更是此地无银三百两，骗得了视觉，骗不了人心。

当煎饼果子飘香纽约街头时

能够用煎饼果子把中国和纽约联系起来的人，是一位90后年轻人。2015年底，有媒体报道，一位叫Yolanda的中国女孩在纽约做起卖煎饼果子的生意，每天能卖出200多份。

一个女孩，15岁去美国读书，主修商科和艺术史。如今却在街头摆摊卖起小吃，有人惋惜，说不务正业；有人点赞，说创业有为。的确，对家长来说，多年巨额教育投资却换得孩子在街头当小贩谋生，背离初衷；对孩子来说，自食其力是学有所成的最佳动力，志在长远。

当一个个中国孩子离家远行、在异国他乡为实现梦想或学习，或打拼时，他们的一举一动牵挂着父母的心。当面对日益强大、成为世界经济舞台中心的祖国时，留学归来的学子凭什么实现自我价值?

学成归来，报效祖国。远有詹天佑，近有李四光、钱学森、邓稼先，他们的报国情怀激励着一代代学子走出国门。然而当教育产业化后，对于大多数学子而言，留学多演变成由父母埋单消费的代名词。

一切为了孩子的未来，让孩子能接受国外优质教育是为人父母的心愿。近年来，中国成为最大的留学生派遣国，2014年中国留学生总数达50万人。当用巨资换取在海外的教育经历时，是学成归来还是游学归来，更大程度凭借孩子意愿和对

学习的坚守。

留学生们并不缺乏必备的文化知识，独缺乏和异域文化交融的能力。从幼儿园、小学、中学、大学再到留学，中国孩子按部就班的成长中少有社会经历，缺乏实践机会。对于他们来说，和家庭成员的交流、学校的课堂生活成为成长的主要内容，缺乏与社会互动的成长经历造就了他们不太关注社会的习性，缺乏对外感知的能力。有些留学生出国后，沉湎于华人小圈子，以打麻将度日。出国留学最终延缓了部分年轻人进入社会的时间，也催生出啃老新问题。

和国外同龄人相比，中国留学生还需补齐社会实践这堂课。社交能力的养成多靠实践。Yolanda 的实践有创新成分。她并没有循规蹈矩，像其他留学生一样在肯德基、麦当劳等打工，而是选择自主创业，自己当老板。Yolanda 的实践有传承依据。她没有依葫芦画瓢，追求形似，而是特意赴天津学艺，让纽约街头的煎饼果子不失天津味道。

Yolanda的煎饼果子能够飘香纽约街头，往大的方面来说，做了中国饮食文化推广的形象代言；往小的方面来说，让远在他乡的中国人能尝到家乡的味道，也让纽约人领略到华夏小吃的魅力。以煎饼果子为媒，她为自己成功融入当地社会开创了实践机会。

梦在心中，路在脚下。Yolanda 的创业之举给众多留学生的海外生活提供了借鉴。

保洁阿姨抢红包，三天战绩 6000 元

当下时兴微信抢红包，一年到头，大家一起乐乐，既活跃气氛，也催热过年的气氛。

近日，一位保洁阿姨参与公司微信抢红包游戏，和手握高科技手机的年轻人们同台比拼，宝刀未老，依靠抢红包插件，三天竟然天天中头彩，抢了 6000 元，相当于其两个月的工资，如此战绩让大家刮目相看。

当事实公布于众后，有年轻员工质疑保洁阿姨的资格，说抢了他们的福利。也有员工说，大家都是公司的一员，在红包面前人人平等，不能有三六九等，应该共同参与。结果一波三折，公司真诚邀请本已退出朋友圈的保洁阿姨再次入群抢红包，一时其乐融融。

保洁阿姨参与公司抢红包，抢出欢乐，抢出团队成员彼此的宽容和理解，这神来一笔，令人叫绝。

首先，为保洁阿姨的与时俱进叫好。保洁阿姨来自农村，用上智能手机时间也不长，但对 APP 软件并不陌生，不仅会用软件，而且还能用微信聊天，还能下载微信的抢红包插件，生活中一下多了许多和手机相关的乐趣，特别是她能参与到虚拟世界，和年轻人拉近了生活的距离。老有所学，老有所乐，老有作为，不容易。

其次，为年轻人的宽容叫好。保洁工作是公司必不可少

的岗位，大家虽然来自五湖四海，都是为了公司兴旺发达尽力。独乐乐不如众乐乐，公司福利大家都有共享的权利。年轻人的理解，得到的是保洁阿姨加倍工作的回报。对于可以永远留在公司群里抢红包的待遇，保洁阿姨表示：“这群年轻人做的事情虽然我也不是特别懂，但让人感觉特别积极向上，说起来，这次能够抢这么多红包，也是受他们影响，让我这个 40 多岁的乡下女人也开始研究手机里的软件。”

如今在哪儿都要画出最大同心圆，共识才能共智，共智才能共力。只有大家心往一处想，劲往一处使，才能众人划桨开大船。

经过这番折腾，本来要提前回老家的保洁阿姨，最终还是决定留下来坚持工作到年前最后一个工作日。抢红包抢出的一段人间真情，给岁末年初的寒冬带来些许暖意。

边放边捉，放生还是杀生

产业链如今竟能同放生的鱼扯上关系。

2015 年 11 月，在上海滨江大道，上游有人放生，下游有人捞鱼，仅相隔 200 米，鱼儿经历生死两重天。这种现象已经存在多时。

好在放生之人在于放愿望，捕捞之人在于捞生计，两者各得其所，却也相安无事。但此景让岸边休闲旅游的市民，看了怎么都不是滋味。一个关于放生的话题，两种对待生命的态度，一高一下倒也对比出不同的人生境界。

放生就是拯救生命，是人们表达尊重生命的常见方式。在中华传统文化中，被誉为十善之首。放生时，无论其心净或不净，其事皆对众生有利，是人们寄托美好愿望的一种方式。可谓放的是鱼，播撒的是对美好生活的期盼。

而沿河捕捞之人不顾他人放生之善举，满眼皆为鱼的经济价值。把捕放生之鱼当成带来生计的新途径，或食用，或出卖。每天守候在下游，使出浑身解数，总能有所斩获。为一己私利，以不捞白不捞的心态，竞相捕捞，不以为耻，反以为荣。

面对他人质疑，捕捞者振振有词，一说放生的鱼儿不适应野生环境，总归活不了。二说还不如捞出来派做他用，否则死鱼也会污染水体。此说法初闻有一定道理，放生的鱼类多为

人工饲养，鱼儿初入大江大河，有诸多不适，成活率不高也是事实。2013 年 4 月 9 日，松江泗泾镇曾有一条河浜突然黑臭，大量鱼儿死亡，引发当地居民报警，最后查出来是有人大量放生惹的祸。另外，放生外来物种给当地造成生态灾难的报道也常见报端，被人责难。

然而，滨江大道毕竟不是水产批发市场，如此大量投放、捕捞，俨然形成一个供需两旺的产业链。如此市井怪象，执法部门为什么会视而不见？执法不严、网开一面，还是另有隐情？

黄浦江是上海的母亲河，承担通航及上海水源地的双重使命，是否允许市民在此放生应有管理部门积极回应。在《国家河道管理条例》中有“禁止堆放、倾倒、掩埋、排放污染水体的物体”的相关规定，却没禁止个人放生行为、捕捞行为。每年春季，渔政部门往江内投放大量鱼苗，以维持黄浦江脆弱的生态环境。法无禁止均可为，市民适度的放生行为可行，但对于市民大量、集中地放生，有关部门不应坐视不管。2010 年，北京市就曾出台相关规定，对市民放生鱼种、放生地点做出明确规定。

上游放生、下游捕捞行为不仅存在安全隐患，也影响上海的城市形象。希望有关部门在管理中做到疏堵结合，有放有禁，依法依规开辟出专门放生场所，引导好、规范好市民的放生行为，禁止、打击泛捕泛捞行为。

果真如此，功德无量。

不能运转的空调成摆设

大过年的，天气忽冷忽热的，开空调保暖成为百姓家中的寻常事。

位于山东郯城一家养老院的老人们就没如此幸运，虽然四年前县里统一给老人们装了空调，可养老院从未开过，大冬天的，老人们冻得瑟瑟发抖。养老院负责人却说要等到室外温度零下5摄氏度才能开，老人们眼巴巴地望着空调不能用，这望梅止渴的滋味不知为哪般？

刚装空调时，当地大张旗鼓宣传过。从2010年开始，县里分两次投资75万元为老人们配置了430台空调，解决全县养老机构供暖硬件缺乏的困难，老人们乐得合不拢嘴。但空调安装后迟迟不启用，四年来竟成了某品牌空调的“展示窗”，老人们感觉被人忽悠了，寒了心。

郯城县马头镇养老院一位会计在接受媒体采访时道出了实情：“要说一个开了，所有老人都得想开，如果全开的话，用电负荷量不行。”原来室外温度零下5摄氏度才能开的规定也是幌子，当时政府只装空调却未及时改造相关电路，负荷不够是不开空调的真相。再深究下去，可能空调使用的电费也不是的小数目，谁承担也是个大问题。

缺乏空调的使用、维护、保障等措施，最后一公里的问题未落地，才是空调沦为摆设的直接原因。

还是形象工程惹的祸。形象工程看着好看，却无实用价值，是政绩工程，却不是群众的暖心工程。近年来，各地大兴新农村建设，东部地区一部分先富裕起来的村镇大搞村镇美化工程，村居外墙都刷成青瓦白墙，看起来清新靓丽，屋内却依然破旧如初。

这只顾外表、不顾里子的做法让人反感，一幢幢粉饰过的中看不中用的复古、怀旧工程，远离勤俭节约的古训，倒弄个哗众取宠的虚名。政府大把花钱，群众未得实惠，如此民心工程越多，政府离民心越远。

养老院空调成为摆设，受益的是商家，得益于一锤子买卖，省得维修，乐得轻松。受损的是当地政府的形象，好心未办成好事，惠民措施落实不到位，一不留心成为不做实事的反面教材。

如此看来，要实现初心，保证老人寒冬不遇冷，政府还得想方设法让闲置的空调运转起来，这实事工程才能有面子、有里子，才能现真情、暖人心。

出租车街头来道歉，抽得哪根筋

生活中多奇葩，见过用出租车顶显示屏发广告的，却没见过道歉的。

在四川宜宾小城，竟然有一市民买断当地2016年元旦三天广告时段，在全城千余辆出租车顶显示屏打出了“老婆我错了，原谅我吧，阿强”。只不知阿强老婆见到街头出租车上的流动道歉，是否领情？

为一人向全城表白，颇有点广而告之的味道。是阿强无法找到老婆急于道歉，无奈出此下策？还是老婆决意一试阿强诚意，为一时糊涂而付出的特殊代价？详情外人不得而知。只觉得在大庭广众之下，用公共显示屏秀个人情感，阿强考虑过他人的观感吗？

中国人好面子，道歉也讲私密性。人在江湖，一时过错总归难免。往往约一两知己，在私密场所表达愧疚之意。毕竟大家顾脸面，如果未涉及原则、立场问题，一般是大事化小，小事化了，避免伤和气。家丑不可外扬，家庭成员也如此，感情纠葛更是外人无法窥视的绝对隐私。如此个性张扬的街头流动道歉，路人皆知，看起来一时热闹，一片诚意，效果不见得抵得上私下一句对不起。

再说，道歉是门表达艺术，需要恰当渠道和方式。在信息化社会，人们交流沟通的方式多样，手机微信、短信就可轻

松实现一对一的表白。出租车显示屏是大众信息的发布平台，有公共媒体属性，广而告之恰当，私人订制信息却显得滑稽。有钱也不能太任性，道歉信息挤占公共资源，挤占城市形象通道。如此看着钱的面子登隐私，经营者无法实现公共信息服务大众的本意，有歪嘴和尚念错经的味道。

表白也要讲内容、情境、渠道、对象，最重要的是要分清表白对象，满大街出租车顶晃动的道歉，如同街头卖货郎漫无边际的叫卖声，对有需求的人来说声声悦耳，对不相干的人来说是刺耳噪声，不胜其烦。

给喇叭大战支个招儿

2015年5月，笔者在河南开封领略了当地特有的夜市魅力。每到晚间，大街上灯火通明，人流熙熙攘攘，小商小贩夹杂其中，各式小吃让人大开眼界，繁华的开封夜市成为当地旅游业发展的缩影。然而，夜市火爆也带来众多城市管理难题。

6月14日，央视报道河南驻马店团结路美食一条街喇叭大战的情况。夜市周边一些居民无法忍受多年油烟、噪声等的侵扰，在维权未果的情况下，在楼顶私装高音大喇叭，播放维权声明。而楼下商户也不依不饶，以大喇叭、敲击盆碗等手法回击。你来我往，乱象丛生，舆论哗然，政府被裹挟其中，左右为难。曾经的美食一条街变成当下的烧烤一条街，矛盾升级演变成问题街。如此结局，政府失望，居民失望，商户也失望。

如今喇叭大战每天还在上演。对商户来说，政府既然允许在此设摊，合法纳税，营业凭什么受居民干扰。对居民说，休息权与生俱来，日常生活受到油烟、噪声干扰，要求正常权益不受侵害，不为过。矛盾激化后，政府作为管理方应积极采取措施，回应合理诉求，把商户和居民的利益最大化。但从当前事态的进展来看，政府对居民采取的喇叭取缔措施、对商户的严格管理措施并没有起到明显的效果，喇叭大战还在持续进

行，事态日趋恶化。

政府应有作为。市场既然是政府所建，其衍生出的各种问题应由政府解决。解决问题最直接的办法有两个：一是迁走受影响的居民，妥善安置。二是拆掉扰民市场，还路以清静。但政府不愿意做或者做不成，一是影响太大，二是财力有限。那么只剩一条路，让商户和居民结成利益共同体，互通共荣，和谐发展。

如何让居民站在商家利益角度思考，如何让商家维护居民合法权益，看似无法调和的矛盾确实有第三条路可走。换种思路，因为居民可以成为商家，商家也可以成为居民，本是同一个事件的受益方，为什么非要把两个群体的利益相对立？

建立市场，人气聚集提升了该地段的房价和生活便利条件，居民是市场繁荣的受益方。衍生出来的噪声及油烟等可以通过技术改造来解决，跨时段运营也可通过规范管理来实现。

由谁来主导解决问题呢？目前看来单靠政府的主导及监管显然不够。城乡一体化初衷是让城市更加美好，群众生活更加美好，让市场这只看不见的手在配置市场资源时发挥决定作用，才有望使矛盾化解于市场经营行为中。

建议政府引入自治理念，群策群力共同治理。具体来说，就是由商家与居民成立一个自治委员会，把商家与居民的利益联系起来，自己的事自己协商解决。由自治委员会出台共同遵守的章程，由委员会用市场办法（如货币分配及补偿）协调商家和居民的利益冲突，通过自我约束谋求商家和居民利益的均衡点。目前，松江区车墩镇在振兴商业街推行商户自治，起源也是为了解决商户之间的小喇叭揽客的恶性竞争问题，自从有了自治、共治协商平台后，解决各方利益诉求更加快捷便利。

建议政府依法监管自治委员会的运行。此制度安排可把

政府监管不力、商户违规经营、居民出格维权等行为限制在自治框架内，将矛盾置于可控、有序的状态，有利于市场的长治久安与繁荣发展。

开“火车”求灭火，是机智还是鲁莽

生病找医院，报警找公安局，凡事找对地方、找对人很关键。近日，合肥一名司机开着“火车”直奔消防队，不仅实现快速灭火，还让消防队创下最快出警纪录。

新浪@安徽消防发布消息：2016年1月18日，在合肥消防支队肥西中队，一辆大“火车”突然往门口驶来，把中队官兵吓了一大跳！原来这辆装木材的大货车行驶中木材着火，自己灭不了就直接开进消防队！警铃拉响，20多名队员悉数出动灭火。不到一分钟到场处置火情，竟一举刷新了消防队出警纪录！

从前有过遇火情时，把危险物品拉离居民区的司机，被誉为舍己为人，保护居民生命财产安全。而如今这位司机不控制火场，却开着“火车”满大街找消防队求灭火。惊险、惊悚程度让路人惊出一身冷汗，这位司机以生命为赌注，与时间赛跑的疯狂举动让人后怕。

网友在夸奖这位司机机智勇敢的同时，也有人质疑其鲁莽之举可能带来的危害。的确，财产损失可重新积蓄，一旦失去生命却无法重来。突遇火情时，司机除采取自救措施外，主动报警是第一要务，采取远离火场等防护措施很有必要。这位司机一反常态开着“火车”奔向消防队，是怀疑警方快速处理能力不足，还是仗着自己艺高人胆大？

街头《生死时速》现实版的上演，本为减少过火时间，尽快接受救助，减少财产损失。但这一路上可能发生的爆炸危险，可能伤及路人的危险，可能发生的交通事故等危险，被这位司机一概忽略。如此处置火情，易造成二次伤害，对自己、对他人都不利，做法不安全，行为不理智，鲁莽多于机智，实在没必要。

另外，新浪 @ 安徽消防发布消息时也未遵循官方定位，亲民有余，严谨不足。语气略带调侃，戏说“刷新了消防队出警纪录”，对疯狂处理火情的行为未科学评判，也未对公众提出正确的处理措施。

在自媒体时代，能逗人一乐的多为无伤大雅的段子。水火无情，在媒体传播此类信息时，要坚持崇尚科学、尊重生命的态度，杜绝娱乐灾情，让新闻传播成为大众积累知识的窗口，启发民智的渠道，达成共识的纽带。

冷漠让公交上“吊单杠”天天上演

上班路上故事多，把公交车拉手当成单杠，做一些高危动作的奇葩事还真天天有。

中国新闻网报道，2015年秋天，在一公交车上，一时髦女子把公交当成晨练场所，在公交拉环上“吊单杠”，一练就是三四站路。据目击者称，有几十次之多，如此夸张动作传到网上，众人吃惊之余不禁要问，天天上演的公交单杠秀，难道没人主动提醒一下？

有人说，这人脊椎不好，在练牵引。上班没时间，把公交当成练身房，不得已而为之。有病去医院才对，听医生的，在公共场所做如此高危动作，让人感觉此人是否精神有问题。

出门在外，安全第一。公交上“吊单杠”让观者捏把汗。车上人来人往，磕磕碰碰之事难免。这位女士拉伸躯体，一路修炼，做到了上班健身两不误。可路况复杂，一旦遇到意外，谁之过？难道一切后果自负？不见得。从法律上说，乘客一上车购票便与车辆运营方形成运输合同关系，车辆运营方负责乘客安全。司机对此不提醒、不制止，任其发展，当看不见怕是有违职责。

此事不文明，形象不雅。公交行业是都市窗口，提倡乘客文明乘车。能够为他人让座，不随地丢垃圾是乘客美德，

爱护公物的起码要求也不能少。在公交上“吊单杠”，体重集于车辆拉杆上，时间一长，能不损坏公物吗？能不妨碍他人吗？在众人诧异的目光中，女士也感觉不光彩，每次都想着法儿用手袋、围巾等挡着面部，如此掩耳盗铃，明知不雅仍执意为之，更不妥。万一有未成年人如此效仿，有带坏社会风气的可能。

退一步说，此方法健身并不科学。女士在公交上健身“创新”之举实属突发奇想，缺乏科学依据。在健身中，上肢拉伸动作必须保持重心稳定，在车辆运行的晃动中，身体需要不断修正体位。一旦失手，轻则肌肉拉伤，重则脱手摔伤，酿成惨祸。

俗话说，在什么山头唱什么歌，此情此景如果出现在健身房中，一定会引来喝彩无数。但此事发生在公交上，令人不快。另类、奇葩现象在社会上频频上演折射出一部分人自我意识的过度膨胀，和社会风尚相抵触后表现的无知无畏令人汗颜，也折射出其他乘客对此事的冷漠与纵容。

强调个人权利，无视他人的存在，表面上看是走自己的路，让别人去说吧，有一种豪气和洒脱。其实反潮流、以奇为美、以怪为时尚的举止往往突破社会道德底线，一个人一旦价值观错位，便会不知深浅，在迷失自我中易做错事、蠢事。

其实，其他乘客在车上冷漠、无视的伤害更大。此事为一桩小事，只要有人善意提醒下这位女士，为健身不必如此拼命，女士大概也不会一如既往地坚持另类理念和行为，也不会再在公交上“吊单杠”。

世上不怕奇葩事，就怕他人冷漠心。社会上热心人少了，奇葩事也就多了，这既是社会的悲哀，又是舆论导向的失误。

美不美，何必苛求一张证明身份的照片

2016 年 1 月的一天，因对个人身份证照片不满意，江苏常州一位女士竟先后让工作人员拍摄 32 次，才得到一张勉强满意的照片。这位女士对证件照的高标准要求被视作奇人奇事在网络流传。

爱美之心人皆有之。一次拍不好，没有配合好拍摄，可以重来一次，大家理解，但重复 32 次就显夸张。当天，这位女士以个人审美观评价工作人员拍照水平，眼小嫌丑，眼大嫌凶，一遍遍上演拍照、不满意的情景，让人侧目。

可见这位女士纠结于美不美，不满意工作人员的低水平拍摄。而工作人员也无奈于这位女士的挑剔的眼光，浪费时间和精力。好在如今拍摄设备均为数码产品，拍不好就删了，并未涉及浪费财力，否则工作人员真计较，多次拍摄的成本谁承担?

在自媒体时代，众人不 PS 都不好意思发照片。用智能手机人人都可轻松实现拍摄，通过美图软件，人人都能把自己展现得有气质、有颜值。把美图发在朋友圈里，赢得赞美，收获自信，也是一些爱美人士的新习惯。长期沉湎于数码科技营造的美丽光环中，易失去对自我的真实认识。

近日，美国一位缺席酒驾案审理的嫌疑人，认为警方通缉自己的照片奇丑无比，自己上传美照给警方，维护个人肖像权，被称为最嚣张的罪犯。同样，把美丽事业视为人生第一要务，乐此不疲沉醉整容的人也不少。近年来，有人专程赴韩国整形美容，旅行社还组织特色医疗旅游，迎合此类人群的审美和消费。

追求美的需求无止境，现实生活却有底线。证件照是各种证件用来证明身份的照片。证件照要求免冠正面照，照片应该看到人的两耳轮廓和相当于男士喉结处的地方。证件照片遵循艺术服从技术的要求，强调真实感，不允许进行大尺度的美化和修理，对拍照人的坐姿、镜头角度、用光、背景等均有要求，保证拍摄对象五官的完整性、真实性。

其实，以美丽与否的标准评价证件照片，是谁也无法实现的过分要求。

自己美不美，何必苛求一张证明身份的照片呢？毕竟一张照片只能代表一瞬间，个人形象还要在日常行为中塑造，不仅靠外表，还要靠内涵。

汽车也能当潜艇，讨口彩惹的祸

世上只有想不到的事，没有做不到的事。2016年2月，上海新天地一辆展示的汽车火了，不是这辆车有多新颖，而是这辆车停放位置很奇特，被安置在一个巨型鱼缸内。如此另类的创意，将汽车当成潜艇展示，营销噱头响亮，路人好奇，围观者众。

据东方网报道，这是某汽车品牌推出的年年有“鱼”水映艺术装置，取意年年有余的新年祝福，被市民戏称为“金刚美人鱼”。在上海展示两周后，还要南下广州，继续在众人面前演绎“金刚”的水下柔情。

这一幕场景的确新颖、漂亮，引无数路人纷纷与之合影，给人无尽遐思。以水浸方式展示路上交通霸主，却有点李代桃僵之嫌，有谁见过在水中行驶的汽车呢？市场没需求啊！

据路人猜测，车商也许是为了展示这款车的密闭性、车漆的耐腐性而出此创意，一是在文化寓意上讨巧，二是展示汽车制造工艺的过硬实力。一石二鸟，厂商引爆公众眼球的目的已达到，但汽车真能当潜艇用？玄乎！

是理智更胜一筹，还是情感最终胜出？事实才有发言权。在生活中，有汽车开到湖里的，有溜到河里的，几乎全是悲剧，轻则车辆部件进水，报废；重则搭上几条性命，车毁人亡。如此创意抓眼球，追求商品的出镜率，汽车品牌出尽风

头，但商家并没有承诺这辆车今后能否正常行驶，或许展示后，这辆车的归宿就是报废。

既然不可为却要执意为之，还是讨口彩的文化惹的祸。非要和中国文化的有余扯关系，车辆浸在水中，有鱼畅游其间，难道是创意的唯一选择吗？如此大动静、大手笔，以极端环境考验推广产品的质量过硬、可靠，超出人们的正常认知，其实人造的场景为虚幻，中看不中用，毫无实用价值。

再说，厂商完全可在车上，或者边上安置小鱼缸，带着鱼儿畅行天下，岂不也符合年年有余的意境吗？

艺术行为追求新奇特，也要把公众认知当回事。如果一味反其道而行，颠覆众人的传统认知，不见得有益于社会。打个比方，既然汽车能浸入水中，手机密闭性更好，能否也在水里浸泡着做推广？又有谁想试一试？

抢还是捡，一出闹剧戏弄谁

货车遇车祸，路边受损货物能捡吗？被众人哄抢怎么办？报警管用吗？

此场景曾出现在影片《战争之王》中，尼古拉斯·凯奇饰演的武器走私犯面对国际缉私人员的追捕，打开货机舱门，任由非洲难民捡拾走私的武器，不一会武器被难民一抢而空，甚至连飞机轮子都不曾留下，面对消失的物证，执法人员对他无可奈何。

相似场景如今就发生在现实生活中。2015 年 8 月的一天，一辆满载 20 吨苹果的货车侧翻后，当地居民一哄而上，一抢而空，最后警方抓捕两人。面对哄抢后的一片狼藉，货主只能仰天长叹，怪老天不留活路。被抓的人还振振有词，捡拾散落在路边的苹果，谁捡算谁的，不捡白不捡！

人家有难，你不伸援手也就罢了，非要雪上加霜，光天化日之下，哄抢人家的散落货物，还有王法吗？还有公理吗？虽说苹果不值几个钱，不捡也会烂在路边，但因为不值钱就可以捡吗？这是他人财产，怎容自由捡拾？！更何况是不顾货主阻拦，大抢、特抢，面对如此闹剧，网上声讨一片，一己之私让人如此疯狂，一场车祸演变成众人对国民劣根性的声讨。可悲！

可悲之一：图小利者迷。遵守公共秩序是一名守法公民

的表现。遇见不平、拔刀相助也是中国人的传统美德，助纣为虐、见死不救遭人唾弃。笔者相信，参与哄抢的人生活不富裕，对公众利益不怎么关心，但换个角度思考，如果是自己人在路上出车祸，散了货物，还会有人抢吗？把外乡人不当自己人，把外乡人的利益不当自己的利益，是狭隘的乡里情。

可悲之二：从众者迷。起初有些捡拾苹果的人出于本能，可能还有帮助货主控制乱局的初衷。但见到他人纷纷把苹果据为己有，自己也会把良心抹去，保持和其他人同等行为，毕竟法不责众，警察制止时依然我行我素，不予理睬。迷失初心，迷失做人起码的准则。

可悲之三：受损者迷。屋漏偏逢连阴雨，面对如此不测，警察都无能为力，又能怨谁？！怪自己没把车开好，怪世风日下。美国退役四星上将威廉·J·利夫西在点餐时与送餐员发生纠纷，被警方强制带走，手腕被手铐勒出伤痕。这位80岁的老人愤怒地表示："这是我人生中第一次为自己是美国人而感到羞耻。"负面情绪的积累、迁移会导致人们评判是非标准的失衡，失去对社会的信心和梦想。

可悲之四：执法者迷。出警是为了制止犯罪，眼见众人哄抢，却无有效的制止手段，喊哑嗓子没人听，难道非逼警察拔枪相向，法律权威荡然无存。也真难为执法者，执法过度要受追究，执法不严也同样受苛责，尺度到底在哪里？联想到曾有城管人员的眼神执法，十几人围着不听劝阻的摊贩，一言不发，怒目相向，眼神硬是把摊贩执行走，还被当作所谓柔性执法的典范，让执法者情以何堪？！

这出闹剧还可归因于众多不应该，不应该最终归结在公民法制意识的缺失上。只有心存戒尺，做到头顶三尺有神明，才能维护法制的权威。

是大厅官逼得小城管没活路吗

海南三亚素以热带风光著称，海浪、沙滩、椰林吸引着众多游客。部分北方老人钟情于候鸟式的迁徙，到天涯海角过冬给当地带来大量人气和商机，但也有麻烦。

2015 年底，来自于黑龙江的一名叫毕国昌的退休官员因自行车被城管扣押一事受舆论关注。当时老人在海边游泳，在未被告知的情况下，自行车及衣物因停放位置不当被城管执法人员没收，致老人衣不遮体步行 4 公里返家，一路身心备受摧残。

老人称曾 20 多次拨打市长热线维权，在市政府院内无助等待，终未解决。“我实在是等不起，最终还是光着身子从三亚市政府回家。”此事披露后，一篇名为《小城管给厅官大人的一封公开信》的文章在网络广泛传播，迅速被诸多门户网站转载。

在文章中，自称为小城管的作者声称“被通知停职，并且可能面临丢掉工作，无法继续养家糊口”，“我一个小城管肯定惹不起您这样的大官。我现在就祈祷事情能不能早一点过去，也希望您能过上平安享乐的晚年生活。”

是非一夜之间发生逆转，执法者反成事件受害者，难道真如文章所言，一位退休厅官逼得一名小城管没活路？

小城管悲催的说法强词夺理，欲盖弥彰。文章直指老人厅官身份，以小城管身份反衬老人的大厅官身份，转移矛盾，混淆视听。一起本是行政执法尺度的争议，以人家特殊身份说事，以此博取众人同情，是何逻辑?

首先，这是一名老人被执法的申诉。老人可以是指点江山的总设计师，也可以是面朝黄土背朝天的农民，执法的对象是违法行为，没收的也是“非法”物证。老人称：“那段凉亭没有任何禁放标志，城管剪断车锁，行为野蛮。扣押私人财物，连个扣押单都不给。”如果连此都不清楚、不回应，城管凭什么执法?

其次，这是一名公民维权的申诉。无故仅穿条泳裤，走过几公里的路，引无数行人侧目，屈辱源于执法部门的野蛮执法，后续一系列不作为让老人更是心力交瘁。如此后果由城管执法水平有限、应急反应迟钝所致。执法部门应对公众明确答复，或对老人道歉，或纠正错误，通过此事提高执法水平才是硬道理。

此外，这是一名老新闻工作者伸张道义的申诉。老人曾是央广黑龙江记者站站长，有新闻职业敏感。虽然此事发生在个人身上，问题反映的却是公共场所的执法缺陷。执法者仅关注执法便利，未告知财物所有者便扣押物品。老人失窃般的遭遇很难和文明执法相关联。老人起诉城管索赔，通过法律途径维权本是主张社会公平、正义，也是合法监督执法部门的正当行为，无可厚非。

令人钦佩的是老人据理力争的斗志。虽然身心疲惫，为公权而战，以免他人在野蛮执法中权益受损，是这位老者讨公理的出发点，勇气可嘉。

行政执法未尽告知义务，不规范。老人赤膊过大街，不文明。需反省的是城管部门。的确，严格执法没错。但在此事件中，过度执法有没有?泛用公权有没有?城管部门不及时向

公众回应关切，一旦出现问题，处罚一两个替罪羊了事。不认真从管理上查找漏洞，给予整改，不根除野蛮执法的根源，结果就是今天扣的是厅官的自行车，明天可能扣的就是老人的救命药。

难道非要打一场人命官司，才警醒、止步？！

群众利益无小事，执法为民不单是一句响亮的口号，是行政执法中表现出的为民情怀。至少，三亚城管在面对老人赤膊回家时没搞清楚，老人到底在讨要什么。

谁给女子搜查他人的权利

公交车上奇事多。中国新闻网报道，2015 年 11 月 23 日上午早高峰期间，郑州 21 路公交车上发生一件因手机丢失而搜乘客的稀奇事。

一女子发现新买的手机丢了，竟然在司机配合下开展全车大搜查。更称奇的是，有些乘客为表明清白，也积极配合。于是女子一个个乘客挨着搜，最终却没找回手机。

有人说，应该搜查。小偷不会主动站出来，车子又是封闭空间。只要手机还在车里，总归能人赃俱获。也有人讲，失主没有搜查他人的权利。在公共场所，发生偷盗事件，第一时间应向警方求助，不能自说自话，以个人财物损失为由搜查他人，妨碍他人行程。的确，这名女子丢失手机令人同情，但采取如此做法，有违社会公德及法制精神，笔者也有三个疑问：

一、车内还有手机？据女子说手机是在乘车丢的。东西不见有两种可能，一是被人盗了，二是自己丢了。手机可能在上车前就丢了，可能是在车上被人偷了，也有可能在女子发现被盗前小偷已经下车，此时车内有无手机已无法判断。

二、为什么不报警？女子是受害者，维权也须在法律限制条件下。女子在车上不报警，不依靠警方处理。又在既缺乏证据、执法者的情况下，在众人默许下，充当执法者，做执法者的事，越位突显法制意识的缺失。

三、为什么不拒绝？乘客人身自由受法律保护，由公交车司机和女子组成的“手机搜寻队”，一个负责封闭空间，一个负责搜查，侵犯其他乘客自由。在如此场景下，无人勇于说不，自觉接受搜查，客观助推了这滑稽一幕的上演。

法律面前人人平等，谁也不能因为保护一方权益而侵害他人利益。在此事件中，公交车司机缺乏担当精神，在车厢中任由违法的怪事发生，有管理不力之嫌。遇到偷盗行为，当班司机应协助他人履行报案职责，积极为执法者创造有利条件。

女子从一名受害者到妨碍他人自由的麻烦制造者，戏剧般错位经历真让人脸红。

“头上长草”也算萌吗

一说到萌，就让人想起小猫、小狗们专注或疑惑的神态，萌态可掬。萌代表清纯，生命初始时本色的表达，是含苞欲放，轻柔的如同花初开时的羞涩，惹人怜爱。萌是与生俱来的生命活力，是协调、温情的代表，与大胆、夸张、怪异的做作，忸怩的神情背道而驰。

然而，把萌态与“头上长草”的街头时尚混为一谈就显牵强。2015 年 9 月，新浪网一篇《全民头上长草卖萌　厂家月售百万卖断货》的文章对街头长草发卡的热卖现象进行了报道，甚至有外媒把“头上长草”现象称为中国街头新时尚，对于如此离奇的观点笔者不敢苟同。

首先，这篇文章的定位不准，概念不清。一个发卡上修饰点草啊、花啊之类的形状，自古有之，不是什么稀罕物，戴的人好玩，看的人新奇，仅仅是一个发卡的新变形而已，其功能还是整理发型用品，实用性仍居首位。至于“头上长草”萌不萌？那是他人观感，仁者见仁，智者见智。其次，文章标题用“全民”太夸张，仅凭网络平台售出百万件，面对中国 13 亿人口，千分之一都不到的量，却定义为“全民头上长草”，不是撰稿者太无知，就是太胆大。不过是街头又一奇特新景，个别人尝鲜，就能夸大到风靡全民？说风就是雨，有标题党的嫌疑。

对此现象网上争议众多，赞同的人主要持当代人生活节奏快，受漫画文化的影响，以此新奇装扮化解压力。反对的人主要感觉形象过于夸张、怪异，超出多数人对美的评价范畴。从文化角度来看，“头上长草”现象与传统的中国审美文化不符。中国是文明古国，一事一物都有其前世今生的联系。“头上长草”现象曾经让人不堪回首，上点年纪的人都知道，这是旧中国穷人家日子过不下去，才在儿女头上插个草标，是街头卖儿卖女才有的一幕啊！这是中国人的苦难历史。当代的年轻人只图新奇，头顶上插个假草在众人面前晃，老人不抽你才怪，何来美感？！

由此可见，“头上长草”的小物件只能迎合一些人的猎奇心理，并不能成为大众生活的一部分并广为流传，至于外媒所称的中国街头新时尚，也是其对中国文化传统的一知半解而枉下的伪论。只能是昙花一现，过眼烟云。

作为社会舆论的守望者，媒体要有所作为，在是非面前要态度鲜明，不能推波助澜。另外，各界社会名流也要勇于承担社会责任，积极引导大众正确的审美观。在争议声中，周杰伦与爱妻一张秀草照引来众多粉丝们热捧与追逐，要警惕因为名人一时任性使大众迷茫于无知无畏的现象。

秀靓丽却搞拉郎配，大树穿衣打头阵

在街头，见过为大树挂点滴的，却没见过为大树穿冬衣的。

这几天，深圳华侨城工人们正忙着给路边的行道树穿冬衣，和往常使用的稻草等材料不同，这次“创新”使用了针织品。远远望去，树木被打扮得花枝招展，分外妖娆。

这创意看起来很新鲜，只不知以此法保护树木过冬，是否管用？常见的树木防寒有培土、浇水、喷白、架风障、药剂防治等办法，唯独缺少给大树穿衣戴帽的方法。在专家眼里，如此新潮的防冻法却并不可取。

一是束缚树木生长。如今针织物多为化纤产品，缺乏天然织物的透气和弹性，过度缠绕后会影响树木新陈代谢。二是有损市容。针织物初绑上时会色彩艳丽，经几场风雨后便显残败凋零之态，不易长期维护。如果不及时清理，今日之亮点会演变成明日之败笔。

2015 年入冬，上海也曾出现类似街头文化，当时路边梧桐树绑上各色针织品，花花绿绿甚为吸睛，被视为当代街头的艺术涂鸦，一度风光了几天。虽然曾吸引过往市民的新奇目光，但市容部门还是依规执法，以有碍市容、影响树木生长为由给予清理。

如果真从大树防寒角度出发，采用绑稻草实惠管用。稻草经风雨后腐烂脱落，不需专人打理，省时省力，效果更好。

其实，秀靓丽、造亮点是企业营销品牌的常见做法。如今给大树穿衣戴帽，营造过节气氛吸引公众目光是一次不错的尝试，只是别搞拉郎配，打着防寒理由忽悠大众智商。毕竟深圳是南方城市，常年最低温度达不到冰点，这些树木也是当地树种，早已适应了当地气候。在公众眼里，以防寒理由给树穿衣戴帽，为秀靓丽工程打头阵，初听起来有道理，却经不起推敲。

信自己，也要信群众。毕竟生活中有众多事物没有功利性，街头点缀、美化生活也不需寻找特别理由。逢年过节贴个春联、剪个窗花，图的就是喜庆。如同在门前“栽”棵圣诞树，只需树上那一闪一闪的亮光带给人们温暖，带给孩子浪漫的梦想，就已足够。至于圣诞树是呼吸更多雾霾还是消耗更多木材，谁会在意呢?

当然，企业秀靓丽也要掌握好度，算好经济和社会两本账。如今秀给大树穿衣，待来春再给大树减负，这一增一减的，GDP 是搞上去了，但树还是那棵树，人还是那群人，穷折腾，不值!

少年婚笑傲江湖，可怜谁的无知无畏

男大当婚，女大当嫁。听说过娃娃亲的，却真没听说少年婚的。

@南国早报 2016 年 2 月 22 日一条消息让人侧目。广西宾阳一对均为 16 岁的当地小伙、姑娘成婚，父母摆了几十桌酒席庆贺。凤凰网等媒体转载，让一对小夫妻一夜成为网红。

引发关注，倒不是这对小夫妻颜值高，而是其结婚年龄太小。一种说法是新郎只有 13 岁，很快知情人给予澄清，说小夫妻都是 16 岁，已交往一年。即使是 16 岁成亲，如此低龄夫妇的出现，也让众多网友咋舌。

一句话，家长支持，亲友无知，这婚礼在小山村举办得排场、如意，一出少年婚的闹剧羞辱了谁的智商?

有人认为是当地民俗，民俗难移，少男少女早婚生子属当地特有传统，淳朴而古老，源远流长，在当地深入人心。也有人认为是农村男女人口比例失调所致。据全国 1% 人口抽样调查数据显示，几乎所有省份的农村地区都缺少女性，争夺有限的女孩成亲使婚育年龄日益走低。更多的人则认为民俗有违国法,《婚姻法》规定，中国公民结婚年龄男不小于 22 周岁，女不小于 20 周岁。有法必依，法律岂容儿戏，孩子不知违法，在网上大胆秀恩爱，其父母的无知无畏让网友无语。

父母作为监护人应承担这一行为的法律后果。少年还未

成人，如今是无证结婚，形成了事实婚姻，再接下来是未婚先孕，一系列问题、难题摆在那儿，为人父母现在不操心，无所谓。当问题来了再说无知、后悔，有用吗？！再说，孩子未成年，本来是学习、长身体的时候，是和同龄人在课堂学习之时，早早退学生儿育女，过早为家庭生活所累，是经济条件不允许，还是思想愚昧惹的祸？无论结局如何，肯定害了孩子。

令人奇怪的还是当地政府的态度，做缩头乌龟，眼不见心不烦，你结你的婚，我把我的关，只要不领身份证，不领结婚证，你在村里怎么搞与我无关，如此放羊式的管理心态，如此不作为的政府行为，让民风和法律各行其道，各取所需，看起来一团和气、一片祥和，纵容的是无良风俗，伤害的是法律尊严。

不能一味由着村民大玩少年婚的把戏了，既然此事已受世人瞩目，各级媒体也要发声，如属实，当地部门也要勇于作为，大声说不！成风化人的事，落实、落细，不能是空话！

对挑战社会道德底线的行为说不

又是一起辱医事件。对河南周口太康县人民医院的医护人员来说，2015年中秋节是一个充满屈辱的日子。当天，一名医生和一名护士在病人家属的强迫下，轮流抱着患儿尸体在医院门前被示众。如此羞辱医者，令人震惊！如此蔑视法治尊严，挑战社会认知底线，令人可憎！

政府工作报告中提到要让所有中国人生活得更有尊严。尊重人格是维护社会秩序的基本保证。在现实生活中，医生被视为治病工具，医治好了应该，一旦出现医疗纠纷患者家属便不依不饶，轻者大吵大闹，重者打砸抢来个全武行。有人视医者为祸首，视医院为私地，医闹事件在各地频频上演。

太平间里不太平。人们质疑，当法治遇到一群充满戾气的无知无畏者时，难道任由丛林法则横行，物竞天择，弱肉强食？

社会文明体现在保护弱者的能力。“幼吾幼以及人之幼”，痛失爱子，父母悲痛欲绝，家属心情绝望、疑惑、愤怒。家属不接受现实，对患儿死因充满疑问，本可通过法律渠道寻求解决办法。仗着人多势众，以辱骂、威胁、殴打等羞辱医者的极端行为引发社会关注，孩子不会重生，还惹上扰乱公共秩序的罪名，一错再错，从失子的被同情者变为闹剧中的施虐者，不仅丧失为人父母的基本修养，还会受到社会舆论谴责及法律的

制裁。

医者以救死扶伤为天职，无力回天也无奈。人生旅途中，生老病死均遵循自然规律，再精湛、高超的医术也只能减缓死亡的脚步。即使出现用药不当、医术不精等问题，也归医院追责，应由执法部门依法依规处理。

可怕！总有人一遇到问题就找医者麻烦，怀疑医术不精，臆断医者怠慢，误了诊疗时机，枉了亲人性命。

可悲！法治权威让位于彪悍的民风，以羞辱医者践踏社会公理，以挑战社会公德底线的做法进行所谓“维权”，表面看伤害的是医者形象，实则践踏的是公民的基本行为准则，损毁的是社会安宁、社会和谐的局面。

法理不畅，戾气滋生。当社会矛盾用拳头解决，靠无知无畏横行乡里时，公平何在，正义何在？当医者生存权受到威胁和挑战时，还渴求南丁格尔精神得以传承吗？！

这是一场针对医者职业的社会信任危机，也是一场维护医者尊严的斗争。需要执法部门亮明尺度，惩治违法者，也需要舆论惩恶扬善，还医者一个安宁和谐的工作环境。

带薪休假还需接地气

“世界这么大，我想去看看。”河南一位语文教师用文艺化的辞职方式勇敢实现了自己的旅游梦、休假梦。对大多数人来说，能够在不影响生计的前提下享受带薪休假，听说过，但没享受过。

见过一些单位在招聘员工时，提出的优厚待遇中，有底薪，有提成，往往再加上能够带薪休假几天的条款，名为特别福利，能够在工作时间实现带薪休假的人还属少数。

据人社部的一项调查显示，自带薪休假制度推行七年来，全国带薪休假落实率约为50%。落实带薪休假比较好的主要集中在党政机关、事业单位、大型国有企业、外资企业，而一些民营企业、中小企业落实起来相对较差。

上有国家政策，下有政府部门的检查、督促，2015年官方又多次强调，甚至鼓励周五半天加周末的福利计划。有消息说兰州出台强制推行机关事业单位带薪休假，规定“凡符合年休假条件的工作人员必须休年休假，应休不休的年休假补贴不再发放”。可事实上为什么还会有那么多人愿意选择在岗位工作，选择放弃个人带薪休假的权利，是中国人敬业奉献，视事业发展为第一需要？在公开、透明信息环境下，劳动者知道有带薪休假的权利，但员工不能为、不敢为的因素居多：

一是不能为。笔者在新闻单位工作，新闻生产是系统化

生产过程，涉及岗位多，而节假日往往是节目集中生产的时期，再加上事业单位人员长期缺编，在核心岗位人员紧缺前提下，一切服从于工作的管理模式提倡奉献和坚守，播音员、记者、编辑等岗位人员长期满负荷运转，不能休、无法休成为常态，其他窗口单位如公安、消防、水电、医疗等事业单位也面临同样的问题。

二是不敢为。企业以产品生产销售为导向，体系内对员工进行绩效考核，在人力资本竞争日益激烈的当下，员工无论何种原因，离开工作岗位就意味着工作业绩的下滑，就存在年底尾数淘汰的风险。“今天不努力工作，明天努力找工作”，对未来的忧虑使员工产生焦虑情绪，只有努力加拼命工作，才能保住工作。优胜劣汰的竞争氛围让多数人知难而退，有福利也不敢要。就更鲜有依靠法律来保障自身权益的事例了。

可见，对带薪休假的各种鼓励、提倡更多的还是停留在文件中、口头上，员工不能休、不敢休的问题一日不解决，政策落实就会停留在最后一公里处，让员工遥不可及，成为多数人的梦想，枉费政策制定者、推动者的一番苦心。

发钱码成山，这是谁的点子

又到一年农民工返乡时，企业不拖欠工资，及时支付工人报酬是当下民生头等大事。

2016年1月15日，安徽省阜阳市一工程项目部内，企业将1000余万元现金码成钱山给工人发工资，当地媒体助阵，“长枪短炮”拍摄，发工资新闻让企业连带秀了一回。

企业用现金结账，有人、有钱、有场面，看起来祥和，钞票握在手中，工人心里也踏实。从农民卖粮点钞，到进城打工点钞，点钞时人们露出的淳朴笑容成为各级电视媒体记录时代发展的经典画面，记者乐意拍，市民也乐意看。

钞票多到码起来，企业是主角。一是阵势大，显财力。二是以钱为媒，展示看得见的诚信。三是满足了记者要求，否则缺乏视觉冲击。对于工人来说，不管金山银山，还是钱山，薪酬并不因钱码成山而多出一分一厘。发钱场面有助于浮夸的造势，却无助于改变无奈的现实，中看不中用。

首先大规模地发放现钞不安全。对工人来说，年底集中发放现金，多数要带回家乡，带着现金一路风尘，少则几百里，多则上千里，少不了各种担心。如同电影《天下无贼》展现的场景，万一路上让贼惦记，岂不节外生枝。其次，发放现钞牵扯大量精力。企业从银行领出大额现金，组织发放，费工费神，稍有闪失，易造成差错。一旦遇到假钞，说不清、道不

明，最终受损的还是工人利益。

再说，集中发放现钞那是土豪曾有的狂欢。如今，红包都用微信发了，支付电子化早已成为市民的日常生活，一卡在手，微信、支付宝等助力，收入和支出可一键搞定。企业不走电子支付平台，非要烦心劳力让工人排队分果果，如果仅仅图一时热闹，场面不如联欢会；如果仅仅图眼见为实，真还不如给工人多发点钞票暖暖心。

至于记者拍摄的额外要求，那都是浮云。最终还应尊重主人翁的态度，毕竟大家忙碌一年够辛苦的，临近回家，却还要充数当回领钱的“群众演员”，累不累？

区伯，嫖娼也能扯上你

广州区伯，大名鼎鼎，被誉为网络民间斗士。他 63 岁，拥有 11 万粉丝，他痛恨腐败行为，敢于挺身而出，以一己之力同公车私用等行为抗争，被誉为广州公车私用监督达人，赢得公众尊重。但 2015 年 3 月 26 日长沙警方披露，区伯在湖南旅游期间涉嫌嫖娼，被行政拘留 5 日。网上一时议论纷纷，此事有何隐情？

一是阴谋说，说老板设好圈套，就等善良的区伯去钻，赢得部分网民同情。二是功过相抵说，说因老人一时无法抗拒诱惑，改正错误还是好同志，维护网络达人声誉。这些说法以宁信其无的主观臆测难免以偏概全，过于偏激。目前从各方透露的事实为，区伯去了不该去的地方，做了不该做的事。

先说区伯去了不应该去的地方。区伯为公众利益而战，算公众人物，社会各界对他的评价也是多元的，每个人都会从各自利益角度来理解、评价他的行为。从他对《澎湃新闻》记者的录音谈话中得知，他此次去长沙本想去旅游放松一下，在旅游地还不忘使命，挺身而出曝光了两起公车私用的事件。但此次出行过于草率，区伯先受网友春桑小王之邀，“想去大自然减减压”，网友的朋友介绍去吃饭，再喝酒，再唱歌，再请小姐，再住宿，一条龙服务一样不少。据说是朋友的朋友，一个陈姓商人安排打点一切。防人之心不可无，常在江湖上混的

区伯不会没有意识到，素不相识之人为何照顾的如此周到？按区伯说法“我觉得这是一个陷阱”，此事开局就是个阴谋，夜宴当然也是鸿门宴。

再说区伯做了不该做的事。人生诱惑何其多，谁都不是圣人，但应有起码的底线，违法的事坚决不能做。从这一事件看，假设人家设好圈套，你得当机立断，断然退出，还得靠自觉。去歌厅，没拒绝；请小姐，没拒绝；小姐来房间投怀送抱，没拒绝。时间、地点、人物齐全，有录像、有人证，铁证如山！你再坚持说没有付钱，没有性行为，为自己辩解，有何意义？！再说，别人设套那是别人的事，你自己钻进去怨别人没安好心，到头来只能怪自己没底线。生活并不是游戏，可以重新来过，当断不断，多年功名毁于一旦，令人痛惜。

一失足成千古恨。区伯的湖南减压之行无疑已成他个人的噩梦之旅。中国人讲究德才兼备，言行合一。很难想象他今后还有勇气，理直气壮地站出来维护社会公平正义。没想到一个以维护法律尊严为使命的老者最终以违法的结局收场。

凡事皆应敏思慎行，社会精英适用，凡夫俗子也适用。

围观凤爪女，也要有气节、有责任、有担当

这几天，一个凤爪女在朋友圈中成为刷爆屏的社会热点，成为大众茶余饭后的消遣。

2016年伊始，凤爪女在上海地铁的不文明举止被网络传播。先是视频，再是各类公众号、各类大小V们接棒扒粪后的战果，如剥笋般层层曝出凤爪女三年前的劣迹，再曝出其为某培训机构音乐教师的身份，甚至其参加电视相亲节目的截图。有图有真相，屏上不断涌现的亮点不时刺激着众人的感官，期待着更精彩的猛料呈现。

1月4日，上海滩上的大V宣克炅坐不住了，在其微信公众号中广发英雄帖。“请被拍摄者王女士、拍摄者、驳斥的老伯等知情者，一起接受权威媒体采访，说明一下来龙去脉，还原当时情况。”

有志之士的呼吁和行动，让沉淀、发酵在民间的一地鸡毛有机会登上广播电视等大雅之堂，再次激发出众人围观的热情。

自古以来，中国从来不缺围观者。鲁迅先生在《藤野先生》一文中曾描述过一群麻木的围观者，日俄战争中刽子手斩杀中国间谍，众多国人围观，鲁迅怒其不争，哀其不幸，决心

弃医从文，把唤醒民众意识当成己任。在如今生活中，每遇新奇之事总有人喜欢凑热闹，交通肇事有围观，医患纠纷有围观，打架闹事有围观，甚至围观也被认为是城管执法利器，据说柔情执法效果良好，围观者犀利的眼神成功制止商贩的不法行为。在虚拟网络上更不缺乏围观者，面对一篇奇文、一件奇事，点赞、转发、点评，热心参与乐此不疲者有之，冷眼旁观围而不语者有之。一边享受于信息冲浪，一边夹带点个人评价，与其说是刷参与感、刷存在感，不如说在信息爆炸中掩饰随波逐流的内心躁动，意识迷茫。

袖起手来，作壁上观。胡言乱语是围观者不经意间展现的人间百态。在凤爪女事件中，更多围观者消费着信息不断翻新、刺激的快感，怂恿着好事者深挖凤爪女的前世今生，却忽略了旁边老伯维持公道的正义之举，忽略了拍摄者的狭义豪情，忽略了维系社会稳定的道德精神，忽略了法纪法规的制约作用。

围观者要有气节、有责任、有担当。很赞赏电视人宣克炅的挺身而出，期盼相关报道早日播出，以权威声场平息江湖上的是是非非、认识上的模模糊糊、行动中的跌跌撞撞。还原事实，引导舆论，这是媒体人的职责，也是社会担当的情怀。

又见恶俗，把空姐塞入行李箱

谁都知道行李箱是用来放行李的，如果人在里面又如何？

玩偷渡？那是匪警片情节。变活人？那是魔术套路。塞空姐？如今成了有些航空公司空少们的新玩法。

近日，一组空少恶搞空姐的图片在网络疯传，几名空少把空姐强行塞入行李箱并拍照，这种玩起来很酷的游戏被视为新人加盟的必修课。不知刚入道的空姐蜷缩在行李箱的感受如何？从照片效果看，整人者挺开心，纷纷留影以纪念。

且不说这种高空托举动作难度系数有多大，危险系数有多大，也不说高空管理规则是否允许，只说公众观感，此类照片应属于少儿不宜照。

一、这绝不属玩笑。有消息说这是工作人员之间开的小玩笑，在民航已存在很久，没有人感觉不妥。但疯传照片中的内容令人不爽，只见新人身着工装，双手捂脸，身体蜷缩在狭小的行李箱内，看不出丝毫欢乐感。此画面倒很容易让人联想到以强欺弱、弱肉强食的场景。把人视作物，再把物视作玩偶，这是野蛮、强盗的逻辑，曾给人类造成巨大灾难，古今中外，其罪恶罄竹难书，被人类文明及道德禁止、谴责。用此另类办法庆祝新人出道未完全尊重新人的意愿，反而有以行规压制新人意愿的嫌疑。此举侮辱空姐人格，限制他人自由，有触犯刑律的嫌疑。

二、这绝不属惯例。据说在昆航安保人员中长期存在此行为，被当成行业惯例而遵循，国内其他航空公司内部人员也风行此游戏，有资料还称此做法源于境外航空公司，只不过昆航空姐捂脸和外航空姐笑脸形成反差。偶尔遇到有新人坚决不从的，会被圈内人认为不合群，太另类。可见此习俗在业界不新奇，属圈子文化，不必大惊小怪。如果双方均以对方为乐，未产生社会影响，那是私事，别人无权干涉。但此事发生在航空器上，发生在工作人员之间，发生在一方绝对弱势的情况下，这能说是私事吗？能说是游戏吗？能说是与管理方无关吗？这是一幕发生在公共场所的肆意侮辱他人的事件，性质恶劣，影响更恶劣。

然而，从媒体报道来看，管理方回答令人失望。一称不知，未收到举报；二称属于个人行为，与管理无关；三称将批评教育当事人。管理方对此态度暧昧，未表示坚决反对，严格禁止此类行为。在管理中把没举报视同没发现，没发现视同不存在，把恶搞视为开玩笑，成为潜规则的旁观者、纵容者。如今见纸包不住火，舆论惊诧时，给当事人不疼不痒的批评。今后必定还是游戏者仍然游戏，新人还是被潜规则的命运。

无疑，这是发生在空乘人员之间不应有的一幕丑剧。只不过是一些人打着继承传统的名义，以游戏、猎奇为借口侵犯他人自由的闹剧，表面是促进团队凝聚力的小游戏，无伤大雅，实质上败坏了行风。

提醒那些依然我行我素的空少们，把快乐建立在违反他人意愿或他人的痛苦上，轻则损人利己，重则侵犯人权。这绝不是儿戏！

我是谁，如此尴尬不仅仅存在于影视中

电影《我是谁》曾经风靡全国，片中成龙主演的特工无法证明自己身份的故事令人印象深刻，如今成龙大哥的尴尬处境却让生活中的殷女士备受煎熬。拿着户口本、旧身份证却无法办理新身份证，原因竟也是无法证明我是谁。

是办证人员刻意刁难，还是殷女士在闹乌龙？原来是体重惹的祸，殷女士曾经体重达到 150 斤，如今只有 90 斤。从一个胖妞突然变成窈窕淑女，如今的她和原来模样判若两人，不仅警方无法确认，连儿子都对她过去的照片叫阿姨，形象的巨大差异让她的新身份证卡在审核中，迟迟没有结果。减肥减到别人不认识的份儿上，也算达到“脱胎换骨”的新境界。

现在殷女士想证明我还是我，却苦于缺乏证据，无法自圆其说，通过多年艰苦努力才得到的新形象却给自己带来麻烦。

证明是具有法律效用的文书。人的一生总要和很多证明打交道，出生证明、收入证明、工作证明、财产证明、结婚证明等，开证明成了对外交往的重要内容。证明往往都有一个共同特征，均由权威部门提供，包括居委会、工作单位、司法部门等，都是第三方、公众普遍认可的组织或部门。在公众眼

中，除了大红公章的权威性，在缺乏诚信保证时，想证明我是谁却成为现实版的哥德巴赫猜想。

倒不能一味怪警方办证人员小题大做，警方也是遵循工作环节，通过走访、比对材料核实申请人身份的真实性，不能苛求他们不为民做主，也不能要求他们通融一番，高抬贵手。怪只怪殷女士缺乏证据意识，在改变形象时，没有留存美容证据、减肥证据，落个无法证明我是谁的地步。如今也只能配合好警方核查，积极提供人证、物证，请警方证明我是谁。

这事倒对警方提出一个新问题，目前采用的身份认证方式是否适应当今生活的变化、科技的发展？在审核中，除了对申请人视觉认定外，是否还可采用血型、指纹、基因等新的认证依据。毕竟无法证明我是谁是对司法制度的讽刺，离诚信社会中公民自信、社会进步的要求甚远。

翻了墙头，堵了心头

上班要翻墙而过，如果是你，你干吗？

此事听起来挺新鲜，在当地却不是新鲜事。2015 年 11 月有媒体报道广东深圳宝安松岗一工业园，由于侧门被业主封掉，走正门需要十几分钟，住在对面城中村的工友们便每天爬围墙上下班。

从曝光照片看，在一地垃圾的墙头前，工友们排起长队，如同等候上车，秩序井然，谁也没有把翻墙上班当回事，仗着年轻气盛，大有把危险游戏玩到底的勇气。

是工厂大门设置不合理，还是工友偷懒走捷径？事实上这一现象已持续两年，翻墙上班对部分工友来说已成常态化，不雅行为成为当地一道刺眼的景观。在半公开情况下，工厂管理方却长期无视此事，事不关己的态度让人质疑，难道非要等有人因此出意外，用血的教训警示后人？“路是人翻出来的，翻的人多了也便成了路”的现象让人汗颜。

围墙是阻挡工厂与外界联系的，是物理隔断，也是公私场所的划分。工友如此不顾危险疯狂走捷径，只因为原有的门被封掉。但选择越墙而过，有违厂规，有违公德，万一有个闪失，受害的还是个人。

出门在外打工不易，安全第一。首先，年轻人的安全意识有待提高。如此惊险上下班，危及自身安全不说，还有违厂

规。每天翻墙而入，光天化日下可做，三更半夜亦可为。无疑向“梁上君子”告白，工厂无设防，可自由出入。其次，翻墙上班有违公德。围墙也代表着公众心理的道德线、法规线，放着阳光大道不走，非要越墙而过，如此行为不道德、不文明，有违法风险。此外，工厂安全防范水平有待提高。大门是出入工厂的唯一合法通道，也是安保的重点。如果有人可翻越墙头，视大门形同虚设，工厂便无安全可言。

对于此事，舆论不能一边倒地责怪年轻人的无知与鲁莽。员工是为赶时间所迫，感同身受地设想一番，工友翻了墙头，堵了心头，实属无奈。

对于此事，工厂应当承担更多的教育和管理责任。一方面要教育好员工，做到文明行路。另一方面要广开言路，采取措施，解决员工安全通行的需求。

管理还需更加人性化，可参照格罗培斯设计迪斯尼乐园小路的做法。工厂管理方把工友安全出行作为第一需求，统计出选择如此出行方式的人员数量，如果代表着多数人的出行需求，那么应协调各方，在此恢复旧门通行或破墙开门，并设专人管理，加强安防，有利于维护各方利益。这样有堵有疏的措施既保障了厂区安全，又杜绝了不规范、不文明的行为，何乐而不为？

小狗走失，主人找到后却让警察犯难

一条断案奇闻，颇有戏剧性。

一只白色的萨摩耶犬走失找到后，一男一女都坚称狗是自己的。双方出示的照片因为高度疑似，所以无法证明谁是小狗真正的主人。双方争执不下，争议到公安局，浙江省宁波市鄞州区民警现场“断案”：谁能把狗叫走狗就归谁。

事实证明还是女主人“魅力”足，在两人与小狗保持同等距离，分别呼唤小狗名字时，小狗跑向了女主人。对于小狗的自主择亲，曾经养育过小狗一段时间的男主人却也无奈，说：“既然狗狗认她，就由她带走吧，反正都是爱狗的人。”

在无法提供有效证明的情况下，征得当事双方同意，民警以动物行为直觉断定物权归属，倒也算断案方式的新亮点。好在此案并没有谁受到特别委屈，在民警监督下，当事双方友好地完成了小狗的认领程序，双方都认同程序的合法性，都接受小狗新的归属，皆大欢喜，成为一段断案佳话。

按常规，在当事双方都拿不出确切证据证明小狗归属时，小狗应暂存第三方，由警方扣押，待一方拿出证据足以证明小狗归属时，才能履行归还程序，物归原主，以维护司法的公平、正义。

若果真如此处理，一方面小狗要经受再次与主人分离的痛苦；另一方面主人也要为准备更多有利于收养小狗的证据而

奔波；此外，警方还要为小狗提供暂留处所，短期内并不有利于产生争议的任何一方；即使最终做到完璧归赵，然而时过境迁，来回折腾的成本令人望而生畏。

司法公正追求“权利和利益在人们之间的各得其所”，人心向背是检验司法公正的社会风向标。司法为民也更多体现在执法细节上，断案民警的点滴创新减少司法成本，提升断案效率，重构了社会安宁，值得赞！

小女生拼颜值求借200万，美梦能成真吗

刚毕业的小女生、有点姿色、借200万、尽孝道。当这些风马牛不相及的词组凑在一起时，您作何感想？是不是思维瞬间有点紊乱，是不是感觉穿越了时空，上点年纪的人甚至有了一夜回到解放前的沧桑感。

2015年8月，一个自称四川师范大学刚毕业的女孩子，突发奇想，发帖求借200万人民币，称如果有人可以给其父母“买一套住房＋装修好＋两个社保”，目前还没有工作的她承诺将在15年内将贷款还清，并承诺“我的后半生将为你而活，创造的财富都可以属于你”。

初看此信息时，本当作朋友圈中常见的恶搞段子，乐乐也就罢了，可经各网站转发及《华西都市报》对该事件后续报道后，笔者才意识到确有其人，确有其事。女孩子为何要如此，让人摸不着头脑。

首先求借有点无厘头，是无法实现的春梦而已。试想一下，一个刚毕业的女孩子，无专长，仅凭几分姿色，加上所谓下半生的以身相许，在网上寻求巨额投资，不符合市场逻辑。退一步说，即使算是一种创新的风险投资，也要有回报的可能和概率。没有资产抵押，缺乏诚信支撑，单凭一厢情愿的自我

表白，即使再包装点为双亲尽孝的美好初心，现实生活中也难实现。可以说理想很丰满，现实很骨感，大有炒作嫌疑。

其次，求借行为宣扬了不劳而获的人生态度，女孩子的价值观取向并不被主流社会认同。积累财富只有依靠诚实劳动一条道路，没有捷径可走。人只有不断辛勤耕耘，在创造财富的过程中才能体味到人生价值。那种梦想偶遇贵人，一夜暴富，灰姑娘式的童话人生在现实重生，如同缘木求鱼、守株待兔，只能平添烦恼，于事无补。再说，缺乏创造过程的财富往往可能只是昙花一现。

最后，还需重新审视当今的网络环境。在多元化的社会中，网络媒体要有鲜明态度，不能借所谓中立、客观而对消息不加选择地转发，推波助澜。如同这则消息，女孩子异想天开，价值观错位，却也能上了《华西都市报》的版面。如此“花花草草”渐多，能够激励社会前行的正能量反倒渐少，长此以往，损了报格，误了导向，岂不害人害己。

争车牌、争车位，争出一堆烦恼

如今在上海，买车看实力，行车看机遇，停车就全凭运气了。痛并快乐着，是上海有车一族的无奈写照。

对一般工薪家庭来说，动辄6位数的汽车售价不是小数目，花几年积蓄实现汽车梦，是多数市民奔小康的生活目标，但拥有一张上海牌照，拥有一个停车位却是大难题。

每月一次的牌照拍卖游戏揪着新车一族的心，5位数的车牌中标价，低于5%的中标率，中车牌如同摸彩票，靠运气，拼人品。好容易有了车牌上了路，车停哪又是难题，有人竟然为一个停车位被逼得换了房。

据《新闻晨报》报道，截至2015年10月，上海中心城区停车位大约78万个，需求114.7万个，缺口36.7万个，缺口比例达32%，老旧小区的缺口比例更高。如今在小区内，老人坐板凳占车位、电动车锁铁链占地、竖警示桩等办法无奇不有，为争一个停车位争到面红耳赤，邻里间剑拔弩张的故事频频上演。物业也很无奈，僧多粥少，毕竟就那么几个车位，左邻右舍抬头不见低头见，厚此薄彼总归无法当好老娘舅。

虽然上海市在鼓励居民购置小排量车、实施先有停车位再购车等办法，但小区停车位供不应求还是困扰着开车一族。

地还是那块地，车还是那些车。只有从存量上想办法，从管理上下功夫，才能缓解停车难的问题。

首先，物业要摆正位置，不要想着年年涨价限车流，还是要当好老娘舅。在小区重新规划停车位，用足空地资源，否则眼见居民窝里斗升级到全武行，物业也逃不了干系。其次，车品也为人品，居民还得养成文明停车的好习惯。在小区不乱停放车辆，不停放霸王车，要遵循公共空间有利多方原则，不能方便了自己，损害了他人。再次，管理部门可以借鉴北京、杭州等地的经验，摸清小区每辆车的出行规律，发挥好居民自治组织的作用，分轻重缓急，对自住居民、来访居民等分类管理，开展错时停车，对车辆停放进行动态管理。此外，政府部门主动作为，开放机关、事业单位、学校等公共停车位，满足周围居民夜间停车的需求。

办法总比问题多。对于一个地区来说，车辆增长不可能无极限，当周边公共交通服务水平能够达到替代汽车方便居民出行时，当环保理念渗透进居民生活常态时，小区停车难就会成为城市发展的记忆。

“发个奖杯安慰一下”，劳模也能靠钱买吗

谁都知道，劳模是由各级工会组织逐级推荐产生的，是劳动者的光荣称谓。但如今，劳模也能山寨，全靠钱当家。

2016 年 5 月 1 日，在北京钓鱼台国宾馆芳菲苑多功能厅，2016 年杰出劳动者全国劳动英模五一座谈会暨先进事迹报告会开幕。一公司借中字头协会的名义在钓鱼台国宾馆召集此会，“全国劳模”荣誉坐地起价，只要花费 2980 ~ 29800 元就可参加报告会，领取奖牌、奖杯和勋章。

现场能容纳 400 人的报告厅座无虚席，气氛热烈。来自中国国际经济技术合作促进会副理事长滕道阳致辞颁奖，原政协委员、研究员、杂志社主编等众多名人站台，一场像模像样的全国事迹报告会便粉墨登场了。

然而，热闹气氛并不能掩盖山寨本质。有受邀请前来参会的聪明人，一听说要付费 3000 元，转身就走；也有不远千里赴会的糊涂人，既来之，则安之，按照规则，付费、领奖杯、拍几张留念照片，记录下光荣时刻，明知掺杂水分，只是一纸虚名，却也乐在其中。正如北京中视观察国际文化传媒中心秘书长坦言，参会者都是自己在网上找的，“都是老年人，发个奖杯安慰一下是应该的”。

看来，无论是组织方、参会方，没人把这场报告会当回事，娱乐成分多，挣钱本意浓。

当记者以报名者身份混入会场暗访时，滕道阳坦言："你们（记者）最好是不要报道，一曝光我就会被开除，我就得回家了。"

如此闹剧，漏洞百出，竟然堂而皇之在钓鱼台国宾馆上演。对于捏造的荣誉，颁奖者发得坦然，获奖者收得安然，但谁又会想到公众的观感呢？

无疑，这场闹剧侵害了劳模声誉。虽然英模与劳模一字之差，但多数公众依然会把英模和劳模混为一谈。一个有钱就可以买到的荣誉，又怎能引发公众敬意？闹剧最终损害的是社会的公平、正义。

劳模是各级政府对一名劳动者的最高称号，是对无私奉献、敬业爱岗精神的高度肯定，又岂容他人染指造假！

当地执法部门围观不为，国宾馆视而不见，只能助长不正之风愈演愈烈。此事被媒体曝光后，执法部门应主动介入，追究有关协会、公司、当事人的责任，涉及诈骗行为的移送司法机关处置。

让山寨劳模无以遁形，才是公平、正义社会的体现。

别让惊喜当惊吓，孝敬也要讲尺度

回家过年给父母带点礼物，是在外打拼的年轻人的一份孝心，但带什么礼物，颇有讲究，不能头脑一热，好心办了坏事。

2016 年初，武汉商贸学院大二学生小徐就遇到了烦心事，小徐通过当家教等方式挣了点外快，寒假回家时特意给父亲买一部智能手机当礼物，结果反被父亲骂成“败家子”，遭到父母的一顿数落，小徐心里很不是滋味。

原来小徐家境不好，父母含辛茹苦、节衣缩食把小徐一路供到大学。儿子学业还没完成，却突然带回一个城里人用的“大家伙”，一时把父母吓住了，才有了后来对小徐的训斥。

小徐也是一肚子的苦水，买个手机对父母表达孝心不为过吧？手机是通信设备，也是生活必需品，家里有事也方便联系，彼此有个照应，虽说 1000 多元对父母来说是高额消费，但是小徐合法所得，又不是偷来抢来的，至于挨父母一顿训斥吗？

有人对 100 多位在校大学生以“如何孝敬父母”为题进行调查，竟有九成以上的同学为过年给父母带什么礼物而困惑。看来，选择礼物向父母表达孝心，也得讲究方式，也得看自家情况了。

虽说“己所欲，尽施于人”，但子女也要看父母的接受能

力，沟通理解是孝敬父母的前提，万不可把自己的好恶不加选择地带给父母。小徐希望父母惊喜的初衷没错，但错就错在依据他个人所需而确定父母的礼物，以自己的喜好和接受能力揣测父母的心思。毕竟双方所处环境不同、经济能力不同，在小徐眼里的生活必需品到父母处就变成奢侈品，华而不实的处事风格违背了父母节俭的习惯，父母不接受，埋怨几句也正常。

对小徐父母来说，可能只要看到儿子学有所成，能够在外照顾好自己，独当一面，就已经心满意足。其实，孩子带来什么礼物并不重要。

新疆儿子娃娃，攒劲

在家千日好，出门一时难。看到别人有难处，主动伸手帮一把，是咱中国人的传统美德。

2016年2月，在北京开往乌鲁木齐的列车上，一位名叫罗强的小伙子做了一件好事，获得大家伙的齐点赞，不容易！能够把自己的座位让给一位素不相识的老人，相信大家对如此场景并不陌生，在公交车上、在地铁上，尊老爱幼、文明出行是社会新风尚，不稀奇。但在火车上一让就是把38小时坐着回家的“福利”变成站着回家的“囧途”，如果换作你，你能做到吗？

罗强不仅做到了，下车后还主动把老人送到长途汽车站。不是亲人胜似亲人，这是一种什么精神？这让笔者想起20世纪60年代发生过的一件事。电影《雷锋》有这样一个场景，不顺路的雷锋雨夜专程送一对素不相识的母女回家。这个助人为乐的故事曾经感动了几代中国人。如今，此种场景重现于长途旅行中，雷锋精神代代传。

令人欣喜的是，罗强的朋友——阿布都热依木核实后把此事发布到网络上，很快罗强让座的事不胫而走，人间真情让网络世界为之动容，网民纷纷点赞罗强“新疆儿子娃娃，攒劲！”

世界并不缺乏美，只是缺乏发现美的眼睛。笔者不仅被罗强的善举感动，还被阿布都热依木的行为感动。他们是一道

去北京参加学习的朋友，在朋友圈中看到罗强的善举后深受感动。为了让更多的人知道罗强的善举，弘扬助人为乐的精神，他将罗强让座的事发布在网络上，给春运汹涌的人流带去相互体谅、关爱的浓浓暖意。

不以善小而不为，罗强做到了，阿布都热依木也做到了。正是网民在网络上积极传播有利于社会的凡人善举，才有了这人间的温情与暖意。

在中国，一个老外自愿指挥的交通会怎样

2016 年 6 月 2 日下午，贵阳街头出现了这样一幕。一个外国老人站在街头路口，以自己的方式指挥过往车辆通行。一位路人录下了这个场景，这位可爱的外国老人指挥交通成为当地的一段佳话。

从这段近四分钟的视频中可以看到，老人在竭尽全力指挥车辆通行。现场人车混行，危险重重。老人的指挥并未带来交通状况的明显好转，人们在为老人感动的同时，也为当地混乱的交通状况捏一把汗。

多数外国人来到中国会“入乡随俗”，无视交通规则，如中国式过马路比比皆是，能够身体力行遵守交通规则并参与交通指挥管理的，更是凤毛麟角。无疑，这位新西兰籍的贵州财经大学的外教布鲁斯是个特例。

布鲁斯待人热情开朗，深受师生爱戴。他在接受记者采访时说：“每一个人都应该站在整个城市的角度去看待交通问题，而不是想着自己。如果可以，我可以每天都去。”

有人说，一个外国老人用行动说明了规则的重要性；也有人说，一个外国老人的“疯狂”举动打了交警的脸。而依笔者之见，这位外国老人是用行动力图改变公众不遵守规则的

习惯。

有困难找警察，这是人们日常生活中遵循的社会规则。社会也鼓励专业力量处理特殊问题。如果遇车祸人们会拨打110、120，由交警和医生来处理。而如果遇到小事，人们往往选择自己解决的多。比如出行遇阻，随大流的多，盲从的多，守规则的少。

不守规则，就得有人来执行规则。在现场缺失交警执法的情况下，谁来指挥，谁来协调，需要振臂一挥的“领导者”。这位可敬的老人正是自愿充当这一角色，以自己理解的方式协调混乱的交通。虽然其行为不足以改变现状，但在那一瞬间，老人忙碌的身影却给人以温暖。

老人这一自发行为令人尊敬，却不被众人看好。因为老人把自己带入危险境地，在自己安危无法保证的前提下指挥交通，徒有堂吉诃德式的悲壮，却缺乏了行事的睿智和从容。

相信这样的暖心故事依然会在社会上传播。一个外国老人，用他的实际言行感动了我们每一个人。

文明多了，野蛮就少了；幸福多了，悲剧就少了，这是文明社会进步的印记。

错上加错让生死时速失去炫耀的资本

一名张姓小伙子因在朋友圈中炫耀其酒驾后逃避检查的惊险经历，于 2016 年 4 月 26 日下午被上海警方抓获。让人感到奇怪的是这名小伙子明知自己行为违法，却生怕自己的“壮举”被埋没，在朋友圈中炫耀生死时速的“不凡”经历。

不知小伙子如何评判自己的行为，年轻气盛，不知天高地厚是其自我的表现。“倒挡一挂，全速行驶，后方又有一辆大车，迅速变道全速倒车，驶两个路口”“关键时刻精湛的技术发挥到淋漓尽致”等语言流露处理“险情”时的果断和坚决，殊不知违法倒车对其他正常行驶车辆造成的危害。好在当天没有发生重大交通事故，否则，小伙子也没有继续显摆的机会。

在审讯室里，面对警察的盘问，这名小伙子无法再牛了。早知今日，何必当初，悔之晚矣。

小伙子一错再错，把自己送进牢房。首先，酒后驾驶车辆，违反交规是第一错。其次，遇到警察检查酒驾，违规倒车，逃逸是第二错。再次，把车停在他处，返回现场围观交警执法是第三错。最后，把“非凡”经历发布到朋友圈，炫耀自己的高技术，挑战公众智商是第四错。

小伙子一夜连犯四错，自作孽，不可活。招来警察上门，

查出小伙子有多达15次的违章行驶记录。这回好，数罪并罚，法律严惩是后话。

艺高人胆大，但也要看做什么事。想必这名小伙子车技非同一般，但玩到酒驾逃逸程度着实让人担心。毕竟交通安全无小事，对自己、对他人都应负责。

人不怕糊涂，一时犯错也是常有的事，怕就怕一错再错。小伙子把喝酒开车不当回事，把违章不当回事，竟然还陶醉于自己对技术超水平的发挥上，可悲。

要知道，当一个人善恶不分、是非不辨时，高超的技术只能对他人、对社会造成更大的危害，需警惕！

不是老人又碰瓷，而是玩具车太强悍

近日，一段大妈被幼童开玩具车撞倒后坐地不起的视频引发热议，在时长17秒的视频中一位老人坐在地上，称自己被撞，起不来，双手始终拉着一辆玩具电动车不让走。

从视频中看，老人确实是被电动玩具车碰撞，肇事者是个儿童，老人一副得理不饶人的架势。据香港明报网报道，不少网民为此事当起了判官，有人认为老人是撞车党，靠向车祸司机索取赔偿谋生，认为她连玩具车也不放过，实在太离谱。甚至有人笑言“肇事司机没有悔意，应严办”。也有人说，不应叫救护车，应改叫警车，“这属于欺诈，我还要起诉你来维护社会正义”。

2016年3月24日，该起事件的最新消息让一度沸腾的民意出现逆转。据@四川身边事微博消息，3月21日8时许，在重庆巫山县中心市场，一小女孩的玩具车刮到78岁的老人，女孩父母第一时间将老人送医检查，确诊桡骨骨折，并非网友所说的碰瓷。

老人并没有碰瓷，是被玩具车撞骨折了！看到这一幕，众人倒同情起老人境遇来，被撞了不说，还被众人误解，心中的委屈向谁诉？公众受到定势认知的影响，从视频中老人摔倒，到不起眼的玩具电动车，社会常识告诉大家玩具车撞人不常有，老人碰瓷倒常有，宁信其有的心理让舆论偏离事实，成

为谎言伤人的帮凶。

待到真相大白时，有人质疑，一辆小小的玩具电动车何来如此之大的冲撞力！笔者查阅相关售卖玩具电动车的网站，发现这类电动车重量达到30多斤，在满电的情况下，每秒也可运行1米。在运动中的“铁家伙”可谓强悍，有可能伤害到行动迟缓的老人。

事实上，如果缺乏有效监管，孩子任性“驾驶”的确会对他人造成伤害。贵州凯里市发生过一起老人在广场被电动玩具车撞伤的事件，当时肇事孩子和家长逃逸，出租电动玩具车的老板遭殃，陪老人去医院就诊。虽然是小概率事件，一旦碰到，警方也头疼。无证再加上无牌的“驾驶”发生意外事故该如何定性、如何分辨责任都是在考验警察的智商。

加强对玩具电动车的监管必不可少。一方面，对经营者来说，要加强安全教育，要明确玩具电动车的经营时间、对象，划定行驶范围，避免玩具电动车与行人发生碰撞。另一方面，对于自购玩具电动车的家庭来说，孩子缺乏自控能力，父母要起到监管责任。不能有了玩具车，就由着孩子性子来，不分场合、不分时间行驶。一旦冲撞他人，不仅会给别人带来痛苦，也会威胁到孩子的自身安全。当然，对于行人来说，也不要忽视玩具电动车的潜在危险，能离远点千万别往跟前凑，别大意。

打骂也能提高车技吗

驾校故事多。2016 年 4 月，赵师傅在朋友圈转发了一段视频，在短短两分半钟的视频里，面对学员提问，一名教练不仅不正面回答，还以更高分贝的声音出言辱骂，“册那娘饿比，为什么 1 加 3 档啦！谁教你的哪！你脑子瓦特啦！”学员一旦在驾驶过程中出现差错，除了张口就来的粗话，该教练更是不停地拍打学员的脑袋，进行人身攻击。

骇人的一幕与驾校“真诚服务、信誉至上”的理念相去甚远。众人也佩服视频中，这名教练的功力，一会儿和风细雨，一会儿暴跳如雷，气场转换之快，前后判若两人，让学员如何接受？！

教练如此恶语相向，侮辱他人着实让那些想学车的人出了一身冷汗。

严师出高徒。有人说教练教得严也是为学员好，即使态度差点，只要学到真本领，吃点苦头全当付学费，学员不能斤斤计较！师徒一场，为这点事撕破脸皮大家都不光彩。毕竟学得好不好、到不到位，能否按时拿到驾照才是硬道理。

然而，理想很丰满，现实很骨感。从 2013 年 1 月 1 日公安部驾考新规实施以来，考试形势严峻。要想顺利拿到驾照，学员拼得就是技术。在经历理论、场地、道路等多重考试后，通过率长期低位徘徊一直让学车族和教练揪心。

面对此种情况，教练看在眼里，急在心头，恨铁不成钢的心情可以理解，毕竟教练靠通过率来吃饭的。如果不巧通过率低，有点窝火也正常。一是总不出徒，挤占其他学车人的名额，二是出徒数量和个人经济利益挂钩。对领悟能力弱的学员偶尔来点“家长”作风，让学员有点“深刻”记忆，也是“一片冰心在玉壶”，关键是学员怎么瞧。

对学员来说，谁不想“一枪头”搞定一切？通过率不高不能怨学员天分不够，这与教学理念、方式密切相关。要说驾照难考，确实如此。韩国一名 68 岁的老太，名叫车三顺。从 2005 年 4 月起，每周五天，她天天参加驾驶执照理论考试，先后考了 950 次。在最后一次尝试时，她终于通过考试拿到驾照。虽说这位励志奶奶故事感人，却也说明一次考试过关是奢求。

学员来驾校是学技能的，不是当受气包的。教练尊重学员人格是驾校的基本准则。如果连这点都做不到，教练成天轻则出口谩骂，重则抬手打人，不仅有损教练形象，而且妖魔化驾校名声。

驾车本是机械操作，考验的是驾驶员手眼的协调。熟练出真知，要达到人车一体的境界，非得苦练才行，别无捷径可走。

作为教练，不能因为学员学不好就着急上火。你干的就是教练，学员要是会开车，还会找你吗？多从自己身上找原因，是不是自己的教学方式有问题，有的放矢，因材施教才是正道。如果没学员学车，你也只能喝西北风去。记住中国那句老话，和气生财，咱准不会跟钱过不去吧。所以，收收你的暴脾气，好好教学，多争取些通过率。

到迪拜行乞揽金是节操碎了一地的神话

这几天，远在中东的迪拜成为网友们热唠的话题，不是因为那高耸的世界第一高楼，而是因为在迪拜大厦下乞讨的“丐帮”。能够引发大伙儿的注意，是因为有消息称在迪拜行乞，有人一月能挣47万人民币。

如此之高的丰厚收益确实有很大的吸引力，有网友调侃道：“谁想和我来一次说走就走的旅行，90天迪拜游，我带着你，你带着碗，你负责哭，我负责喊，不见不散，心有多大，世界就多大！”

乞丐收入如此之高令人咋舌。2016年4月，迪拜负责市场管理的负责人巴迪奥维表示，每个乞丐平均每天可挣得9000迪拉姆（约合人民币1.6万元），而当地银行白领的月收入也不过两三万迪拉姆。

去迪拜行乞难道又是一条致富的好路径？迪拜警察总局工作人员说，迪拜明令禁止各种乞讨行为，过去警方一直在全力打击来自各国的乞讨者。仅2015年，迪拜警方总计逮捕了197名乞丐，目前迪拜当局已准备针对街头乞讨者展开为期一年的治理。

乞丐现象遍布世界各地，源于贫富差别。只要有贫穷，

就不乏以乞讨为生的人。在国内，流动的乞丐人群让城市管理部门头痛不已，在车站、地铁，甚至车流中都能见到乞讨者的身影。在这些人中，多因一时所困，多有不为人知的悲惨境遇，令人同情，有钱的出钱、公众有力的出力，也是社会向善的表现。

但也有人身无所长，无以谋生，便丢下人格尊严，伸手乞讨，沦为乞丐。久而久之，不劳而获的思想滋生，不以为耻，有些人竟将此当成职业。有些地区竟形成乞讨产业，人们成群结队地外出乞讨。

中国文化提倡“君子爱财，取之有道”。如果为了钱，一点节操和尊严也不要，这样的高收入“职业”令人不齿。虽说穷则思变，但需靠诚实劳动，合法获得收入。靠乞讨致富，“享受”屈辱之下的财富，听起来诱人，做起来可要丢人格、失尊严！

至于到迪拜行乞揽金，那是节操碎了一地的神话。权当笑谈与君分享，千万别当真！

封街摆酒席是任性还是无知

如今，有钱就可以任性。缺乏约束，凭着性子做事的人还真不少。

2016 年 4 月，海南琼海市塔洋镇有户人家为儿子办婚宴，近千人聚餐的大排场一时惊慕众人。

一次摆酒近百桌，将一条街道占得满满当当，以至于车辆无法通行，造成附近居民出行不便。这一家办酒席，众街坊为难的现象在当地并非个案，民风乡俗如此，但带来诸多安全隐患。

家境殷实，儿子结婚，借此热闹下，本也是人之常情。但选择在大街上开席，封路一天，影响他人生活，这就不应该了。

谁都知道，道路是公共资源，没有管理部门许可，任何人不能挪作私用。摆酒席的主人说在镇政府备过案，于是一场违背法理的婚宴摆上街头，成为当地约定俗成的老规矩，从上街摆宴到封街摆席，愈演愈烈。

首先，上街摆酒席影响公共秩序。虽然报备过，但大街上摆酒席影响行人出行，当地人可绕行，却给不熟悉路况的外来者造成麻烦。如今，上街摆个摊头都影响市容，需要严格整治，难道上百桌酒席上街就为当地“增光添彩”？

其次，上街摆酒席不安全、不卫生。摆酒席是为庆贺，

而庆贺的形式就是大吃大喝。在街头，一是周围环境恶劣，交通情况复杂，安全隐患多。二是沿街制作菜肴，传送环节多，扬尘大，无法保证卫生质量，引发集体卫生事件的概率大。

最后，上街摆酒席影响社会风气。因为钱多，喜欢显摆，是老板豪气，并不是大众福气。封街摆酒席在当地是头条新闻，摆酒席的主人自然收获了众人的羡慕和口口相传的排场，无形中推升了与他人攀比的不良风气，与节俭防奢的社会风尚背道而驰。

虽说大摆婚宴的老板既不是党员，又不是干部，没有纪律、条例约束。但作为一名公民，也要遵循起码的社会道德规范，任何人没有损人利己的特权。

上街大摆酒席，有千条万条不妥，竟也一朝成为现实，与当地政府监管不力有关。关于街头摆酒席，当地政府应有翔实的应对方案。上千人的活动不是小事，万一发生不测，警方、医护人员、施救力量如何快速处置，都需要当地政府提前谋划好。不能以“不知情、不支持”为借口，任凭大街摆酒席上演到封路，影响到其他居民的生活，影响到街区交通安全。

宽容、谦和，遇事从他人处着想是做人、做事的基本前提。其实图喜气可换种方式、换个地方，在酒店摆百桌聚千人，无论答谢众人还是光宗耀祖，都是自家的事，只要不妨碍他人。

让狗上街“打工”妥当吗

如今，生活好了，养宠物的市民多了，文明养宠物被提升到城市文明高度，居委会重视，市民操心，各方意见也是仁者见仁，智者见智。

《华西都市报》一则图片新闻说，成都有一只名叫娇妹的金毛狗让大家刮目相看，不仅不扰民，还走上大街当起了“志愿者”。

娇妹今年4岁，是环卫工人柴大姐的爱犬，每天上班，他们形影不离。在柴大姐清扫路面时，娇妹也没闲着，见到空瓶子，就叼回来交给柴大姐。

娇妹如此通人性，专心为柴大姐做事，成为成都街头一道暖人的风景。经报道在网上热传后，众人赞“狗狗聪明，大妈福气”。

笔者并不认同此事，狗上街，隐患多于贡献。一是柴大姐在清扫路面时带着宠物，易分心。在生活中，见过动物园表演中有宠物，见过警察带着警犬执行公务，都是狗在工作状态中。二是狗再通人性、再听话，在街头也有不安全隐患。环卫工人为高危职业，大街上人来人往，路况复杂，万一哪天狗一“冲动”，在路上乱窜，也会给柴大姐带来麻烦。三是让狗如此跟着、伴着，违反工作纪律。虽说大姐视狗为亲人，但工作毕竟是工作，在家里怎么玩都不为过，那是私密空间，街头是

公众场合，不能影响环卫工人的形象。

无论与公、与私，还是对狗，带着狗上街工作不妥。至于热炒的狗叼个空瓶，协助柴大姐清理路面的暖心画面，除一时给柴大姐带来关注外，别无益处。

如此报道记者考虑过后果吗?

如果记者真想帮助柴大姐和狗改善境遇，应该在鼓与呼中多给环卫工人创造一些服务休息的场所和机会，多倡导市民文明素质的养成，劝导市民别随手乱丢垃圾。大街干净了，能够让环卫工人早点结束一天的辛劳，早点回家才是正道。

挥杆驱赶轻生者，是救人还是害人

2016年5月24日上午10点左右，一名轻生者爬上长沙当地高架路上的一座交通信号灯，警方经过两个多小时的劝说无果后，一位路人竟然拿着PVC管驱赶这位站立在高空的轻生者，轻生者落到地面受重伤。

一名轻生者在公共场所有出格之举，人们应关注轻生者的获救，而不应期待“欣赏”轻生者最后的惨烈一幕，这是人们对生命敬重的表现，而怜悯、慈悲情怀是推动社会进步的力量。

而现实却常有无常，常见奇葩。在此事中，围观人群中不仅有人叫嚷“快跳啊！”在救护力量到达现场，在警方监控下，竟然有路人以长杆驱赶轻生者，导致轻生者受重伤。如此组织救援的场面令人惊讶，人们不禁要问，如此胡闹是救人还是害人？

从24日晚警方通报中可以了解，这位路人其实是位好心人，路过事发现场时，想把轻生者往救生垫上驱赶，轻生者却朝救生垫外跳，路人属于“好心办错事”，如果要追究责任，也要误伤好心人。

事情果真如此吗？从视频记录看，这名身穿迷彩服的路人，先用扫帚捅轻生者，再用3米长的PVC管打，干扰了轻生者的稳定。在高空的摇摆中，轻生者突然一跃是慌乱中的无

奈之举，挥杆与跳下是直接关系。无论出于何种目的，轻生者的生死与这位好心人直接相关，一旦让自杀变成他杀，事件的性质就变了。

当然，轻生者的行为的确影响到当地公共交通，影响到大多数行人的出行权利。但当路人把他人生死当成娱乐时，与观赏古罗马斗兽场中奴隶的厮杀有何不同？！

垃圾桶围困轿车一幕戏弄谁

轿车在小区没地方停，情急之下停到垃圾房旁，结果回来开车时，车主傻了，只见轿车被 16 只垃圾桶围着。车子招惹谁了？

这是 2016 年 6 月 19 日中午，发生在青岛杭州路中海临安府南门外的一幕。路人看到垃圾桶围困轿车的奇景议论纷纷，毕竟垃圾桶气味大，“这轿车到底惹了啥祸？要遭受这待遇”。

一句话，是因为轿车强占了垃圾桶的地盘！“鸠占鹊巢”的一幕发生了，其实这还算客气的，轿车毕竟只是受垃圾桶的围困，如果大战一团，演绎“你中有我，我中有你”，轿车吃不了还要兜着走。

车主也自觉理亏，发现轿车被垃圾桶围困后，也没声张，只是把桶推开一走了事。这种“以毒攻毒”处理矛盾的做法有待商榷。

停车位少、停车难是困扰各小区的主要问题，也是物业和业主各执一词发生争执的焦点。有建议毁绿建停车位的，也有建议错时停车的，但只要一涉及个人利益，公众利益往往便没下文。

如这辆轿车停在置放垃圾桶的位置，不应该，但拿垃圾桶搞围困就应该了吗？车主恐怕没意识到招惹垃圾桶的风险，被垃圾桶围困，斯文没了，形象没了，好在车牌也被封堵，对外

没张扬。否则让亲友、熟人看到，车子变成“垃圾车”，人也变成“垃圾人”，形象太惨了吧？

其实，当班环卫工人只需报个警，警方会通知车主纠正违章停车行为，也不会耽误大家的正常作业。如果再不放心，在当地竖一个警示牌，写上“垃圾重地，车损勿扰”的字眼，哪位车主还会缺心眼，非让轿车和垃圾“攀高亲”？

得饶人处且饶人。搞垃圾围困、隔离栏围困，甚至石墩围困，围住的是一辆车，也围住了人心，围住了邻里的互助友情。

等到双方较真，按照《物权法》在法庭“斗智斗勇”时，一伤和气，二伤风气，不管是谁，生活幸福度会大大降低，又何必呢？

说走就走的旅行急家人、忙警察

明知山有虎，偏向虎山行，探险猎奇如今成为一些驴友的生活方式。只要在网上约几个同道中人，来一场说起就走的旅行，洒脱豪放，既陶冶情操，也不失生活情趣，令人向往。

以探险为目的驴友出行始终牵着家人的心。2016年6月8日，重庆人周道等7人利用端午假期前往崇州鸡冠山旅游，本计划11日晚返回，但到12日还联系不上，一时急坏了家人。

接到多人报警后，警方组织200多人进山搜寻，深夜在下山路上找到7人。当看到搜救队时，有人竟埋怨警方说："我们又没报警，来救什么？！"

难道真是小题大做吗？在驴友看来，如此声势浩大的营救不仅没有必要，还侵犯了他们的探险权利。被说成影响探险心情的营救让大动干戈的搜救者心寒，也让心焦等候的家人无语。

探险有风险，行事需谨慎。警方只能批评教育众人，警告自发组织探险的驴友好自为之，下不为例。但管用吗？几乎每到节假日，就会有人呼朋唤友，自发组织到未开发的崇山峻岭中领略大自然的鬼斧神工。本着磨砺个性、锻炼意志的初衷，成功者的游历经历愈加激发更多人的效仿。

同样在2016年端午节假日期间，6月9日，3名上海驴友前往陕西太白山探险失联，幸运的是遇到陕西雷霆救援中心

的员工在当地参加龙舟赛，50 多人放弃赛事，进山搜救，两天后 3 人终于在绝境中获救。而同是上海驴友，网名为腼腆的娃－丁丁却没有如此幸运，在 2015 年端午节外出探险中，在山西双底村不幸遇难，女友及家人“别玩了，回来好不好”的深情呼唤也没挽回令人惋惜的结局。

一场不计后果说走就走的旅行，听起来浪漫，做起来却要细致周全。

从网络上各种探险攻略看，大多提醒驴友注意野外装备的齐全，而忽略提醒联系工具的重要性。一部手机走天下的优势在城市中管用，在深山老林里往往误事。独自在外，考证目的地网络信息状况必不可少，时刻保证联系方式的畅通是实现有效救援的必要条件。建议有条件的资深驴友，配备一台卫星电话随行并不多余。

其次，非资深驴友过多依赖网络地图导航，如果受地图误导往往会陷入困境。如今，网络覆盖地人口密集，在人烟稀少处，网络本是稀缺资源，靠着度娘走天下的想法幼稚可笑，害人不浅。

另外，在设备失灵的情况下，还要及时寻求当地人的帮助。得到当地向导指引应是不迷路的直接办法。当然，如果有条件，请当地经验丰富的驴友和具备医护常识的专业人员加入团队也有必要。

他塞给医生一张免责字条

一位病人，在上手术台前意识还清醒之时，写下一张字条：要求家人接受手术结果，不能难为医生。这样一张字条在医护人员间传递，化作一股暖流，温暖了大家的心田。

这位病人的主刀医生，时任上海第一人民医院日间医疗部主任李培明教授说："自己从医 28 年，第一次见到有病人给医生写这样的字条。"

写字条的是来自青岛的张先生，专程到上海复查并接受手术，2016 年 5 月 10 日，在进手术室前，他特意向护士要来纸笔，写下以下文字："手术过程如发生异常情况，家人不得与院方和医生发生任何不理智的行为。是技术原因由医院方处理。是就诊者本身的原因由患者自身负责。医生们可总结经验以利于日后的工作。"

对于医生来说，这是一张不再追究任何责任的保证书。一位病人，坦然把个人生死交给医生，在医患纠纷不断发生的当下，源于内心、高度信任的医患关系显得尤为珍贵。

的确，医生的天职就是救死扶伤。但人生无常，如遇无力回天时，病人也得正视现实，接受无奈结局。然而，现实中医闹、辱骂医生、对医生大打出手的恶性事件时有发生。

2016 年 5 月，在南京江宁医院，一名女子因老公被检查私处而暴打 B 超女医生。一名男子持刀重伤广东省人民医院

口腔科原行政主任陈仲伟，陈仲伟最终不治身亡。在一些所谓的“医疗事故”中，医生和病人被异化为赤裸裸的利益关系，医生也被丑化为“谋财害命”的赚钱机器。

一旦有无法接受亲友亡故，医生首当其冲成为替罪羊。逼得部分医生不得不练起跆拳道，戴起安全帽，拿起防护盾牌，在医闹频频中求自保，这又是谁的悲哀呢？

当医生一夜之间也成为弱势群体，需要格外保护时，出现了张先生的免责字条，这又是谁的欣喜？

人间自有真情在。医患关系的改善，一要靠医院医风医德的提升，二要靠社会保障和诚信体系的保护。

这张字条是对医生的敬重，是对生命无常的淡然，展现了张先生独特的人格魅力。信任、尊重他人的付出不仅是一种人生态度，也是社会进步的生动写照。

说好五分钟，却让警察苦等十分钟

车辆在路边违停，有些人是情急之下，情有可原，但有些人呢？

2016 年 4 月 15 日，上海徐汇区一交警巡逻至东平路近衡山路附近，发现多辆小轿车违章停车。当交警对违停车辆开具罚单时，发现其中一辆小轿车与众不同，车主在挡风玻璃右下角留有一张卡片。

卡片上写着："尊敬的交警同志，我去对面幼儿园接送孩子，5 分钟就回来，请不要给我贴罚单，谢谢您的理解！"警察先对其他违停车辆进行处罚，随后依法对该车同样开具了罚单。

看到这儿，大家会说，执勤警察铁面无私，一视同仁，值得称赞！但对这种有急事、难事的车主，是否可以网开一面？也给个柔性执法？

曾经有过最暖心罚单。沈阳一位车主因为孩子住院留下字条求不贴罚单，交警用字条回复："祝康复，以后尽量按位停车。"虽然也有网友指出"法治不能讲特殊，该处罚的还是应该处罚"，但警民之间的隔空对话让人感觉很暖心。

其实，那位上海交警在执法中已经很人性化了。看到字条后他并没有直接处罚，而是等到其他违章车处罚完毕，在这期间，如果车主出现并将车移走，相信交警也不会追究。

交警这样做既做到了法外开恩，也履行了职责。可这期间违停车主并未出现，其后交警又为此苦等十分钟。说好的五分钟，车主呢？

上网一查这辆违停车，不得了。仅2015年以来，这辆车已在同一地段违停9次，违停时间和接孩子的时间完全对不上。在光天化日下玩弄交警的智商，哪来的胆量？

其实，知法犯法，又自诩小聪明的车主大有人在。杭州有一位女车主，开着奔驰车，不仅违停，还天天自贴“罚单”。瞒天过海术却瞒不过群众雪亮的眼睛，接举报后，警方发现这名车主自编自导的苦肉计源于一本丢失的罚单。

聪明反被聪明误，她这一行为已违反《治安管理处罚法》第五十二条第一款，系“伪造、变造或者买卖国家机关、人民团体、企业、事业单位或者其他组织的公文、证件、证明文件、印章”。警方依法对其治安拘留13天，并罚款人民币600元。

开车上路的事关系千万家，不是小事。不能图自己方便，影响他人出行方便，这也是做人的起码准则。

写便条、自贴罚单这些停车小技巧只能骗自己、哄他人，对公共交通秩序有害无益。一切还需按着交规来，自己省心，他人放心。

别搞错，大白兔这回卖的是心情

曾几何时，大白兔奶糖、上海牌手表、蝴蝶牌缝纫机、凤凰牌自行车等商品风靡全国，是老一辈人改善生活品质的甜蜜回忆。

如今，当老品牌渐渐淡出人们记忆时，如何让老品牌重出江湖、再振雄风是打造上海品牌的重要目标。近日，大白兔奶糖和法国知名品牌合作，推出限量珍藏版大白兔奶糖，精品化包装的产品让人眼前一亮。

只是面对达九倍的价格涨幅，市民有看法。说这芯子还是大白兔，怎么包装一换，就价格倍增？难道评价一粒糖果的价格也要看“经历”，到国外镀层金就脱胎换骨，土鸡变凤凰？

据大白兔奶糖的生产商冠生园介绍，引发热议的限量珍藏版奶糖 2015 年已推出。公司花了一年半时间与公司谈妥合作协议。这款大白兔—糖果礼盒先后亮相于 2015 年 11 月冠生园 100 周年主题展及北京中国糖果节，还曾在五角场万达、南方百联、浦东长泰广场等地进行路演推广。

可见这款产品定价如此离谱有三个原因：一是号称限量珍藏版。在厂家百年纪念活动中推出，物以稀为贵，少则精，供不应求，自然叫价高。二是和国外知名品牌合作。虽然是法国服饰品牌，出于好马配好鞍心理，大白兔奶糖攀上“高枝”，自然价高者得。三是包装为精品铁盒装。铁盒加上不菲的设计

费，自然盒比糖贵。

如今，珍藏版 + 国际品牌设计 + 豪华包装的“创新”之举让昔日灰姑娘一夜变成美丽公主，光彩照人。据说限量珍藏版奶糖刚推出时，一些销售点居然大卖到脱销。目前，限量珍藏版奶糖虽然比不上传统大白兔奶糖动辄上万的销量，但给力的网店销售也在上千以上，形成一定的消费群体。

可见，大白兔奶糖改变的不仅仅是昔日形象，主动适应当今消费市场新需求，细分产品供给才是真意图。

市场不相信眼泪，当面子成为产品首要元素时，大白兔奶糖的怀旧味道则退居其次。正如有些卖家在推销时所言：“亲，这款是限量珍藏版，是法国著名设计师设计的，卖的不是糖。”言外之意是“别搞错，大白兔这回卖的是心情！”

开斗气车玩得血淋淋的，傻了吧

2016 年 5 月 14 日晚上 7 点多，在山东青州大街上发生了一起惨案。

一辆公交车撞击一辆小轿车，一撞停，二撞、三撞……一直撞了七八次，直把小轿车撞出好远。见小轿车司机从车内跑出来，公交车又朝人直接撞上去，小轿车司机腿部受伤。现场惨烈程度不亚于好莱坞大片中的飞车相撞，一时让行人看傻了眼。

这一幕无异于谋杀！现场险象环生源于两辆车的斗气。开车你不让我，我不让你，这种事生活中常见，但公交车不依不饶地把小轿车往报废里撞，把人往死里撞，却过分了。

据媒体报道，当时小轿车在超车时与公交车发生轻微刮擦，双方发生争吵。据知情人说："当时轿车司机辱骂威胁他，并且之后一会急停一会慢行，一直压着班线公交车，不让他变道，这样大约开了有 200 米。"小轿车司机的挑衅导致公交车司机狂怒之下失去理智。

这一路怒行为代价高，不仅毁了两个家庭，对于公交行业危害更大。

公交车违反公德故意撞人，这名公交车司机不仅是故意杀人，其疯狂行为直接危害公共安全。当地警方已按刑事案件处理，等待这名路怒症司机的将是法律的严惩。

然而，小轿车司机也有错。小车让大车，虽然交规并没有特别规定，但人家开的是公交车。大家知道要礼让特种车辆，见军车让，见救护车让，见校车让，对公交车难道就不可以让一下吗？毕竟公交车体型大，一路停止、启动频繁，司机也处于高度紧张中，为自己一时方便，故意别公交车，合适吗？这回玩得血淋淋的，傻了吧？

此时，笔者倒想起上海市公安局长白少康做客上海广播电台录制节目时，讲述的一个亲眼所见的街头情景：一辆小轿车在斑马线前主动停下来礼让行人。

宽容、大气、谦和，是一个进步的社会对于市民文明素质的期盼，也是人类追求高品质生活的前提。

加油时打电话的后果很严重

谁都知道在加油时不能接听电话，这是加油站的明文规定。可就是有人偏不守规则，非要我行我素，这回好，极端情况出现了，后果很严重。

据台湾媒体报道，马来西亚一位25岁的女子在加油站接听电话时突遇闪爆，全身60%被烧伤，一身焦黑惨不忍睹。当地消防单位接报后紧急派员处理，经初步勘察判断，是油气瞬间燃烧引发闪爆所致。

女子突遇飞来横祸，让人同情。但其明知加油站不能接打电话的规定，一意孤行游戏人生的态度却让人遗憾。不把自己当回事，又有谁会把你当回事呢?

这是一起闪爆事故，事故是否由接听电话引发有待论证。当地消防专家只说事故因汽油瞬间燃烧，引发燃烧的诱因很多，可能是衣服静电，也可能是触发对讲机、手电等电器开关时产生的火花。

是否把接听电话时的无线信号纳入诱因，在科学界并无定论。美国探索频道的实验节目《流言终结者》曾表明：手机不会引发爆炸。而国内某电视台相关节目中所做的引燃锡箔纸实验却表明：手机接通时会产生爆炸。

面对不同的实验结论，专家解释说引发爆炸须满足三个条件：要发生燃烧，必须要有可燃物、氧化剂和温度(引火

源）组成燃烧三角形。某电视台所做的引燃锡箔纸的实验满足以上要求，相反，《流言终结者》节目中没有引燃汽油的实验则没有满足上述条件。

无论手机信号是否引发燃爆，科学界争论并没有影响在实际生活中有关禁令的制定与执行。

《中国石油加油站管理规范》第四章第四节明确规定，严禁在加油现场和油罐区使用通信工具。据专家介绍，加油站中的加油机、地下油罐出口、通气管以及泄油口附近3米范围内都属于防爆区。在防爆区内打手机，会因手机按下开关瞬间产生轻微火花。旧款手机线路老化，使用过程中也有可能产生火花，如果当时空气中积聚相当浓度的可燃性气体，便有爆炸的可能。

世界之大，无奇不有。当人类科学探索还存在未知领域时，遵循现实中能够避免危机发生的规则应是大众的最佳选择。

如果在规则面前，还坚持和强调个人习惯，置公共安全于不顾，那作死的是自己！

砸鸡蛋、浇冷水，这是兄弟间做的事吗

洞房花烛夜被喻为人生三大喜事之一，但因为恶俗，喜事被搞得一团糟的情况却时常发生。

不久前，包贝尔大婚时众明星之间的嬉闹，一夜之间让贾玲成为柳岩的“护花使者”，红极一时。而市井间的百姓闹婚却没有那么多花头，一句话，就是把新郎往死里整，怎么难看怎么整，花样也日日翻新，有往新郎身上浇狗血的，有拿着泡沫灭火器直接喷的，仿佛新郎不求饶，大家就不过瘾。

2016 年 5 月 6 日，河南周口一位新郎就被闹婚的朋友们绑在树上，先是被鸡蛋砸，再被冷水浇，犹如过大刑，虐婚场面让新郎尴尬不已，也让过往行人诧异，结婚也要过回鬼门关，玩得过头了。

能够玩出格游戏的必定是铁哥们，交情不到一定份儿上，如此恶搞，新郎受不了，新娘也不会干。结婚那天，把新郎搞得不一般，让新郎难忘，大家图个热闹，也是民俗，只要不过火，谁都能接受。

再说，新郎今天如此遭罪，说不定也如此戏弄过其他铁哥们，一报还一报，也是对铁哥们友谊的考验。可怜新郎对于如此没面子的事，只能赔着笑脸玩下去，打碎牙齿往肚里咽。

如此胡闹，新郎不说什么，朋友们也乐见新郎的无奈与沮丧，但是否顾及他人的观感呢？

结婚是私事，在洞房里难为一下新郎，怎么闹那是小范围，还是私密空间。这当街胡闹，不仅有损新郎的自尊，还破坏了公共场所的安宁。

毕竟场面难看，行为不雅，与社会良俗不符，有败坏社会风气之嫌。

对于哥们情谊，相信新郎在经历没面子的一通折腾后，会有重新认知的过程。如此出格的一幕的确不是真铁哥们能做出来的。

心里的温暖才是友情维系的纽带，如果内心没有温度，只有口头上的热度，还是兄弟间的情谊吗？要当心友谊的小船说翻就翻。

为一只包子砸人家饭碗，哪来的戾气

听说过一个馒头引发的血案，是网友对电影《无极》的调侃，却还真没听说过为了一只包子，大打出手的。

当然，发生在生活中的一幕并没那么狗血，只是有人狠踩包子，对路边小贩出气！

不知这位大叔有什么怨恨，把气出在包子上！据说仅仅是因为小贩给错了包子，让这位有点钱(脖子上的金项链为证)，却缺气量的大叔顿时没了斯文，当街做出“残害”包子的事。

谁也难免有点错，给钱没有拿到自己满意的包子，是小贩服务不到位，毕竟包子是大叔入口的东西，不对味绝对不能要。

但也要听人家解释，是自己没讲清楚还是人家没听清楚？总之，不分青红皂白推翻人家的蒸笼，包子撒落一地却还不解恨，还要踩上一脚，让包子“永不翻身”是不对的。

小贩纵有千条错，总不至于拿无辜的包子代过吧？要知道，你一脚踩下去，踩的可不是包子，那是砸了人家饭碗。如此当街挑衅，不怕小贩和你拼命？

当今社会，总有那么一些人，看这不顺眼，看那不习惯，

和别人一句话不和，就对人拳脚相加。前几天，北京就曾有一出租车司机对快递小哥不依不饶地当街扇耳光，也就是车辆间一点小摩擦，却惹来天大怒气，犯了众怒！直到快递老总在网上隔空喊话，坚持法律方式解决，这位司机才怂了，又是道歉，又是后悔，何必呢？

其实，谁比谁能强多少？小贩也是靠劳动吃饭，人家上街摆个摊儿，做点小本生意，也是养家糊口的方式，不偷不抢，合法做生意，人格并不比你低！何必仗着钞票比人家多，个头比人家高，力气比人家大，就拿软柿子捏，至于吗？！

说实话，你这么搞，破坏他人财物，扰乱社会秩序，也毁了自家形象，小贩可以告你！到警察上门找你，到时再说“一时冲动，失去理智”，赔礼道歉，有意思吗？如今这场景网上一传，惹了众怒，有好事者再人肉一番，你脸往哪搁啊？

做人还是要厚道，对别人的差错多点宽容，没有什么原则性的事，就一只包子，味道差点，吃点亏又能失去什么呢？

在社会上生存，一个人除了讲法治，还要理智些、文明点，别动不动就赤膊上阵。要说比有钱，你比得过马云吗？比个子大，你比得过姚明吗？

有理不在言高，不为一时之气所困，是文明处事的方式，也是对自己负责、善待社会的表现。咱还真不该为一只包子动气，对不对？

66 套房的房主是真穷还是矫情

听说过大病返贫的，听说过天灾致贫的，还真没听说过房子多了也致贫的。这不是奇闻，在深圳南山区的一户村民就遇到有房租不出去的困境。

南山区政府网站书记信箱的一条“正在处理并尽快给予答复”的回复引发媒体关注。大冲村一村民将 66 套回迁房装修一新，却无人应租，导致生活无着，恳请政府推介其房源，否则他的“生活费都不能满足”。

一时间，富豪因房子无人承租，连生活都无法维系的窘境才为舆论的关注点。

这事让人看不懂。如今多少人为一套商品房甘当房奴，辛勤劳苦一生还感觉幸福满满。房子多得自己住不了、租不出去，竟然也变成“特困户”，沦落到恳请政府出面解困的地步。

只不知当地政府是否把其要求列为重点督办事项，毕竟“民有所求，我有所应”是政府职责。但因为房子太多而导致“贫困”的新问题恐怕也让政府为难，总不能动员更多的人承租这位村民过剩的房屋吧？

如果真如这位村民所述，那么他的困难绝不会是个案，应是这片地区回迁户的共同困难，也有其他人分配到比 66 套更多的房产。这种大量房产集中到少数居民手中的现象让人疑惑。

按理说，回迁房产分配有一定标准，或以市场价折成现

金，或以等价折成房产。因故土难离，从保值增值角度出发，更多人喜欢置换成房产，但动辄一户分配几十套房的规模让居住成为可有可无的因素。当一幢楼都属一户时，其投资行为成为回迁的主要动机。

市场瞬息万变，投资有风险。正如这位村民所说，自己也调查过周边商业布局，认为当地写字楼多，自主创业的小白领多，房产出租回报不会少。想必当初分配到66套房时也是打着如意算盘，让这些房产变成自己的生财机器。

但理想很丰满，现实很骨感。如今只租出5套房，看着自己贷款装修的成本无法收回，可不就到了山穷水尽的地步，不找政府找谁?

让笔者说，政府是管托底的，最多本着人道主义立场出发，发点救济金了事。只因你理财不善，生活无着，解你一时之困。这事真要怪只能怪自己认错时局，打错算盘，接受教训吧。

多房返贫不是社会问题，最终还是个人心态问题。

想当初还没动迁时，故土也是个安身立命的地方，一个院、一张床、儿孙满堂倒也其乐融融。如今，动迁了，一个院换来多套房，自己需要的还是一张床。只不过人对钱的欲望膨胀起来，最终为钱所累。

为房所累还真是房奴们的专利。作为66套房的房主，还是别矫情了，再喊穷，只能招来他人更多的愤怒了。

为了几条鱼会搭上一条命，值吗

命重要还是钱重要？这是明眼人不用思索就可以给出的答案，但在浙江衢州铜山源水库泄洪现场，有人是要钱不要命，选择下水捕鱼。

当前，江南地区进入夏季多雨季节，水库泄洪是防汛工作需要。“飞流直下三千尺”的水库泄洪景观往日难得一见，引发众人围观也正常。然而在 2016 年 6 月 29 日，观景人群中有人甘愿冒着生命危险，在泄洪口下方张网捞鱼，收获颇丰，颇为得意。

面对当地警察苦口婆心的相劝、制止，这些人仍然肆意妄为，游戏人生的态度让人侧目。

为了几条鱼可能搭上一条命，值吗？首先，正对泄洪口的下方是水情最为复杂之处，也是最危险之处，闲杂人等应尽量远离。一旦泄洪量发生变化，把人冲走的可能性不是没有。其次，见利忘义让这些人昏了头。那洪水裹挟而下的鱼并不是野生的，而是由水库管理方多年养殖的，属公共财物。如果捕捞者归还水库方还情有可原，但从众人冒死捕鱼的场景分析，这些人绝对不会为他人利益铤而走险。如果品德高尚，警察应该鼓励才对，绝不会有下水相劝阻止的场景。

可见，为了几条鱼可能搭上一条命，不值！水务部门已在现场竖起警示牌，下水捕鱼本来就是违法行为，由此发生的

一切后果应由个人承担。至于这些玩命者的不法收获，执法部门也应按规定给予没收处罚。

下班后办公桌升起来是福音吗

如今，一款新颖的办公桌出现在荷兰一家公司。到了下班时间，办公桌会统一升空。这一科技成果惠及不愿加班的员工，新设计是否会让为加班辛劳的打工仔们怦然心动?

此科技设计符合人性，被加班狗比喻成贴心贴肺般的温暖。人毕竟不是机器，能够保持专注的时间也短暂，就是咖啡、热茶，甚至老板的加班夜餐也不能完全抵消员工长期疲惫的身体和心灵。

如同电影大师卓别林演绎的《摩登时代》中那位可怜钳工的境遇，见了螺丝就条件反射，面对姑娘的纽扣都会冲上去拧一拧。长期加班导致的压抑、焦躁无益于工作效率的提高，长期加班应被禁止和惩治。

在写字楼里煎熬的加班狗们最讨厌老板无休止的加班要求。在电影《居家男人》中，一向以打拼事业不回家为荣的单身狗老板不知加班狗们的烦忧，在圣诞夜依然要求团队加班，在五位数的“刀了”的诱惑下，众人还是败下阵来甘心加班。这一幕既讽刺了加班的无奈，也调侃了金钱对加班狗的诱惑。

一切为了工作，为了工作的一切。在事业上升期，加班是事业需要，也是老板荷包的需要，更是员工生存的需要。

在人人都视加班为“荣耀”的企业中，对于员工来说，要不就掩盖不想加班的要求，要不就做一个有个性的员工，炒了

老板，别无他路可寻。

网上一条“华为员工年收入达百万元”的消息曾经让人羡慕。2016年6月15日，《证券时报》刊登华为家属所撰写的《华为工资高吗？》一文，道出华为员工高薪背后的辛苦：无休止的加班、无力照顾家庭等事实让另一半撑起一个没有华为人的家。

虽然有《劳动法》保障，但市场需求仍被老板视为第一要求，无条件加班让大家苦不堪言，因长期高负荷工作而导致意外事故频发，过劳死等新病症困扰着打拼一族。在《韩国经济》（6月20日）中有消息说中国已成为全球工作时间最长的国家之一，人均劳动时间超过日本和韩国，每年有60万人过劳死。

如今，有了如此新设计是否能让加班成为过去时，能否让老板放心、员工开心很难说。毕竟技术还是受人控制的，但桌子升与不升的权力还是掌握在老板手中。

只有让加班违法达到社会共识，才是加班狗们福利的保证。

社会需要热心肠

2015年9月21日，一名老人不幸溺水，当周围众人一筹莫展、无以应对时，路过此地的一名身着婚纱的准新娘伸出援手，俯身跪在沙地上为老人做心肺复苏救治。在救护车赶到前的20多分钟时间里，她尽力施救，一刻没停，身披婚纱的美丽身影成为当天海滩上最靓丽的风景，成为众人心中温暖的记忆。

经媒体披露，救人者为大连市中心医院心胸乳腺外二科的护士郭嫄嫄，那天她和男友小刘拍婚纱照，碰巧遇到此事。小刘也感到很自豪，接受媒体采访时说："当时我们俩一起往那儿跑，当得知有心脏病突发的患者时，她跑得比我都快。"

一名准新娘，身披婚纱，幸福满满，是人生最为精彩的时刻，一眸一笑都很美丽，为众人瞩目的焦点。当他人遇到困难时，把私事摞在一边，尽己所能对他人积极施救，尽的是一名医护人员救死扶伤的天职。

记得曾经有一部钟星火主演的电影《今天我休息》，主人公在星期天从早到晚忙个不停，帮助他人做好事，让休息日也变成工作日。郭嫄嫄也做到了，在拍摄婚纱照当天，她的美丽身影和美丽心灵使她当之无愧地成为众人眼中最美新娘。

人们总是感叹，当今社会雷锋少，人们总是活在自己编织的笼子里，不愿成为人家故事的配角。有时还生怕烦事、坏

事找上门，宁可事不关己，高高挂起。生活中遇到他人有难处时，也多本着多一事不如少一事儿的心理，不愿伸出援手。更有甚者，总把别人往坏处想，见到有人摔倒首先想到是碰瓷，过度防范让人人自危，就出现了一幕幕路遇他人摔倒，众人冷漠围观的街头怪事，再加上媒体上各类防范信息满天飞，缺乏温度的社会如秋风阵阵扫过，让人顿感寒意。

当法治不健全、社会运行规则未达成共识时，总有人安心做套子里的人。路遇不平，选择作壁上观，做缩头乌龟，乐得逍遥。但社会上也有人如郭嫄嫄一样，有理想，有热情，热爱生活，乐于助人，为社会需要帮助的人带去温暖。

人心向善，社会需要热心肠，相信最美新娘救死扶伤的身影会深深地镌刻在众人记忆中。弘扬、传播郭嫄嫄救助他人的事迹，让美丽新娘成为时代折射社会公德、家庭美德、职业道德的一面镜子，照出人间真情，展现美丽情怀。

火场英雄无编外

随着现场救援工作的进展，天津爆炸事故中的死亡人数继续增多。截至2015年8月17日，已有114名人员确认死亡。其中有消防官兵，更多是天津港自建的消防队伍，他们被称为编外消防员。

为解决人力不足，聘用编外人员是近年来企事业单位普遍采取的用人方式，有合同工，还有临时工，公安聘用协管员、消防聘用合同工，医疗、教育、新闻单位等同样聘用派遣制人员。

这一批人做着编内的活，却拿着编外的钱，无法享受与编内人员的同等待遇，从事着有事业没身份，有贡献无荣誉的工作。更可悲的是，用工单位一旦处于舆论的风口浪尖时，合同工、临时工往往成为各种争议、事故的牺牲品。用人单位把编外人员辞退了事，大事化小，小事化了，编外人员成为价格低廉的挡箭牌。另外，在一线工作人员中，能力强、业务精，业绩良好的有很多是为编外人员，在晋升、评优中，编外人员甚至缺乏参与机会，无名、无利、无保障成为编外人员又一不稳定因素。

鉴于此，在此次事故中，由于统计口径不同，才出现了编外消防员是否视为专业消防员等问题。面对香港媒体的追问，才有了李克强总理在事故现场的一锤定音，指出“牺牲的

现役和非现役的消防人员履行同样职责，也应一视同仁对待，让他们得到同样的抚恤和荣誉”。

英雄无编外，为了灭火，他们义无反顾投身火场，这是国家对牺牲在火场上的所有英雄的肯定，体现了社会的公平与正义。

英雄无编外，待遇无歧视，还应体现在现实工作生活中。各行业破除用工身份壁垒，实现同工同酬不仅是编外人员心声，也是城乡一体化进程中团队管理和人力资源部门的努力方向，更是国家建立公平正义、民主法治评价体系中的重要一环，任重道远。

数九寒冬洒水为哪般

数九寒天冰上走，那是北方人的专利。从小在南方长大的人们一没见过，二没走过，如果碰巧遇到冰上走，怎么走是难题。

2016年1月14日上午，安徽阜阳出现了怪事。当日清晨仅仅两个小时内，城区发生42起交通事故，报警人都用了类似词语——地滑、结冰，也就是说阜阳人不会冰上走。

原来，当日当地气温最低温度降到零下5摄氏度。清冷也就罢了，凌晨4点多，洒水车冒着严寒工作，洒水致使城区多条道路结冰，面对这天然的溜冰场，当地人没了方向。

据《安徽商报》报道，阜阳市相关部门曾下发过《关于进一步规范阜城冬季白天洒水和夜间冲洗作业的通知》，要求室外温度在零摄氏度以下时，一般不实施夜间冲洗和白天洒水作业。

然而，当天晚上气温骤降时，谁确认过当天温度？又是谁启动了夜间冲洗作业程序？发现结冰后，市政部门又采取了哪些应对措施？多个环节连续失控造成道路人工增冰的奇观，也令当天交通事故频发，为此摔跤跌倒的人数不少。

当天，当地环卫部门通过政风行风热线向市民道歉。

行百里半九十，最后一公里往往决定工作的成败。环卫职工夜晚作业因一时疏忽，好心办坏事，把城市道路美化成

“溜冰场”，费力不讨好。有人认为纯属意外，也有人认为是长期忽视一线管理所带来的必然问题。的确，那天如果天气帮忙，温度降得不是太快，路面也不会结冰。如果来点雨加雪，这结冰路滑的罪过也会转嫁到天气上，日后还是你洒你的水，我走我的路，大家相安无事。但问题恰恰发生在惯性思维上，天天洒的水怎么当天结冰，只能怪当班环卫工人运气差。

其实一年中总有几次突发情况，检验一支队伍战斗力如何，就表现在对突发事件的处理上。日常做得再好，关键时刻掉链子，如此管理难保最后一公里不出事。

可见板子打在当班环卫工人身上，有点冤。毕竟天气变化无常，洒与不洒仅依靠环卫工人抬头看天，难免不出差错。今后，市政部门还需与气象部门加强互动，以实时天气变化决定当日工作流程，在洒与不洒的问题上遵循客观规律，才能既做到防扬尘，又做到不扰民，才是以人为本的情怀，实事求是的态度，工作质量过硬的表现。

此外，市政部门还应承担更多责任，不仅要公开道歉，还要确实杜绝数九寒冬还洒水的类似闹剧。

当“牛皮癣”攀上地铁时，引发谁的叹息

小广告乱张贴是城市治理的顽症。每当出重拳整治时，会消停一段时间，当风头一过，死灰复燃，始终是城市环境整治的一大难点。

2016 年 3 月以来，上海楼市政策收紧，房地产商的日子不好过，街头小广告又猖獗起来。只是小广告已不满足于张贴在电线杆、墙头等公共场所，有人打起了地铁的主意，上海近 600 公里的地铁网一时成为乱张贴小广告的重灾区。

每天只要地铁一出始发站，小广告张贴人员就成为第一批乘客，随车乱发小广告。分发小广告也讲究方式“创新”，一种现象叫扫描。比较文明，有人拿着二维码标牌，一节节车厢走过去，一个个乘客问过去，求关注、求互动。其他就野蛮些，散发形式多样，求广种薄收。把广告纸随意摆放在地铁座椅上，偶尔有几个好奇乘客带走，大多飘落在车厢里，成为乘客脚下一堆碍眼的杂物。还有一种办法叫贴单，把小广告直接贴到车厢广告牌上，小广告压着大广告，让一路的乘客无法无视其存在。

贴单方式无视法规，无视公众感受，无视其他广告商的利益，竟也存在的心安理得？！小广告与地铁伴行现象天天上

演，地铁方除了呼吁、清扫外，竟也找不到根治的办法，让乘客无奈之余只能一次次惊叹小广告顽强的生命力。

整治小广告难，在地铁上清除小广告更难，流动张贴成本低、见效快是其生生不息的原因。地铁方找不到乱发放、乱张贴的人，即使遇到、抓到，又缺乏有效的惩治办法。地铁方只能背负着小广告带来的舆论批评，代人受过。

地铁方的默然视之、不作为无疑给小广告提供了自由拓展的空间，公众的见怪不怪无疑也给了小广告无限想象的空间，偶尔有几个受小广告吸引的客户又激发了小广告不断“创新”的热情。小广告一次次的“春风吹又生”，无疑是对公共秩序的蔑视与挑战。

整治小广告，街面治理仍需努力，但堵其源头才是治本之策。对地铁方来说，一靠治，二靠疏。

整治需要技术手段，需要社会广泛参与，需要社会的热心肠，需要众多的志愿者。从法治角度出发，小广告露头就打，必须让小广告主承担更多的经济损失，需要长治久安的执行力和良好的社会法制环境。

疏导是另一种办法，在地铁、广场等公共场所，在人流密集区开辟、开放一些信息公示窗口。允许广告经营主免费张贴，把小广告限定在一定范围，变堵为疏。

无论是治还是疏，小广告的小成本、大影响是其能够存在的原因。从根本上杜绝“牛皮癣”的蔓延，而需群策群力，依靠法治的力量。

大把花钱买不来他人的尊重

春节过后，伴随着大佬们红包秀的退潮，日本游卷土重来，成为国人关注的焦点。

有日本媒体称，2015 年春节期间，去日本旅游的国人达到空前的 40 万，购买了总计 60 亿人民币的商品。有报道称一名中国男子节前在日本爆买，花了 20 万，买了电视、空调、音响、电冰箱、厨卫用品，包括马桶盖，用一个小集装箱运回国。

且不说日本游与购物之旅间的必然联系，就看看国人在日本媒体中的“不良”表现，就知道国人此次在日本上演的疯狂购物秀中充当了冤大头。

显然这场跨国购物秀是市场营销的结果。近年来，日本经济不振，日元贬值，人民币购买力比上年提高了 15%，日本 2013 年 10 月起放宽签证条件，国人出行成本进一步降低，这些是促成国人热衷日本游的经济原因。其次，一批先富起来的国人刚尝到有钱的滋味，新马泰、港澳游已经不在话下，一湾之隔的日本、韩国成为度假首选也是赶新潮的表现。

国人赶上好时代，有出游冲动，日本又不断伸出橄榄枝，旅行社、商家推波助澜，日本游品牌不亮也难。再加上国人普遍有旅游加购物的消费习惯，显摆张扬心理作怪，微信朋友圈便“东瀛风景横飞，购物场面疯狂”，仿佛一夜之间，日本成

了国人购物的天堂。可以说，日本游火爆属市场一个愿打、一个愿挨，周瑜打黄盖故事的现实翻版，不足为奇。

但怪就怪在一些人日本的心态。国门是你们开的，“夹道欢迎”也是你们营造的，你们也该意识到大量旅客到来之后的问题。比如你们的接待能力如何？你们的公共设施配备又如何？出了点小插曲后，你们国民的心态又如何？

2015年2月24日，日本电视媒体渲染报道“日本记者制止一中国孩童当街小便”，舆论一片哗然。有人认为国人礼教不周，脸面丢到国外，有辱大中华形象，民间舆论多同情日本国民的感观。“国人大声说话、当众争执、喜欢砍价”成为国人在外的“劣迹”，与粗俗、没礼貌、争强好斗等画上等号。似乎一夜之间，国人形象来了个大退步。

仅仅一个春节，60亿购买力最终没买来他人的尊重，花大价钱拉动的是他国经济，自己倒给别人留下人傻、钱多的粗俗印象，这冤大头当的，何苦？出力不讨好的事给国人更多警示。

一是国人海外购物，特别是购买电子产品时要多斟酌，三思而后行。国人自古有家天下之美德，出去一趟不容易，乘飞机、坐轮船，忽略车马劳顿之苦，为亲朋好友采购点礼品，大包小包地从异国他乡带回来，亲情使然，无可厚非。虽然带回国的东西相比国内便宜、质量好，但各国质量标准不一，易造成水土不服。就拿日本马桶盖来说，是针对日本水质设计，国内水质达不到标准，水垢极易堵塞出水口。再说，顾客在消费电子产品时，更多消费的是后期维保，一旦产品遇到问题，难道真为一个马桶盖远渡重洋吗？

二是大把花钱买不来尊重，国内企业界朋友当自强。小家电，大市场，小家电也为国家形象代言。小家电起源于日本，后大量生产于国内，笔者所在城市便有一家民企，生产的

电动剃须刀行销世界。但产品数量并不代表领先优势，高精尖的民用技术仍在国外，比如陶瓷刀具、电饭煲等产品。

习大大强调“让人民对改革要有更多获得感”，国内企业要搭上全面改革开放的顺风车。在向海外营销高铁、大飞机、核电等的同时，在民品研发中勇于作为，敢于亮剑，善于营销，决不能让争购马桶盖成为国人在外国人心目中的印象。

消差评，至于动肝火吗

2016年春晚，小品《网购奇遇》受到观众好评，潘长江饰演的网店店主为消一个差评，主动上门对蔡明饰演的买家请罪，活脱脱演绎出一场为消差评而奔波忙碌的人生喜剧。

然而，现实中消差评的故事就缺乏幽默感了，据《信息时报》报道，2015年6月24日，广州一家网店店主因收到一个差评，心情烦闷，竟然把路边一个素不相识的女生掐死泄愤。一个差评，缘何让小店主失去理智，胡作非为，蕴藏在潘多拉盒子里的差评能量究竟有几何？

2003年开始，淘宝推出了评价管理系统，从此拥有一家好评如潮的网店是电商梦想。一方面，众多买家的肯定就是店家前进的动力。另一方面，好评能够带来更多买家的关注、交易，蕴含无限商机。

由于店家和买家在网络商品交易中互不照面，交易在虚拟网络完成，网店评价自然影响其他买家对网店商品的选择，店家线下把顾客当成上帝，线上顶礼膜拜买家评价也能理解。

但只要有经营行为，店家总会遇到一些不满意商品、服务的买家打差评，面对产品、服务的善意提醒，聪明、大气的店家会把差评当成改进服务的动力，努力和顾客沟通，解决问题，积累经验，把坏事变成好事，网店才能聚人气，招财气。

现实中为了消差评，大动肝火的店家却比比皆是。有些

客服甚至不择手段恶搞买家，寄灵位、呼死你，什么招损就来什么，甚至采用威胁、恐吓等手段强迫买家改差评。如果遇到一个不依不饶的买主，你来我往，结局往往是两败俱伤，不欢而散。

俗话说，生意不成仁义在，店家何必纠结于一两个差评呢？一时想不开，做出格的事就更不对了。广州这位遭差评的小店主连基本的情商、智商都没有，为泄私愤，波及无辜，面临的将是法律的严惩，不足为惜。

其实，网评对网店重要，也不见得对谁都管用，毕竟你好、我好、大家好的时代不再，只有产品质量过硬，服务到位，以诚意和诚心做买卖，才酒香不怕巷子深，买家才会不请自到。

对于店家来说，对一个差评，保持平常心最重要，“有则改之，无则加勉”。人无完人，更何况产品呢？哪能没缺陷。对于买家来说，如果在网上遇到一件产品满屏都是好评，没差评，那倒需格外小心，难说好评中被注水，生活中的托儿早在网上横行，好到没有半点瑕疵的产品，世界上有吗？

劳模就是那颗耀眼的星

在社会进程中，在茫茫人海中，谁主沉浮？劳模就是劳动者群体中最耀眼的担当者。

有过当劳模经历的人，一定忘不了授劳模称号时激动人心的一刻。现在虽然少有敲锣打鼓、披红挂彩的热闹场面，但一旦成为劳模，也是光宗耀祖的大喜事。

笔者多年前当记者时，逢五一劳动节采访劳模，在西部边陲一个火车站，一位中年女同志当着前来慰问的领导哭成泪人，不是因为激动，只是因现实中劳模难当，其中酸楚无法承受。

和她一谈才知，别看当劳模表面光鲜，背后意味着更多的付出和责任，还要忍受众多的不解和委屈，劳模至少有“三苦”：

一苦：一夜之间成“圣人”。一时台上耀眼，鲜花簇拥，人前风光过，人后就得甘于当“圣人”。在众人眼里，“圣人”与世无争，境界高远，岗位上苦活、脏活、累活，没人愿干的活，劳模应该干。有点利益的好事，群众先得，劳模？黑不溜秋靠边站，应该。

二苦：江湖上的不入流。劳模称号代表政府认可，上得了台面，与江湖上的名声是两码事。当劳模吃亏在生活中颇有市场。看看身边有些劳模生活得不自在、不如意，顺大流、捣

糨糊的思想蔓延开来，劳模含金量大不如前，真成了弃之可惜、食之无味的鸡肋。

三苦：保持拔尖不容易。劳模评比标准是一个时代提倡的社会风尚的印记，20世纪50年代有石传祥型的，吃苦耐劳，起早摸黑，不甘人后，冲锋在前。80年代有徐虎型的，心系群众，爱岗敬业，是居民身边的好服务员。当今时代步入信息化、科技化，科技是第一生产力。从生产一线的劳动者到科技创新的研究者，再到新时代的弄潮儿，劳模标准在变化，需要劳模不断更新知识结构，紧跟时代要求。对于个人来说，勇立潮头需要不断更新知识结构，不断提升引领能力。

“三苦”道出劳模所面临的窘境。劳模是政府荣誉，劳动最光荣也是社会主义核心价值观不同时期的体现。一个社会如果无法鼓励创造，无法激励奉献，让官二代、白富美大行其道，让不劳而获成为财富积累的捷径，劳模在社会上亮不起来、硬不起来，寒了劳模的心，冷了社会风气，不是小事情。

如何让劳模光环继续亮起来？打铁还需自身硬。除劳模自身要始终保持勇于进取的精神外，社会各级组织的关爱必不可少。一方面要弘扬劳模的奉献精神，要让更多的人，特别是年轻人主动为劳模点赞、叫好，媒体作为必不可少。另一方面要给予劳模足够的社会资源，既使用又培养，为劳模创造更多的学习深造机会，让劳模始终处于时代前沿，彰显他们在科技创新领域发挥的作用。

在工作中，只有让各级劳模与时俱进地保持先进性、典型性，发挥引领、示范作用，劳模才能真正成为时代先锋、众人表率，才能成为深邃夜空中那颗璀璨耀眼的星。

马放南山当属人间盛景

“一骑红尘妃子笑，无人知是荔枝来。”杜牧《过华清宫》诗中描写的景象竟也出现在当今生活中。《新文化报》报道，因呼和浩特市禁电动三轮车上路，快递公司无奈之下，特租来十余匹快马专送包裹。一时间，街头快马飞奔处，引无数路人惊慕，送快递的小哥出尽风头，骑马送包裹成为当地一道奇特风景。

因禁电动三轮车，反成就马儿新的用武之地。高头大马上锦旗招展，全是商家旗号，说行为艺术也好，应急措施也罢，马儿上街头也是店家无奈之举，毕竟可保证送货速度。在当今讲效率、拼诚信的电商时代，一解燃眉之急。让商家没有料到，无心插柳之举成为一心为用户服务的佐证，在众人点赞时，商家怀揣着满满的正能量。

因禁电动三轮车，把街头送货景象一下打回到百年前，不知呼市执法部门有何感想？在路上执勤的交警遇到马上小哥与机动车并驾齐驱、险象环生时，做何处理？允许还是禁止？说是非机动车吧，马儿一旦跑起来，速度不比汽车慢。说是机动车吧，马儿毕竟是血肉之身。如何管理需要明确尺度，总不能不闻不问，任其在街头逍遥吧？

原本路上马儿是主人，只是工业革命后，街头出现汽车，马儿风头逐渐不再，或者在乡间干农活，或者从事赛马运动。

本来默默无闻于乡间田野的马儿，没承想今天却成为百姓热议话题。

当下，在道路资源紧缺的条件下，城市道路体系没有安排专门提供马行的道路。马儿一旦上街，与机动车、非机动车、行人并行，存在诸多安全隐患。首先，马毕竟是动物，情绪不稳定，易受到惊吓。如果缺乏有效监管，往往会对过往车辆及行人造成危害。日本《读卖新闻》曾报道一匹飞奔的赛马和一辆行驶的小轿车迎面相撞，司机、赛马当场死亡的惨剧。其次，一旦发生交通事故，当事方往往各执一词，责任难于认定，处理缺乏依据。2015 年 9 月 22 日，南昌市一车主开车遇一人牵马，鸣笛声使马受惊，将车子叶子板踢瘪。按交规，交警只能判定司机在城区鸣笛违规，负全责。至于众人关心的那匹肇事的马是否可上街的问题，交警也缺乏执法依据。

伴着双 11 活动的喧闹，马儿上街送货的奇景，只是当下电商主导下物流业兴旺的奇特现象，虽然新奇，但并不神奇。无论如何，街头马儿奔驰的英姿无法与现代数据流齐飞，运输业的“返祖”现象终难持久。

街头一时的喧嚣并不能代表未来，人们还需重新审视当下浮躁的现实。当尘埃落定，正本清源后，马放南山应更符合大势，顺应潮流。在大草原上飞奔，不仅是马儿的理想，也是人间盛景。

可惜那缕粉黛的记忆

还没来得及去探索那粉黛的柔美，就听说金山最美田野消失了。可惜这片被誉为中国唯一粉色田野仅存世几天，那缕粉黛的记忆只能残存在流失的岁月里。

一片 28 亩地的粉色花海是被路人无意中发现的，当美景上传到微信、微博后，在网友中引发了轰动。想想也是，粉红色的回忆从前只是青涩记忆，如今盛开在身边，岂有不去探寻一番的道理。于是大量文艺青年寻梦而去，上万人在田野的集体嬉闹，竟攫走一片粉色，没留下半点痕迹，应了徐志摩诗中“悄悄的我走了，不带走一片云彩”的意境。这片粉黛静静地来，匆匆地走，只留下曾经诗情画意般梦幻的身影，不知给世人留下几多惆怅。

从媒体报道了解到，此花海奇观由粉黛乱子草组成，草并非天然，是由一家公司四年前从墨西哥引入种植，本作为绿化景观草使用，默默无闻中从 10 万株规模培育到 3000 万株，才形成如今粉色花海。由于涌入游客众多，踏损无数，花农损失近 30 万元，无奈提前一个月收割，以期减少损失。

粉黛不在，游客失望，花农心痛，好端端一场视觉盛宴却落得草草收场，谁之过？

过错在游客？这点没疑义。游客怀揣梦想，不请自来，为的是那一抹粉红色的回忆，站着拍、蹲着拍，还要躺着拍，

拍到美景还不够，还得折几株带给家人亲友分享，几家影楼闻讯也来凑热闹。于是不顾管理方再三呼吁、警示牌友情提示，众人硬生生地在田野里踏出无数条小径，踩倒一片片苗，粉色美景不再。这为了赏景而毁景的悲哀，游客应负直接责任。

过错在管理方？这点也没疑义。既然无法做到深藏不露，树大招风时就应有完善的管理方案。不能见到众人涌来，临时抱佛脚以求太平。28 亩地空间有限，开放式农田本不能承载大量观景人流，如今好在花农仅损失点草种，来年还有东山再起的机会，否则再重现如外滩拥挤踩踏般的人祸，管理方、地方政府都吃不了兜着走，这才冤枉。

如果再深究，爱美之心人皆有之，这事还真不能怪游客不文明、管理方不作为。其实，当地不具备文明游览条件才是毁景的主要原因。假设如此美轮美奂的风景出现在上海植物园，出现在上海辰山植物园，专人管理再加上硬件条件的保障，不文明毁景行为还会发生吗？这片粉黛一定会如人所愿，长存人间，令人驻足流连。

昙花一现令人更加期待。此事提醒园林部门，让紫色普罗旺斯、粉色墨西哥等异国他乡奇景常驻申城，常伴市民身边，是公众内心的期盼。当街头一花一草倾情为生活绽放时，又有谁会不辞辛劳、远赴他乡另觅奇景呢？

后　记

媒体人被誉为社会发展的守望者，“铁肩担道义、妙手著文章”是职业素养，也是群众期盼。如今，新闻 APP 的兴起让伴着新闻话天下成为可能。响应党的号召、顺应时代发展、立志于引领舆论的媒体人都应在网络积极作为，弘扬主旋律，成为社会主流价值观的倡导者、践行者。

三年来，我本着有舞台、有事实、有观点、有互动、有影响、有恒心、有责任、有监督、有示范等要求，在《一点资讯》注册开辟《茸城微录》栏目并发布网评。我的网评注重一事一议，关注人生百态，点评社会热点，注重挖掘新闻背后的故事，注重揭示新闻背后的原因，注重提供解决问题的思路和办法。据统计，发布在《一点资讯》《今日头条》《天天快报》平台的 180 多篇文章阅读量突破百万，成为网友进一步了解新闻事实、关注社会热点的窗口。

“一片冰心在玉壶。”三年来，在各级领导的启迪鞭策下，在父母亲人的热切关注下，在编辑老师的悉心指导下，在各位良师益友的围观点赞下，180 多篇网评如今才能编纂成集。在这里，特别感谢为本书作序的王勉先生，你们的鼓励和支持才是我不忘初心、不断前行的动力。

虽然从事广播电视工作多年，但我始终认为自己是传媒界一名不断探索的新兵。如果网评的点滴心得能引发大家的思

考，将是我最为欣慰的事。

最后，希望您关注《天天快报》上的《莗城微录》栏目。

何　锋

2016 年 7 月 28 日于松江

图书在版编目（CIP）数据

伴着新闻话天下：茸城微录集／何锋著. -上海：上海文艺出版社，2016
ISBN 978-7-5321-6179-9
Ⅰ.①伴… Ⅱ.①何… Ⅲ.①评论性新闻-作品集-中国-当代 Ⅳ.①I253
中国版本图书馆CIP数据核字(2016)第229715号

责任编辑：徐如麒
特约编辑：许 平
封面设计：徐 徐

伴着新闻话天下：茸城微录集
何 锋 著
上海世纪出版集团
上海文艺出版社 出版
200020 上海绍兴路74号
上海世纪出版股份有限公司发行中心发行
200001 上海福建中路193号 www.ewen.co
上海文艺大一印刷有限公司印刷
开本 700×1000 1/16 印张 25.75 插页 2 字数 311,000
2016年9月第1版 2016年9月第1次印刷
ISBN 978-7-5321-6179-9/I·4931 定价：45.00元